Andreas Diekmann

Klimakrise

Wege aus dem Dilemma

Die Deutsche Nationalbibliothek verzeichnet diese Publikation in der Deutschen Nationalbibliografie; detaillierte bibliografische Daten sind im Internet über http://dnb.d-nb.de abrufbar.

ISBN 978-3-7560-1635-8 (Print)
ISBN 978-3-7489-4094-4 (ePDF)

Onlineversion
Nomos eLibrary

1. Auflage 2024

Vorwort

Die vorliegende Arbeit untersucht faktenbasiert und auf dem aktuellen Stand wissenschaftlicher Forschung klimapolitische Maßnahmen, die Wege aus der Klimakrise ebnen könnten, wenn sie nur entschieden genug angepackt werden. Naturwissenschaftliche Grundlagen und historische Entwicklungen werden zunächst kurz gestreift. Hauptziel ist es aber, Ergebnisse aus den einzelnen Disziplinen der Sozialwissenschaften zusammenzutragen, die sich mit Maßnahmen der Klimapolitik befassen. Dazu zählen neue Institutionen des Marktes wie CO_2-Abgaben und Emissionshandel (Ökonomie), Staat, Ordnungsrecht und Infrastruktur (Politik- und Rechtswissenschaften, Soziologie), soziale Normen, Einstellungen und menschliches Verhalten (Sozialpsychologie, Soziologie, Verhaltensökonomie) und schließlich die Reaktion der Gesellschaft auf Klimapolitik (Akzeptanz- und Protestforschung). Diese verschiedenen Arten von Umweltpolitiken und die Reaktionen darauf werden anhand zahlreicher Studien und neuer Forschungsergebnisse einer kritischen Analyse unterzogen. Dabei sei schon hier bemerkt, dass es weniger um individuelle Verhaltensänderungen geht, sondern vielmehr um die Schaffung sozialer Strukturen und Institutionen, die umweltgerechtes Handeln erst ermöglichen. Die unterschiedlichen neuen Forschungsergebnisse aus den verschiedenen Disziplinen werden in der vorliegenden Arbeit erstmals zusammengetragen. Sie darzustellen, zu analysieren und auf dieser Basis auch Empfehlungen für eine wirksame Klimapolitik abzugeben, ist Anliegen des Buches.

Wer sich über Maßnahmen und Alternativen der Klimapolitik, die in wachsendem Maße Wirtschaft, Gesellschaft und unseren Alltag verändern werden, ein fundiertes Urteil bilden möchte, wird in diesem Buch ausführliche Informationen und zahlreiche Anregungen finden.

Für wertvolle Hinweise bin ich Katrin Auspurg, Marie Hantsche, Peter Preisendörfer und Felix Wolter, die sich der Mühe unterzogen haben, eine erste Manuskriptfassung zu kommentieren, zu großem Dank verpflichtet. Sie haben wesentlich zur Verbesserung des Manuskripts beigetragen. Marie Hantsche gilt zudem mein Dank für die Anfertigung von Grafiken. Anregungen verdanke ich Ottmar Edenhofer, Axel Ockenfels und Thomas Voss aus Gesprächen und Korrespondenz und nicht zuletzt den Studierenden meiner Vorlesung an den Universitäten Leipzig und Zürich. Teile der Arbeit sind im Rahmen des DFG-Projekts DI 292/6-1 Nr. 465644158 entstanden.

Müßig zu sagen, dass verbleibende Mängel zu Lasten des Autors gehen.

Inhaltsverzeichnis

Einleitung

Sind die Klimaziele des Paris-Abkommens noch erreichbar? 2023 wurde bereits ein Temperaturanstieg von 1,5 Grad Celsius im Vergleich zum Zeitraum 1850 bis 1900 gemessen (1). Allen Prognosen zufolge wird die globale Erwärmung 1,5 Grad in den kommenden Jahren übertreffen. Die Erwärmung ist Folge der „Großen Beschleunigung“, des enormen Anstiegs von CO_2-Emissionen seit den 1950er Jahren. In den Erdwissenschaften wurde dies als so gravierender Einschnitt angesehen, dass vorgeschlagen wurde, das Anthropozän als neues Zeitalter zu definieren (2). Unsere Spezies, Homo sapiens, wirkt maßgeblich auf das Leben auf diesem Planeten ein, auf Klima und Ökosysteme, meist zu deren Nachteil. Wir leben bereits in der Zeit des Klimawandels und spüren die Auswirkungen wie Überflutungen, Waldbrände, Hitzestress und andere Folgen extremer Wetterlagen. Man sollte sich auch nichts vormachen: Wir leben immer noch in einer Gesellschaft, die auf fossiler Energie beruht. Global und auch in Europa stammen rund vier Fünftel der Energie aus fossilen Quellen. Die große Transformation mit dem Ziel der Klimaneutralität in den kommenden zwei bis drei Jahrzehnten ist eine gewaltige Herausforderung. Und noch ist unsicher, ob die Ziele in dem gesteckten Zeitrahmen überhaupt erreicht werden!

Aufgaben der Sozialwissenschaften

Die Analyse der Grundlagen von Treibhauseffekt und Klimawandel und die Aufstellung von Modellen und Szenarien künftiger Klimaentwicklung sind Aufgaben der Naturwissenschaften. Ihre Erkenntnisse zeigen: Der Klimawandel ist menschengemacht. Das heißt aber auch, dass Handlungsspielraum besteht: Menschen können den Klimawandel begrenzen und die Folgen mildern. Die Analyse menschlichen Handelns unter Berücksichtigung der sozialen Strukturen ist Aufgabe der Sozialwissenschaften. Sie fragen danach, wie sich unterschiedliche Maßnahmen der Klimapolitik auf klimafreundliches Handeln auswirken. Welche Rolle spielen dabei Umweltbildung und Umweltbewusstsein, welche Rolle spielen finanzielle Anreize? Unter welchen Bedingungen werden Umweltpolitiken akzeptiert? Welche

Rolle spielen Proteste für und gegen Klimamaßnahmen? Welche Institutionen wie Ordnungsrecht oder Märkte sind geeignet, um Haushalte und Unternehmen zu klimafreundlichem Konsum und nachhaltigen Investitionen zu bewegen? Was bringen höhere CO_2-Preise und Emissionshandel? Wer ist davon besonders betroffen und wie wirken diese Maßnahmen auf die Ungleichheit von Einkommen? Wie können technologische und emissionssparende Innovationen am besten gefördert werden? Helfen kleine „Schubser", sogenanntes Nudging, um Haushalte zum Energiesparen zu bewegen oder wird deren Wirkung stark übertrieben? Das sind typische Fragen an die Adresse der Sozialwissenschaften.

Dabei geht es nicht darum, den Menschen ins Gewissen zu reden, umweltfreundlicher zu agieren. Wichtiger ist es, soziale Strukturen, ökonomische Mechanismen und Institutionen so zu gestalten, dass es sich für Haushalte und Unternehmen lohnt, klimafreundlich zu handeln und zu investieren.

Die Kluft zwischen Umweltbewusstsein und Handeln ist der falsche Ansatzpunkt

Deshalb ist auch die Kluft zwischen Einstellungen und Handeln der falsche Ansatzpunkt. In den Medien klang beim Umweltverhalten in der Bevölkerung oft genug der Tenor von „Wasser predigen und Wein trinken" an. Auch in Umweltpsychologie und Umweltsoziologie wurde die Diskrepanz zwischen Umweltbewusstsein und Umweltverhalten häufig thematisiert und untersucht (3). Die Kluft zwischen Einstellung und Verhalten gehört aber zum menschlichen Leben; auch zwei Jahrtausende christlicher Ethik nach der Maxime „liebe Deinen Nächsten" haben Barbarei, Kriege und Verfolgungen nicht verhindert. Appelle an ethische Prinzipien sind gut gemeint, ändern aber nicht viel. Wenn sich alle Menschen an Immanuel Kants Maxime des „kategorischen Imperativs" oder an die „Goldene Regel" hielten, hätten wir kein Klimaproblem, keine Kriege und keinen Hunger auf unserem Planeten. Die Wirklichkeit sieht anders aus. Mag das Umweltbewusstsein hier und da und unter bestimmten Bedingungen durchaus auf das persönliche Verhalten Einfluss haben; viel entscheidender sind aber soziale Strukturen, die umweltverantwortliches Handeln erst ermöglichen. Dies bezieht sich auf das persönliche, individuelle Umweltverhalten. Dass Umweltbildung und Umweltbewusstsein wichtig sind, um geeignete ökologische Strukturen kollektiv zu schaffen, wichtig für die Akzeptanz umweltpolitischer Maßnahmen, für das Wahlverhalten und die Unterstützung von Klimapolitik, steht außer Frage. Deshalb sind Forschungen und Datenerhebungen zum Umweltbewusstsein und Verhalten in der Bevölkerung wichtig. Systematische Erhebungen sind ein Seismograph der einzelnen Dimensionen des Umweltbewusstseins und liefern den Stoff für genaue Analysen der Akzeptanz von Umweltpolitik.

Hoch anzuerkennen ist, wenn Menschen sich für Umweltziele engagieren und ökologische Lebensstile praktizieren. Nur kann man nicht verlangen, dass alle Menschen zu „Umwelthelden" werden. In Bertold Brechts „Galilei" klagt sein Assistent Andrea: „Traurig das Land, das keine Helden hat". Galilei kontert: „Glücklich das Land, das keine Helden nötig hat!" (4)

Dass Menschen oft altruistisch und einige Menschen in Extremsituationen ihr Leben riskieren, um anderen Menschen Hilfe zu leisten, sei nicht in Abrede gestellt. Nur kann Umweltpolitik, die menschliches Verhalten zugrunde legt, nicht darauf bauen, dass alle Menschen altruistisch handeln und sich wider die eigenen materiellen Interessen zu Gunsten des allgemeinen Wohls aufopfern werden.

Klimaschutz ist ein öffentliches Gut

CO_2 zu vermeiden ist in der Regel kein primäres Handlungsziel (5). Menschen pendeln vom Wohn- zum Arbeitsort, fahren in den Urlaub oder möchten im Winter ihre Wohnung heizen. Industriebetriebe stellen Stahl, Zement oder andere Güter her; auch hier sind CO_2-Emissionen nur ein Beiprodukt, um das sich früher niemand Gedanken gemacht hat. Dass CO_2 in die Atmosphäre geleitet wird, ist ein nicht beabsichtigter Nebeneffekt, eine negative Externalität. CO_2-Emissionen sind die umfangreichsten und gravierendsten negativen Externalitäten des Industriezeitalters. Sie sind nicht-intendierte Nebenfolgen der „Weltrisikogesellschaft" (6), die das globale Gut eines über Jahrhunderte relativ beständigen Klimas zerstören.

Heute wissen wir, dass CO_2-Emissionen und andere Treibhausgase das Klima schädigen. Wir alle sind aber daran interessiert, dass das Klima stabil bleibt. Warum schaffen wir es dennoch nicht, die CO_2-Emissionen so weit zu reduzieren, dass die Erderwärmung nicht über 1,5 Grad hinausgeht? Der Grund ist, dass die Bekämpfung des Klimawandels ein öffentliches Gut ist, noch dazu ein öffentliches Gut im globalen Maßstab. Alle profitieren von einem öffentlichen Gut, auch wenn sie nicht dazu beitragen, da niemand vom Genuss des öffentlichen Gutes ausgeschlossen werden kann. Wo CO_2

entsteht, ist für das Klima irrelevant; jeder einzelne auf der Welt trägt nur in verschwindend geringem Maße zum Klimawandel bei. Jede und jeder hat ein Interesse daran, dass möglichst alle anderen zur Emissionsvermeidung beitragen. Schon im lokalen Rahmen ermuntern kollektive oder öffentliche Güter zum Trittbrettfahren; erst recht ist dies im globalen Maße der Fall. Der individuelle Vorteil z.B. einer Urlaubsreise mit dem Flugzeug ist in vielen Fällen einfach weit größer als der durch Verzicht erreichte winzige Beitrag einer einzelnen Person zum Weltklima. Hinzu kommt, dass die Schäden des Klimawandels für den Einzelnen lange nicht spürbar waren, die Erwärmung sich sehr langsam vollzieht und vermeintlich erst künftige Generationen betrifft.

Die vielbeschworene Kluft zwischen Umweltbewusstsein und Handeln kann aus der Perspektive des Kollektivgutproblems auch in einem ganz anderen Licht gesehen werden. Wenn die meisten Umweltgüter kollektive Güter sind, ist nicht die Kluft zwischen Einstellung und Verhalten erklärungsbedürftig, sondern die Beobachtung, dass Menschen überhaupt altruistisches, umweltgerechtes Verhalten praktizieren. Die Sozialwissenschaften haben Antworten darauf, dass die „Logik kollektiven Handelns“ nicht ausschließlich zu Trittbrettfahren führt. Soziale Normen, intrinsische Motivation und Reputation spielen eine Rolle. Gesellschaften würden aufhören zu existieren, wenn allein der Homo oeconomicus Regie führte. Aber auch nicht zu erwarten ist, dass Menschen permanent Verzicht leisten, um umweltbewusst zu handeln. Verändert werden müssen soziale Strukturen: Die Infrastruktur, CO_2-Preis, die Kosten für Wärme und Mobilität auf Basis regenerativer Energie müssen so beschaffen sein, dass sich umweltgerechtes Handeln lohnt! „Umwelthelden“ sind dünn gesät.

Allmendedilemma

Unter einem sozialen Dilemma versteht man eine Situation, in der einzelne Personen ihre Ziele verfolgen, das Ergebnis aber insgesamt schlechter ist als eine Situation, in der man sich auf kooperative Handlungsweisen einigt (7). Bei einem Verkehrsstau möchte jede und jeder rasch ans Ziel kommen; die Folge ist, dass alle im Stau stehen. Wenn sich die Zuschauerinnen und Zuschauer bei einer Aufführung von ihren Plätzen erheben, werden sich nach und nach die hinter ihnen Sitzenden erheben. Am Ende stehen alle, haben aber die gleiche Sicht. Die unterbliebene oder verminderte Produktion öffentlicher Güter und das Trittbrettfahren ist ein weiteres Beispiel für ein soziales Dilemma. Diese können sehr unterschiedliche Strukturen aufweisen, deren Kenntnis wichtig ist, um Lösungen eines Dilemmas zu finden. Beispielsweise hatte das Dilemma der Ausdünnung der Ozonschicht eine andere Struktur als das Dilemma der Klimakrise. In beiden Fällen geht es um öffentliche Güter, doch hatten beim Ozonproblem Staaten ein Eigeninteresse an einer Lösung. Aufgrund der anders gearteten Struktur des Dilemmas war das Problem des Ozonlochs mit dem Abkommen von Montreal 1987 leichter lösbar als es die Klimakrise heute ist (8).

Das Allmendedilemma bezieht sich auf die Überweidung von Gemeineigentum („Allmende"), auf Probleme der Überfischung, die Übernutzung von Wäldern und von Wasserreserven. Die Allmenden der Alpendörfer hatten schon seit Jahrhunderten mit Problemen der Überweidung zu kämpfen und haben dagegen mehr oder minder einfallsreiche Schutzmaßnahmen entwickelt. Als Metapher spricht man heute von der globalen Allmende, obwohl der Begriff ursprünglich auf kleine Gemeinschaften bezogen war.

In den Neuenglandstaaten beobachtete William Forster Lloyd in der ersten Hälfte des 19. Jahrhunderts, dass auf den gemeinsam genutzten Weiden das Vieh oft klapperdürr war und die Farmer viel mehr Vieh auf der gemeinsam genutzten Allmende weiden ließen, als auf privatem Weideland. Lloyd hat die Ursachen dafür bereits sehr luzide analysiert. Garrett Hardin hat die Parabel von der „Tragik der Allmende" mehr als ein Jahrhundert später populär gemacht. Der vielzitierte Artikel endet mit dem Zitat: „Freiheit in der Allmende ist der Ruin für alle!" (9) Die Atmosphäre als CO_2-Senke, der Treibhauseffekt und die Erderwärmung folgen der Logik einer globalen Allmende. Kooperation in der globalen Allmende zu erreichen ist noch schwerer als bei lokalen Allmenden, z.B. lokaler Wasserbewirtschaftung oder Problemen lokaler Überfischung (10). Aus der Allmendeforschung weiß man, dass zwei Dinge für eine erfolgreiche Allmendebewirtschaftung besonders wichtig sind: Das beständige Monitoring der Entwicklung und die Sanktionierung von Akteuren, die sich nicht an die Spielregeln kooperativer Allmendenutzung halten. Auch ein Weltklimavertrag sollte die aus der erfolgreichen Allmendebewirtschaftung bekannten Regeln berücksichtigen. Dem 2015 in Paris geschlossenen Abkommen ist der Geburtsfehler eigen, dass Erkenntnisse der Kooperationsforschung weitgehend ignoriert wurden (11).

Die Theorie von Mancur Olson zur „Logik kollektiver Güter" erklärt, unter welchen Bedingungen kollektive Güter geschaffen werden. Das Schlüsselwort sind „selektive Anreize", durch die die Akteure, also Bürgerinnen und Bürger, Unternehmen und Regierungen, zusätzlichen eigenen Nutzen erzielen, wenn sie zugleich das kollektive Gut „Klimaschutz" herstellen (12).

Die große Transformation

Selektive Anreize können aus zahlreichen Quellen stammen: Vom Reputationsgewinn in sozialen Netzwerken durch einen grünen Lebensstil bis hin zur Förderung erneuerbarer Energie. Neue Institutionen wie die ordnungsrechtlichen Regeln der EU-Ökodesign-Richtlinie oder Märkte für CO_2-Emissionszertifikate setzen Anreize mit dem Ziel, Treibhausgase zu mindern. Eine große Rolle spielen auch neue Technologien. Durch die Verbilligung erneuerbarer Energie werden die Karten neu gemischt. Die Installation von Photovoltaik oder von Wärmepumpen in Neubauten lohnt sich heute schon im Vergleich zu teurer fossiler Energie. Die Energiewende ist eine „Elektrifizierung" von Gesellschaft und Wirtschaft, die auf erneuerbarer Energie basiert.

Die Umstellungskosten dafür, dass wir uns aus der Falle der pfadabhängigen fossilen Wirtschaftsweise befreien, sind hoch. Wir stehen vor einer tiefgreifenden gesellschaftlichen und wirtschaftlichen Umwälzung, einer in Anlehnung an Karl Polanyi „großen Transformation" (13). Die EU plant im „Green Deal" Klimaneutralität für 2050, Deutschland will das Ziel bereits 2045 erreichen, bis 2030 soll der CO_2-Ausstoß (genauer CO_2-Äquivalente) laut Klimaschutzgesetz gegenüber 1990 um 65 % sinken.

Der Umbau von Institutionen und Produktivkräften ist ein gewaltiges Unternehmen. Spannungen und Konflikte zwischen Gruppeninteressen sind vorprogrammiert. Die Sozialwissenschaften sind herausgefordert, mit ihren Theorien, Werkzeugen und empirischer Forschung die Transformation zu begleiten und die Folgen zu analysieren.

Langfristige Ziele werden in der Politik schnell formuliert, wesentlich zäher ist die tatsächliche Umsetzung. Die Energiewende, der Ausstieg aus fossiler Energie, verlangt einen gewaltigen Ausbau der Infrastruktur, von regenerativer Stromerzeugung, Ausbau der Übertragungsnetze, Stromspeicher, Fernwärme, Verkehrsnetze, Ladeinfrastruktur für E-Autos. Zweitens müssen CO_2-Emissionen ein Preisschild haben. Fair und effektiv sind CO_2-Abgaben mit Pro-Kopf-Rückverteilung („Klimabonus"), um Akzeptanz zu erzielen und sozialer Gerechtigkeit Genüge zu tun. Drittens muss man weiter an internationalen Klimaabkommen arbeiten mit Klimaclub-Anreizen gegen Trittbrettfahren von Staaten und Investitionshilfen für Entwicklungsländer, die die besten Voraussetzungen für Solarstrom haben, aber zu wenig Kapital für die Umsetzung. Diese drei Säulen sind zentral für das Gelingen der Transformation. Schon heute ist Solarenergie weltweit die billigste Form der Stromerzeugung; im Eigeninteresse wird sich Solarenergie weltweit durchsetzen (14). Die enorme Verbilligung von Photovoltaik und Windenergie ist ein Game Changer, der langfristig das Trittbrettfahrer-Problem lösen könnte. Nur ist diese Entwicklung zu langsam, um den Klimawandel noch gemäß den „Paris-Zielen" aus dem Abkommen von 2015 abzubremsen. Die Energiewende, die Abkehr von fossiler Energie und die Elektrifizierung von Wirtschaft und Gesellschaft wird sich ohnehin vollziehen. Es fragt sich nur, ob die Zeit dafür noch ausreicht, damit wir unseren Planeten nicht zugrunde richten.

Erschwert wird die Energiewende durch Gegenkräfte. Proteste gegen Klimapolitik und Anti-Klima-Parteien haben sich längst formiert. Populistische Parteien sehen die Chance, Wählerstimmen durch Klimaleugnung und Anti-Klima-Politik zu gewinnen. Regierungen knicken ein vor Gelbwesten und Traktoren. Pro-Klima-Bewegungen müssen erst wieder an Stärke gewinnen. Vor allem stellt sich die Frage nach der Akzeptanz klimapolitischer Maßnahmen in der Bevölkerung. Ohne Unterstützung durch die Wählerinnen und Wähler kann die Energiewende nicht gelingen. Umweltbewusstsein, Vertrauen in Institutionen und Fairness von Maßnahmen sind einige, wichtige Faktoren, um Akzeptanz zu gewinnen (15).

Fairness heißt auch, dass diejenigen, die viele CO_2-Emissionen verursachen, entsprechend mehr zum Klimaschutz beitragen sollten. Das bezieht sich auf Haushalte ebenso wie auf die internationale Staatengemeinschaft. Die CO_2-Emissionen sind auch im nationalen Rahmen extrem ungleich verteilt. Würde man bei der „CO_2-Bepreisung", bei CO_2-Steuern oder Abgaben, die anfallenden Summen pro Kopf zurückerstatten, würden besonders Haushalte profitieren, die weniger CO_2 ausstoßen und geringere Einkommen haben. CO_2-Steuern mit Rückerstattung haben eine Lenkungswirkung und können zugleich als fair gelten, weil sie Einkommen eher von oben nach unten verteilen (16). Sie hätten in einem Klimadiskurs, der breit zu führen wäre, gute Chancen, von einer Mehrheit der Bevölkerung unterstützt zu werden.

Plan des Buches

Das nachfolgende Kapitel I befasst sich mit menschlichen Entscheidungen in der Klimakrise, den Folgen, Nebenfolgen, negativen Externalitäten, die aus menschlichen Handlungen, eingebettet in sozialen Strukturen, resultieren. Kapitel II informiert über Grundlagen der Klimakrise und die bisherigen Entwicklungen, die sich heute zur Klimakrise zugespitzt haben. Es folgen zwei Kapitel über das Allmendedilemma und die „große Transformation", an deren Anfang wir uns befinden und die die kommenden zwei bis drei Jahrzehnte und darüber hinaus Gesellschaft, Wirtschaft und Politik beschäftigen wird. Drei weitere Kapitel befassen sich mit klimapolitischen Maßnahmen, deren disziplinäre Ursprünge jeweils der Ökonomie (Kapitel V Die Logik des Marktes), den Gesellschafts- und Rechtswissenschaften (Kapitel VI Staat: Ordnungsrecht und Infrastruktur) und der Sozialpsychologie (Kapitel VII Ökologisches Handeln) zugerechnet werden können. Wie die Gesellschaft auf Klimapolitik reagiert, ist Thema von Kapitel VIII (Akzeptanz und Protest). In Kapitel IX werden drei prioritäre Bündel von Maßnahmen der Klimapolitik definiert. Die Stichworte lauten: erstens CO_2-Bepreisung mit Rückerstattung („Klimabonus"), um die soziale Akzeptanz zu gewinnen, zweitens beschleunigter Ausbau der Infrastruktur und drittens internationale Klimapolitik. Die Etablierung eines Klimaclubs ist eine Möglichkeit, den Kreis der Transformationsstaaten auszuweiten, birgt aber auch Probleme. Die Verbilligung erneuerbarer Energie ist ein Game Changer, der selbst bei der Trägheit internationaler Klimavereinbarungen für Durchbruch und Ausbreitung erneuerbarer Energie sorgen wird. Länder, die sich zu spät auf den Pfad der Transformation begeben, werden zu den Verlierern zählen, Pioniere können gewinnen. Im Einzelnen behandeln die Kapitel:

I Der Menschliche Faktor

Der Klimawandel ist keine Naturkatastrophe, sondern Folge menschlicher Handlungen mit ihren negativen Externalitäten. Sie sind mittlerweile so dominierend, dass man von dem neuen Zeitalter des Anthropozäns spricht. Wovon hängt menschliches Handeln ab und wie kann man Ansatzpunkte für eine Umsteuerung finden? Dabei spielen die Ressourcen, die Handlungsoptionen erst ermöglichen, eine entscheidende Rolle. Allem Pessimismus zum Trotz gibt es auch eine gute Nachricht: Die Herstellung erneuerbarer Energie hat sich in wenigen Jahren stark verbilligt. Die Energiewende wird dadurch Rückenwind erhalten.

II Grundlagen: Treibhausgas, Erderwärmung, Folgen

In diesem Kapitel werden Grundlagen der Erderwärmung und der Entdeckung von Treibhauseffekt und Klimawandel, angefangen von dem französischen Mathematiker Charles Fourier über den schwedischen Chemiker Svante Arrhenius bis zur Keeling-Kurve dargestellt. Seit den 1990er Jahren fanden Konferenzen des IPCC, des Weltklimarats, statt. Trotz der Verträge von Kyoto und Paris und zahlreicher weiterer Konferenzen sind die weltweiten CO_2-Emissionen, ausgenommen in der Corona-Pandemie, stetig angestiegen. Was ist falsch gelaufen, was machen die großen Klima-Emittenten und wird der CO_2-Ausstoß der reichen Länder überhaupt richtig berechnet?

III Das Dilemma der Allmende

Die Klimakrise wird oft als globales Allmendedilemma beschrieben. In einem Allmendedilemma wird Trittbrettfahren belohnt und Kooperation bestraft. Deshalb sind viele Allmenden durch Ausbeutung zugrunde gegangen. Die Nobelpreisträgerin Elinor Ostrom hat das Management von Allmenden untersucht und festgestellt, dass Allmendewirtschaft durch klug eingerichtete Institutionen erfolgreich sein kann. Aber gilt das auch für die globale Allmende?

IV Die große Transformation

Die Energiewende wird Wirtschaft und Gesellschaft verändern, so wie die Nutzung von Kohle, Gas und Öl die Welt seit mehr als zwei Jahrhunderten verändert hat. Wie kann die Transformation gelingen? Es gab ein weltweit erfolgreiches Abkommen: Das Ozon-Abkommen von Montreal. Was unterscheidet die Klimakrise von der Ozonkrise? Es gibt einen grundlegenden Unterschied in der Struktur des Problems. Die Klimakrise ist ein globales Allmendedilemma, die Ozonkrise ein Dilemma, für das Staaten sehr schnell im Eigeninteresse eine Lösung finden konnten (17). Allerdings wird das Trittbrettfahrerproblem des Allmendedilemmas durch Innovationen entschärft. Der Preissturz bei der Produktion erneuerbarer Energie macht erst die Energiewende möglich. Zwar sind hohe Kapitalkosten in der Gesellschaft des Übergangs erforderlich, aber in zunehmendem Maße werden sich diese amortisieren. In einigen Bereichen liegt jetzt schon die Nutzung erneuerbarer Energie im Eigeninteresse, etwa bei Wärmepumpen in Neubauten.

V Die Logik des Marktes

Treibhausgasemissionen sind negative Externalitäten, die in Marktpreisen nicht berücksichtigt wurden. Der Naturverbrauch war kostenlos und ist es weithin immer noch. Neue Institutionen wie handelbare Emissionszertifikate, CO_2-Steuern und eine CO_2-Abgabe mit Klimabonus korrigieren Fehlfunktionen des Marktes. Die Lenkungsfunktion durch CO_2-Abgaben wird oft als unwirksam kritisiert. Ist das wirklich so und gibt es Bedingungen, unter denen CO_2-Abgaben besonders wirksam sind? Wie sind die Erfahrungen in verschiedenen Ländern und wie entwickelt sich das „Cap-and-Trade"-System der EU? Ist wegen des „Wasserbetteffekts" Energiesparen überflüssig? Ohne Ausnahmen für energieintensive Betriebe wird eine Verlagerung von Industrie („carbon leakage") bei steigenden CO_2-Preisen erwartet. Hilft dagegen der von William Nordhaus vorgeschlagene Klimaklub, den die G7-Staaten und in Ansätzen die EU aufgegriffen haben?

VI Staat: Ordnungsrecht und Infrastruktur

Die Alternative zu CO_2-Abgaben sind Gebote und Verbote. Die Ökodesignrichtlinie der EU ist seit zwei Jahrzehnten ein Beispiel für weitreichende ökologische, ordnungsrechtliche Eingriffe in Wirtschaft und Gesellschaft. Kaum jemand kennt die Richtlinie, mit der auch das Verbot von Glühbirnen EU-weit durchgesetzt wurde. Ist Ordnungsrecht Marktinstitutionen überlegen? Von besonderer Bedeutung sind Interventionen des Staates bei der Infrastruktur. E-Autos werden sich kaum durchsetzen, wenn nicht ein dichtes Netz von Ladestationen aufgebaut wird. Fernwärmenetze lösen in Nachbarländern das „Heizungsproblem". E-Mobilität und Produktion von Wärme mit erneuerbarer Energie erfordern den Ausbau der Stromnetze. Die Infrastruktur spielt eine Schlüsselrolle in der Energiewende.

VII Ökologisches Handeln: „Weiche“ Anreize

Moralische Appelle haben selten einen Einfluss auf das Handeln von Menschen. Aber was ist mit Informations-Feedback beim Energieverbrauch, Effekten sozialer Normen (wie hoch ist der Verbrauch von Nachbarhaushalten?) oder mit der Umstellung von Entscheidungsmenüs, etwa bei Stromverträgen, zu Gunsten der „grünen“ Alternative („Default-Effekt“)? Zur Wirksamkeit solcher „Verhaltens-Schubser“ (Nudging), die die Entscheidungsarchitektur ohne monetäre Anreize verändern, liegen hunderte von sozialpsychologischen Studien vor. Nudging wurde zu einem Thema von Gesundheits- und Umweltpolitik; Regierungen setzten beratende Nudging-Kommissionen ein. Wie wirksam sind Methoden, die mit „weichen“ Anreizen in der Umweltpolitik arbeiten und lohnt es sich, diese Methoden einzusetzen, um die Energiewende zu unterstützen?

VIII Die Reaktion der Gesellschaft: Akzeptanz und Protest

Klimaproteste können die Politik auf Trab bringen; das zeigen die anfänglichen Erfolge von „Fridays for Future“. Radikalere Gruppen wie „Letzte Generation“ schaden der grünen Bewegung, aber stimmt das wirklich? Die „Radical-Flank-Hypothese“ weckt Zweifel daran und macht auf einen unerwarteten Effekt im Zusammenspiel von moderaten und radikalen Gruppen aufmerksam. Auf der anderen Seite demonstrieren Gegner von Klima- und Umweltpolitik: Die Gelbwesten in Frankreich, die „Stickstoffproteste“ der Bauern in den Niederlanden, Traktoren gegen die Streichung von Diesel-Subventionen, der Heizungsstreit in Deutschland. Nur wenn die Umweltpolitik Akzeptanz erhält, kann die Energiewende gelingen. Zwar stimmen die meisten Bürgerinnen und Bürger zu, dass die Politik den Klimawandel bekämpfen soll. Wenn es aber ernst wird und mit Kosten oder Einbußen der Bequemlichkeit verbunden ist, dreht sich die Meinung rasch. Dies demonstrieren vorliegende Studien sehr deutlich. Wie erreicht man Akzeptanz? Dazu liegt eine Reihe sozialwissenschaftlicher Studien vor, auf die abschließend eingegangen wird.

IX Ausblick auf ein heißes Jahrhundert

Werden die Paris-Ziele von 1,5 bis maximal 2 Grad noch erreicht oder steuern wir auf einen überhitzten Planeten mit 4 Grad Erderwärmung zu?

Noch liegt es in unserer Hand. Nötig dafür ist eine große Kraftanstrengung, die über die bisherigen kleinen Schritte weit hinausgeht. Das betrifft den Ausbau von Infrastruktur, den Mut zu einer deutlichen Erhöhung des CO_2-Preises mit Rückzahlung des Klimageldes, den Abbau fossiler Subventionen und die Verstärkung internationaler Kooperation. Technischer Fortschritt hat erneuerbare Energie drastisch verbilligt. Der Preissturz für Solar- und Windenergie, aber auch viele weitere technische Innovationen, werden der Energiewende Schubkraft verleihen.

I Der Menschliche Faktor

Als der schwedische Physiker Svante Arrhenius im Jahr 1896 erstmalig Berechnungen des Anstiegs der Temperatur durch Treibhausgase vorlegte, konnte er dem Temperaturanstieg durchaus eine positive Seite abgewinnen (1). Bessere Ernten und ein wärmeres Klima waren damals im Norden Europas willkommen. Der CO_2-Gehalt in der Atmosphäre lag 1900 mit weniger als 300 ppm (parts per million) noch weit unter den kritischen Werten von 419 ppm, die 2022 gemessen wurden. Von Klimakrise konnte damals keine Rede sein, während wir 125 Jahre nach Arrhenius` Berechnungen in Zeiten des anthropogenen, des menschengemachten Klimawandels leben und mit den gravierenden Folgen zu kämpfen haben. Hitzetote in aufgeheizten Städten, Trockenheit in Südeuropa, Waldbrände, Abschmelzen der Gletscher und des arktischen Meereises, Niedrigwasser in den Flüssen, Überflutungen, Hungerkrisen in Ostafrika; alles dies Folge von Extremwetterlagen in jüngster Zeit. Der auf menschlichen Einfluss zurückgehende Anstieg der globalen Oberflächentemperatur beträgt ca. 1,1 Grad Celsius gegenüber der Referenzperiode 1850 - 1900, im Jahr 2023 sogar 1,5 Grad und in Europa liegt die Erwärmung mit 2,2 Grad noch über diesen Werten. Im folgenden Kapitel II werden wir Grundlagen und Fakten zur Erderwärmung noch genauer kennenlernen. Sehr wahrscheinlich wird der Schwellenwert von 1,5 Grad in wenigen Jahren dauerhaft überschritten werden. Immer deutlicher wird, dass die Ziele des Abkommens der Pariser Klimakonferenz 2015 kaum noch zu halten sind. Bei einem Anstieg von mehr als 1,5 Grad steigt das Risiko, dass Kipppunkte erreicht werden. Erwärmung über die kritischen Kipppunkte hinaus kann selbstverstärkende Prozesse auslösen, prognostiziert die Klimaforschung (2).

Anthropozän: Der Klimawandel ist keine Naturkatastrophe

Der Klimawandel ist keine Naturkatastrophe wie ein Erdbeben. Er wird hervorgerufen durch menschliche Aktivität: Mehr als zwei Jahrhunderte Industrialisierung und Modernisierung mit fossilen Brennstoffen gaben und geben dem Treibhauseffekt Nahrung. Mit gegenwärtig acht Milliarden Menschen auf diesem Planeten - nach Schätzungen der Vereinten Nationen wird die Bevölkerung in diesem Jahrhundert noch auf über 10 Milliarden ansteigen und der Verlauf danach abflachen - verändern wir wie keine Spezies zuvor die eigene Umwelt und die von Millionen von Arten dazu, meist zu deren Schaden. Klimawandel und moderne Agrikultur führen zu einem massiven Artenverlust, einem enormen Verlust an Biodiversität. Der Klimaforscher Paul Crutzen bezeichnet diese, im erdgeschichtlichen Vergleich bislang sehr kurze Epoche, als Anthropozän. Die 1950er Jahre markieren einen Einschnitt; die Zeitspanne danach wird als „große Beschleunigung" bezeichnet, da alle Indikatoren wie Bevölkerung, Produktion, Verstädterung, Düngemittelverbrauch, Treibhausgase usw. einen rapiden Aufwärtstrend signalisieren (3). Das Anthropozän folgt auf zwölf nacheiszeitliche Jahrtausende des Holozäns. Nur 250 Jahre Industrialisierung auf Grundlage fossiler Energie haben das Gesicht der Erde verwandelt. Erst Kohle, dann Erdöl und Erdgas, in Millionen Jahren entstanden und für Millionen Jahre im Erdboden bewahrt, wurden in einem kurzen Augenblick der Erd- und Menschheitsgeschichte verfeuert und die Reststoffe der Verbrennung in die Atmosphäre geblasen. Gleichzeitig haben Industrialisierung und Prozesse der Modernisierung Wirtschaft und Gesellschaft umgekrempelt und für große Teile der Weltbevölkerung, trotz immer noch bestehender großer Ungleichheiten, einen beispiellosen Wohlstand geschaffen. In fast allen Ländern, auch in den Entwicklungsländern, ist die Lebenserwartung in den vergangenen Jahrzehnten gestiegen, das Bevölkerungswachstum zurückgegangen, die Geburten- und Kindersterblichkeit drastisch gesunken (4). Dies ist auf der Habenseite des fossilen Zeitalters zu verbuchen. Die Millenniumsziele der Vereinten Nationen erinnern aber auch daran, dass die Welt nicht ruhen darf, bis krasse Ungleichheiten, Armut und Hungerkrisen beseitigt sind (5). Mit dem Klimawandel, vermehrter Trockenheit und Überflutungen gerade in Entwicklungsländern, Ernteausfällen, Hungerkrisen, kriegerischen Konflikten um Ressourcen und dadurch ausgelösten Migrationsströmen steigen die Risiken, dass Millenniums-, Nachhaltigkeits- und Entwicklungsziele verfehlt werden. Treibhauseffekt und Erderwärmung sind, um eine Formulierung des Soziologen Robert K. Merton aufzugreifen, die nicht-intendierten Konsequenzen von mehr als zwei Jahrhunderten Industrialisierung und Modernisierungsprozess, angetrieben von fossiler Energie (6). Jetzt entscheidet ein Anstieg der globalen Temperatur um einige Grade mehr oder weniger darüber, in welche Richtung sich unsere Spezies künftig bewegen wird.

Negative Externalitäten

Man kann die Geschichte der Modernisierung seit Beginn der Industrialisierung Mitte des 18. Jahrhunderts in England auch als eine Geschichte zunehmender Externalitäten begreifen. Externalitäten sind Folgen von Handlungen, Aktivitäten, Einsatz von Technologien auf Dritte. Sie können positiv oder negativ sein. Die Entdeckung eines neuen Impfstoffs wird sich positiv auswirken, Umweltschäden dagegen sind negative Externalitäten. Die Stickstoffeinträge der Landwirtschaft belasten Gewässer, Straßenlärm führt zu Gesundheitsschäden der Anwohner, Chemiefabriken am Oberlauf eines Flusses, z.B. des Rheins, haben die Qualität des Flusses bis zur Mündung beeinträchtigt. Erst Verträge, also Maßnahmen zur Regulierung der negativen Externalitäten, haben dazu beigetragen, die Wasserqualität zu verbessern. Produktionsweise und Technik in vorindustriellen Zeiten wiesen oft nur lokal begrenzte Externalitäten auf. Das änderte sich mit der Industrialisierung und dem massiven Einsatz neuer Technologien. Dabei ist die Entwicklung und Anwendung bestimmter Technologien keineswegs determiniert. Um 1900 gab es in New York mehr Elektroautos als Benzin betriebene Fahrzeuge. Welcher Pfad beschritten wird, hängt nicht immer von den Vorzügen einer Technologie ab. Wenn der Pfad aber eingeschlagen wurde, entfalten Pfadabhängigkeiten eigene Beharrungskräfte. Weltweit fahren heute die meisten Bahnen auf der „Normalspur“ von 1435 mm, weil Lokomotivbauer George Stephenson dieses Maß vor ziemlich genau 200 Jahren für die Stockton-Darlington-Bahn in England festgelegt hatte.

Negative Externalitäten machen nicht vor Grenzen halt und machen sich weltweit bemerkbar. Die Katastrophe von Tschernobyl im April 1986 hatte Auswirkungen auf zahlreiche europäische Länder; die Folgen sind noch Jahre später messbar in Nahrungsmitteln wie Pilzen oder Wildfleisch in weit entfernten Regionen. Modernisierung, neue Produktionsweisen, die Entwicklung von Technologien in rascher Folge schafft immer mehr positive und negative Externalitäten. Die Antwort darauf ist wachsende Regulierung und die enorme Ausdifferenzierung und Expansion von Verrechtlichung und Bürokratie. Das Wachstum von Staatsaktivitäten hat mehrere Ursachen; eine davon ist sicher die Zunahme negativer Externalitäten. Zahlreiche Institutionen sind entstanden, die sich mit der Regulierung negativer Externalitäten befassen. Nur bei den Treibhausgasemissionen wurde lange darauf verzichtet, die sich global auswirkenden negativen Externalitäten zu „internalisieren“, also den Verursachern anzulasten oder die Folgen auf andere Weise zu regulieren (7).

Dabei ist die Dynamik des Treibhauseffekts seit zwei Jahrhunderten bekannt; seit 1958 liegen genaue Messreihen über den Kohlendioxidgehalt in der Atmosphäre vor (Keeling-Kurve, Kapitel II). Auch die fossile Industrie wusste Bescheid. Ende der 1970er Jahre errechneten Wissenschaftler des Mineralölkonzerns ExxonMobil („Esso") schon ziemlich treffsicher die Folgen der CO_2-Emissionen für die Erderwärmung. Skandalös daran ist, dass diese Prognosen verheimlicht wurden, während nach außen hin die Propaganda der fossilen Lobby Zweifel an den wissenschaftlichen Erkenntnissen der Klimaforschung säte (8).

Anstieg der CO_2-Emissionen trotz Klimakonferenzen

Seit mehr als drei Jahrzehnten informiert der Weltklimarat (IPCC) über den Stand wissenschaftlicher Klimaforschung. Internationale Klimakonferenzen wurden in Rio de Janeiro (1992), Kyoto (1998), Kopenhagen (2009), Paris (2015) und Dubai (2023) abgehalten. Die Folgekonferenz wird in Baku als COP29 stattfinden, die 29. „Conference of Parties", wie die Klimakonferenzen genannt werden. Zwar sind die CO_2-Emissionen in den reichen Ländern, die allerdings ihre „Klimabudgets" längst aufgebraucht haben, gesunken. Weltweit sind die CO_2-Emissionen aber trotz aller Konferenzen angestiegen. Für das Klima ist es „fünf vor zwölf", wenn nicht schon nach zwölf!

Liest man die Medienberichte über Solarzellen, E-Autos, Schnellzüge mit 100 % erneuerbarer Energie und die „grünen" Werbeprospekte und Nachhaltigkeitsberichte der Unternehmen, gewinnt man den Eindruck, wir hätten schon große Schritte in die Zukunft erneuerbarer Energie gemacht. Tatsächlich ist aber 77 % der Primärenergie auf dem Globus fossil. Kernkraft steuert etwa 4 % zur Primärenergie bei; nur knapp ein Fünftel sind erneuerbare Energien aus Wasserkraft, Windkraft, Solarzellen oder Biomasse. In der EU ist es nicht viel besser. Der Anteil fossiler Energie liegt bei etwas unter 70 %, Kernkraft bei ca. 14 %; der Rest stammt aus erneuerbaren Quellen. In Deutschland machen Kohle, Öl und Gas über 80 % der Primärenergie aus; ähnlich verhält es sich in den USA (9). Weltweit und auch in Europa oder den USA leben wir noch tief im fossilen Zeitalter.

Faktor Mensch und Sozialwissenschaften

Der Klimawandel durch den Ausstoß von Treibhausgasen ist menschengemacht; Menschen können umgekehrt auch zu einer Reduktion der Treibhausgase und zur Abwendung der Schäden der Erwärmung beitragen. Menschen interagieren mit der Umwelt und die Umwelt beeinflusst menschliches Handeln, man spricht von „Mensch-Umwelt-Interaktion". Insbesondere kann die Politik durch die Schaffung geeigneter Infrastruktur und Institutionen, mit der Förderung innovativer Technologien, durch Regulierung und Preise für die Emission von Treibhausgasen dafür sorgen, dass umweltgerechtes Verhalten für Haushalte und Unternehmen lohnenswerter ist als umweltschädliches Handeln. Das ist natürlich leichter gesagt als getan. Welche Maßnahmen geeignet sind und welche Probleme sich dabei stellen, werden wir noch genauer untersuchen. Vor allem ist es wichtig, dass Maßnahmen der Klimapolitik nicht nur effizient und fair sind, sondern auch Unterstützung in der Bevölkerung finden.

Kürzlich haben zwei hochrangige Fachzeitschriften, „Nature Climate Change" und „Nature Human Behaviour", in Sonderausgaben den menschlichen Faktor beim Klimawandel in den Mittelpunkt gerückt. „Menschliches Verhalten ist zentral, um dem Klimawandel zu begegnen und mit dessen Schäden umzugehen", heißt es im Editorial. Und weiter: „Im Lichte der empirischen Evidenz ist es erstaunlich, dass der ‚menschliche Faktor' nicht immer genügend Aufmerksamkeit in wichtigen Forschungsbereichen erhalten hat, wie z.B. bei den Klimamodellen" (10).

Allerdings liegt der Schwerpunkt der Arbeiten aus Psychologie und Sozialpsychologie auf dem individuellen Verhalten. Wichtiger und effektiver ist es aber, die Handlungsbedingungen, die Struktur und den sozialen Kontext, so zu verändern, dass klimafreundliches Handeln ermöglicht wird. Kürzlich haben Nick Chater und George Loewenstein (11) in einer Kritik der verhaltenswissenschaftlichen Klimaforschung darauf aufmerksam gemacht, dass das „System von Regeln, Normen und Institutionen" stärker in den Mittelpunkt rücken sollte. Sie nennen dieses System „s-frame" und grenzen es vom individuellen Verhalten, dem „i-frame" ab. Soziologie, Politikwissenschaften und Ökonomie z.B. richten den Blick stärker auf die soziale Struktur, den Kontext und die Institutionen, die das Verhalten regeln. Zwar sind beide Perspektiven wichtig: Die Frage danach, was menschliches Handeln motiviert (i-frame) und welche Merkmale des sozialen Systems (s-frame) die Bedingungen dafür schaffen, dass klimafreundliches Handeln ermöglicht wird. In der sozialpsychologischen Umweltforschung ist allerdings die letztere Perspektive zu kurz gekommen.

Menschen handeln eingebettet in soziale Strukturen

Grundlage der Umweltpolitik, die am „Faktor Mensch" anknüpft, sollte eine realistische Theorie über die Motivation menschlicher Handlungen sein. Handlungstheorien oder Theorien menschlicher Entscheidungen legen drei Bausteine zugrunde: Erstens haben Menschen Ziele (oder Wünsche, Präferenzen). Zweitens haben sie Informationen über die Folgen von Handlungen („beliefs", die richtig oder aber auch falsch und verzerrt sein können). Und drittens haben sie mehr oder minder große Ressourcen (auch „Opportunitäten" genannt, negativ gewendet Handlungsrestriktionen), um Ziele zu realisieren (12). Präferenzen richten sich dabei nicht nur auf materielle Vorteile. Handlungsziele können altruistisch sein, orientiert an sozialen Normen und ethischen Prinzipien oder sich auf Reputation und Statusgewinn beziehen.

Die drei Bausteine sind eingebettet in soziale Strukturen, von denen abhängt, welche Ziele Menschen haben, welche Informationen und vor allem welche Ressourcen. Strikte Rationalität muss keineswegs unterstellt werden; Menschen handeln oft und in der Regel nur begrenzt rational (13). Eine Person hat das Ziel, schnell und bequem von A nach B zu reisen. Sie hat Informationen über alternative Verkehrsmittel, z.B. per Auto oder mit der Bahn zu reisen, und sie kennt die Fahrpreise und ungefähren Fahrtzeiten. Welche Alternative gewählt wird, hängt sehr stark von Ressourcen wie Einkommen in Relation zu den Fahrpreisen und von der Verkehrsinfrastruktur ab. Informationsverzerrungen können auch eine Rolle spielen, z.B. können Kosten und Fahrtzeiten unter- oder überschätzt werden, aber meist kommt den Ressourcen die entscheidende Bedeutung für die Wahl von Handlungsalternativen zu. Sie bestimmen den Handlungsspielraum, sie engen Optionen ein oder erweitern sie. Wird dann die Handlung wiederholt und öfter ausgeführt, kommt es zur Gewöhnung, zu habituellen Handlungen, die oft auch dann noch weiter ausgeführt werden, wenn sich Umstände und Ressourcen verändert haben. Das ist nicht neu, das ist auch Alltagswissen. Der Ausbau von Radwegen in Städten wie Kopenhagen hat das Umsteigen aufs Fahrrad befördert, Preissenkungen bei Fahrkarten (wie das 9€-Ticket in Deutschland) locken die Menschen in Bahnen und Busse, Subventionen erhöhen die Verkaufszahlen von E-Autos. Allerdings:

Welche Maßnahme unter welchen Bedingungen wie stark das Ausmaß ökologischen Verhaltens beeinflusst und welche Nebenwirkungen dabei auftreten, ist dann doch wieder eine Frage, die empirisch mit wissenschaftlichen Methoden zu beantworten ist.

Ziele (Präferenzen), Informationen und Ressourcen erklären Handlungen, hängen selbst aber wieder vom „strukturellen Kontext" ab. Dazu zählen soziale Netzwerke mit spezifischen Gruppennormen, Medien, die Informationen liefern, Infrastruktur, Technologien, Institutionen, gesetzliche Regulierungen und natürlich auch Umweltereignisse, etwa Extremwetterlagen und deren Folgen wie Dürren, Brände oder Überflutungen. Diese Faktoren beeinflussen dann indirekt die umweltrelevanten Handlungen, deren Aggregation erst gesellschaftlich messbare „Makro"-Effekte ergibt. Die aggregierten Handlungsergebnisse, z.B. die CO_2-Emissionen eines Landes, das Ausmaß der Luftverschmutzung, Extremwetterereignisse infolge des Klimawandels, haben dann wieder Rückwirkungen auf den strukturellen Kontext, z.B. auf Reaktionen von Medien und Politik (14). Die Handlungen vieler Menschen, Organisationen und Unternehmen (sogenannte „korporative Akteure") sind miteinander verknüpft. Mit diesen vielfältigen Verknüpfungen ergibt sich auch ein Scharnier für die Synthese von Handlungstheorie und Systemtheorien (15). Abbildung I.1 zeigt die Zusammenhänge am Beispiel der Entscheidungen von Haushalten in einem stark vereinfachten Schema.

Abbildung I.1 Mikro-Makro-Schema für Haushaltsentscheidungen und Umweltfolgen

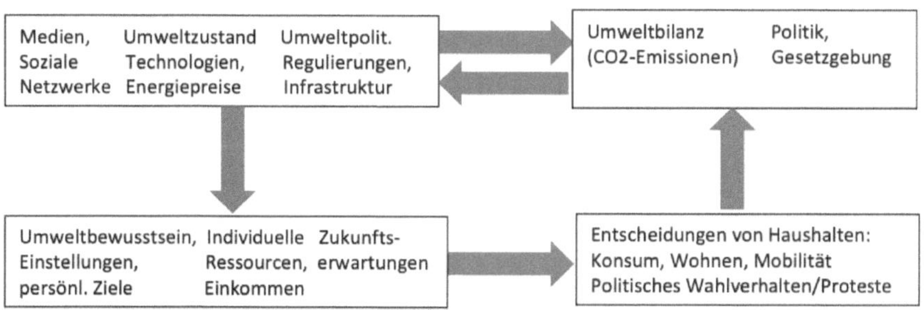

Schema in Anlehnung an Auspurg et al. (2023). Siehe Anmerkung (14).

Erweiterungen der Handlungs- und Entscheidungstheorie richten den Blick auf strategisches Verhalten. Hier berücksichtigen handelnde Personen die Handlungsabsichten und Ressourcen, über die andere Akteure verfügen. Soll ich mit dem Auto die Hauptstrecke fahren, wenn der Verkehrsfunk einen Stau auf dieser Strecke meldet oder dann doch besser die Umgehungsstraße? Wenn aber alle der Empfehlung folgen, ist die Hauptstraße frei und der Stau verlagert sich auf die Umgehungsstraße. Soll ich mich an einem Umweltprotest beteiligen? Wahrscheinlich werden viele andere den Protest unterstützen, sodass ich die Mühen der Unterstützung nicht auf mich nehmen muss. Mit solchen „interdependenten" Entscheidungen von zwei und mehr, bisweilen zahlreichen Akteuren befasst sich die Spieltheorie (16).

Das einfache Schema mit den drei Bausteinen Präferenzen, subjektives Wissen über Handlungsfolgen („beliefs") und Ressourcen ist noch keine Theorie menschlicher Entscheidungen. Das Schema ist auch nicht potentiell an empirischen Daten falsifizierbar. Das wäre erst dann der Fall, wenn zur Messung der drei Komponenten Messverfahren vorliegen und zweitens das Zusammenwirken der Komponenten auf die Wahl einer Handlung genau bestimmt wird. Entscheidungstheorien setzen an diesen beiden Punkten an und liefern erst nach Festlegung von Messverfahren und Annahmen über das Zusammenwirken der drei Komponenten empirisch gehaltvolle und prüfbare Aussagen (17).

Wo soll Klimapolitik ansetzen?

Nützlich ist das grobe Schema hier, um Ansatzpunkte für Maßnahmen zu gewinnen. Sollen Maßnahmen eher an den Präferenzen, den Informationen oder den Ressourcen anknüpfen? Das Problem ist, dass zumindest grundlegende Präferenzen schwer zu verändern sind. Appelle fruchten wenig, um aus Steak-Liebhabern Vegetarier zu machen. Informationen über Klimafolgen des Konsums von Rindfleisch allein werden nur selten größere Verhaltensänderungen hervorrufen. Wirksam könnte Aufklärung bei konkurrierenden und grundlegenden Zielen sein. Immerhin gelingt es einigen süchtigen Rauchern, sich zu Nichtrauchern zu wandeln. Sinnvoll könnte es sein, Präferenzen für Reputation und Status mit Klimazielen zu verbinden. Manche Pioniere des E-Autoverkehrs haben, als diese Autos vor Jahren neu auf den Markt kamen, einen Tesla eher aus Status- und Reputationsgründen erworben als aus Besorgnis über den Klimawandel. Reputations- und Statusgewinn kann eine wichtige Antriebskraft sein, um innovative, klimafreundliche Technologien auf Märkten zu platzieren.

Feedback von Informationen, z.B. durch Smartmeter zur Kontrolle des Stromverbrauchs im Haushalt, kann zum Energiesparen besonders dann verhelfen, wenn Energiepreise variabel sind. Informationen über Handlungsfolgen sind unter bestimmten Bedingungen wirksam, oft ist die Wirkung aber sehr begrenzt. Das gilt besonders, wenn die Folgen für den Einzelnen keine Konsequenzen haben. Fast jeder Flugreisende weiß, dass Flugzeuge nicht gerade ein ökologisches Verkehrsmittel sind. Information und Aufklärung ist natürlich sinnvoll, wenn massive und systematische Fehlinformationen vorliegen und neue Forschungen neue Erkenntnisse liefern, vor Jahren etwa über die Gefährlichkeit von Asbest, das schwere Lungenerkrankungen auslöst und als Baumaterial weithin akzeptiert war, oder die Gefahren des Passivrauchens, die lange von der Tabakindustrie wider besseres Wissen bestritten wurden.

Der wichtigste Hebel der Klimapolitik sind aber die Ressourcen der handelnden Personen und damit die Verbesserung von Handlungsoptionen zu Gunsten ökologischer Alternativen. Dafür gibt es zahlreiche Beispiele. Eine „Congestion Charge" hat die Londoner City vom Megastau befreit (18). Die Erhebung einer Gebühr für Autofahrten in die Innenstadt ist ein Erfolgsmodell und wurde von zahlreichen weiteren Städten nachgeahmt, die von der Größe und Struktur her dafür geeignet sind. In Zürich mit einem dicht ausgebauten Netz des öffentlichen Nahverkehrs fahren Banker und Managerinnen mit der Tram, weil das bequemer und schneller geht. Dänemark hat an vielen Orten ein ausgedehntes Fernwärmenetz. Wird es mit erneuerbaren Energien betrieben, können sich Immobilienbesitzer den Einbau neuer Heizsysteme sparen. Norwegen ist das E-Autoland. Derzeit werden dort 80 % der Neuwagen elektrisch betrieben. Amsterdam, Utrecht und Kopenhagen sind Fahrradstädte, wozu ihnen nicht nur die Topographie verhilft. In der Schweiz wurde bereits vor rund drei Jahrzehnten durch Volksabstimmung die „Neue Alpentransversale (NEAT)" aufs Gleis gebracht. Statt dem Wunsch der EU zu entsprechen und Autobahnen für den Alpentransit auszubauen, hat man mit Lenkungsabgaben und Bahnausbau den Güterverkehr auf Züge verlagert. Diese und zahlreiche weitere Beispiele demonstrieren die Bedeutung der Infrastruktur. Durch die Aufwertung ökologischer Handlungsalternativen wird klimaschonendes Handeln erst zur realen Option. Anders formuliert: Die Ressourcen handelnder Personen, Haushalte und Unternehmen werden so gestärkt, dass sich ökologisches Verhalten lohnt.

Innovative Technologien, Einkommen und Preise spielen auch eine ganz wesentliche Rolle. Die Innovationen der Solartechnik haben die Photovoltaik in einer kurzen Zeitspanne enorm verbilligt, wie man es nur von der Herstellung von Computer-Speicherchips nach dem „Moorschen Gesetz“ kennt (dazu weiter unten). Mit dem 9€-Ticket haben in Deutschland im Sommer 2022 zusätzlich Millionen Menschen Züge und Busse genutzt. Allerdings war der Klimaeffekt geringer als der Haupteffekt vermehrter Freizeitfahrten. Das muss man aber nicht negativ bewerten. Das 9€-Ticket war weniger Klima-, als vielmehr Sozialpolitik. Gleichzeitig zeigte sich ein gewaltiger Effekt der drastischen Preisreduktion.

Preise interagieren auch mit der Infrastruktur. Niedrige Preise für Mineralöl haben seit den 1950er Jahren zu einer Auto zentrierten Verkehrsstruktur, der Vernachlässigung von öffentlichem Verkehr, der Verlagerung von Einkaufsmärkten an die Randzonen der Städte, einer aufs Auto fokussierten Raumplanung und einer Fußgänger- und Radfahrer feindlichen Städteplanung geführt. Die drastischen Folgen lassen sich besonders in den USA besichtigen. Der Klimahistoriker Christian Pfister hat diese Entwicklung als „50er Jahre Syndrom“ bezeichnet (19). Vom Lenkungseffekt durch CO_2-Preise wird noch ausführlich die Rede sein. Die relativen Preise für Solar- und Windenergie versus fossiler Energie spielen zudem eine große Rolle bei der Substitution fossiler durch erneuerbare Energie. Mit einiger Gewissheit kann man sagen, dass dies ein zentraler Faktor für das Gelingen der Energiewende sein wird.

Suffizienz, Effizienz, Rebound

Werden wir unseren Komfort einschränken müssen, um die Klimaziele zu erreichen? Also weniger Auto fahren, die Heizungstemperatur herunterstellen, die Ernährung auf weniger „CO_2-belastete Kost“ umstellen, auf Fernreisen per Flugzeug verzichten? Oder ließe sich unser Lebensstil beibehalten, wenn wir CO_2-sparende Technologien verwenden? Ersteres ist die „Suffizienzstrategie“, letzteres die „Effizienzstrategie“ zur Reduktion von Treibhausgas. Mit einer Wärmepumpe im Haus, die mit Strom aus Solarzellen oder Windenergie betrieben wird, ist es (fast) egal, ob die Wohlfühltemperatur auf 24 Grad hochgedreht oder kühle 18 Grad am Thermostat eingestellt wird. „Fast egal“, weil auch erneuerbare Energie mit Geräten produziert wird, bei deren Herstellung und Wartung derzeit noch CO_2-Emissionen anfallen und die Bereitstellung von Energie begrenzt ist. Bei der Stromerzeugung aus erneuerbarer Energie sind die Emissionen allerdings sehr gering im Vergleich zum CO_2-Ausstoß von Kohle, Öl und Gas. Anders beim E-Auto. Selbst wenn der Strom zum Betrieb des Autos zu 100 Prozent „grün" erzeugt wird, steckt in dem Fahrzeug doch eine beträchtliche Menge „grauer" Energie. Zumindest beim heutigen Stand der Produktionstechnik sind E-Autos gegenüber Verbrennern zwar ein großer Fortschritt, aber keineswegs Null-Emissions-Fahrzeuge (20).

Bei anderen Energie verbrauchenden Prozessen wird Technik allein nicht helfen. Auf absehbare Zeit sind Flüge mit hohen CO_2-Emissionen verbunden; ändern mag sich das erst, wenn Ersatzstoffe aus grünem Wasserstoff verfügbar sind. Wohnraum ist knapp besonders in den Großstädten. Gleichzeitig sind die Ansprüche an Wohnqualität und Fläche gestiegen. Aber selbst der Bau von Niedrigenergiehäusern oder „Nullenergiehäusern" erfordert Baumaterialien, deren Gewinnung in erheblichem Maße Treibhausgase freisetzt. Der Individualverkehr mit dem Auto, auch mit E-Autos, stößt an Grenzen schon wegen Staus und Flächenverbrauch.

Sehr wahrscheinlich werden insbesondere in einer Zeit des Übergangs in ein nicht-fossiles Zeitalter Elemente von beiden Strategien, von Suffizienz und Effizienz, eine Rolle spielen. Dabei haben manche Einschränkungen auch wieder positive Nebenwirkungen (dazu weiter unten). Wer das Auto stehen lässt und öfter zu Fuß geht oder weniger Fleischmahlzeiten zu sich nimmt, weil deren Preis gestiegen ist, mag dies zunächst beklagen. Gut für die Gesundheit ist es allemal. Vielleicht werden die Änderungen der Gewohnheiten sogar als Bereicherung empfunden. Eingefleischte Liberale könnten die Preisanhebung für „CO_2-haltigen" Konsum als paternalistische Bevormundung ansehen. Wenn der erhöhte Preis aber die negativen Externalitäten, den Klimaschaden durch CO_2, reflektiert, ist die Preisgestaltung nicht Bevormundung, sondern entspricht der Marktlogik. Jeder Haushalt und jedes Unternehmen tragen Kosten für die Beseitigung von Abfällen. Warum dann nicht bei klimaschädigendem CO_2? Naturverzehr ist nicht kostenlos zu haben.

Hinzu kommt ein weiteres Problem der Effizienzstrategie, das man an der Verbesserung der Motorleistung von Autos mit Verbrennungsmotor gut studieren kann. Dank der Ingenieurskunst konnte aus einem Liter Benzin immer mehr Fahrleistung herausgeholt werden. Gleichzeitig wurden die Autos immer schwerer und die Motoren stärker. Hatte vor Jahren die Durchschnittslimousine knapp eine Tonne gewogen, so bringen es heutige SUVs auf bis zu zweieinhalb Tonnen Gewicht, um eine 70 kg schwere Person zu befördern. Ein Teil des Effizienzgewinns verpufft also durch mehr Komfort und erhöhte Nachfrage nach Leistung. Man spricht vom Rebound-Effekt, der Effizienzgewinne ganz oder teilweise zunichtemachen kann.

Energiewende, Mooresches Gesetz und die Verbilligung erneuerbarer Energie

Solange erneuerbare Energie teurer ist als fossile Energie, hat es letztere leicht, die führende Rolle zu behaupten. Es sei daran erinnert, dass wir uns trotz drängender Klimaprobleme noch im fossilen Zeitalter befinden; global und auch in Europa wird 70 bis 80 Prozent der Energie mit fossilen Brennstoffen erzeugt. Jetzt aber drehen sich die relativen Preise; Wind- und Solarenergie werden nicht nur konkurrenzfähig gegenüber Kohle, Öl, Gas und Nuklearstrom, sondern auch billiger. Hier haben zahlreiche inkrementelle Verbesserungen bekannter Technologie und die Herstellung in größeren Mengen (Skalenerträge) zu wirklich enormen Effizienzgewinnen geführt (21). Bei der Verringerung der Kosten von Speicherchips für Computer hat der Mit-Begründer der Firma Intel, Gordon Moore, prognostiziert, dass sich die Kapazität der Halbleiter auf den Speicherchips alle zwei Jahre verdoppelt. Verdoppelung in konstanten Zeitintervallen bedeutet exponentielles Wachstum. Grund ist ein Lernprozess, der bei der Technologieentwicklung zu stetigen Fortschritten geführt hat. Natürlich ist dies gewaltige Wachstum der Effizienz keineswegs bei allen technologischen Anwendungen die Regel. Bei Solar- und Windenergie und auch einer Reihe weiterer Technologien verläuft die Entwicklung aber ähnlich dem „Mooreschen Gesetz". Photovoltaik war vor einem halben Jahrhundert extrem teuer und kam fast nur in der Raumfahrt als Energiequelle für Satelliten zum Einsatz. Seither kann man von einer enormen Verbilligung der Produktion erneuerbarer Energie sprechen. Allein zwischen 2010 und 2019 hat sich nach den Angaben von Roser Solarenergie um mehr als den Faktor 5 verbilligt, von 38 US c auf 7 c für die Kilowattstunde Strom (22). Besonders günstig ist auch der Preis für Windenergie auf dem Land. Beide Herstellungsarten erneuerbarer Energie schlagen Kohle und auch Nuklearenergie beim Preis. Weitere Fortschritte sind künftig zu erwarten. Nicht von einem Klimaaktivisten, sondern vom Chef der Axpo, eines der größten Schweizer Stromversorgers, stammt das folgende Zitat:

> „Erstens gibt es einen Volksentscheid, der den Atomausstieg vorgibt. Es liegt nicht an uns, diesen infrage zu stellen. Zweitens ist die Kernkraft schlicht zu teuer. Eine Megawattstunde aus einer neuen Fotovoltaikanlage in Frankreich kostet rund 50 Euro. Die Kernkraft ist etwa doppelt so teuer (23)."

Problematischer gestaltet sich der Netzausbau, die Speicherung von Strom und die Errichtung von Grundlastkraftwerken, die für die Versorgung bei der berüchtigten „Dunkelflaute" benötigt werden. Auf technologische Wunderwaffen wie Fusionsreaktoren oder Science-Fiction ähnlichen Methoden des Geo-Engineerings (z.B. die künstliche Verteilung von Aerosolen in der Atmosphäre), deren Ankündigung gelegentlich wohl auch mit dem Hintergedanken der Weiternutzung fossiler Energie betrieben wird, sollte man nicht allzu viel Hoffnung setzen. Einige Methoden des Geo-Engineerings könnten sich künftig als hilfreich erweisen, aber wie und in welchem Umfang bleibt abzuwarten. Bei der Herstellung von Zement fällt notwendigerweise CO_2 an, der für eine CO_2-freie Produktion abgeschieden werden müsste. Möglicherweise wird es in den kommenden zwei Dekaden weitere innovative Techniken und Anwendungen geben. Wir wissen es heute noch nicht, denn dann wären diese heute schon nutzbar, wie ein bekanntes Argument des Philosophen Karl Popper in seiner klassischen Schrift „Elend des Historizismus" lautet (24). Dagegen ist die Technik, um die Energiewende zu stemmen, bereits vorhanden und der fallende Preis für erneuerbare Energie ist ihr bester Verbündeter (siehe Abbildung I.2).

Abbildung I.2 Preisrückgang bei Solarenergie

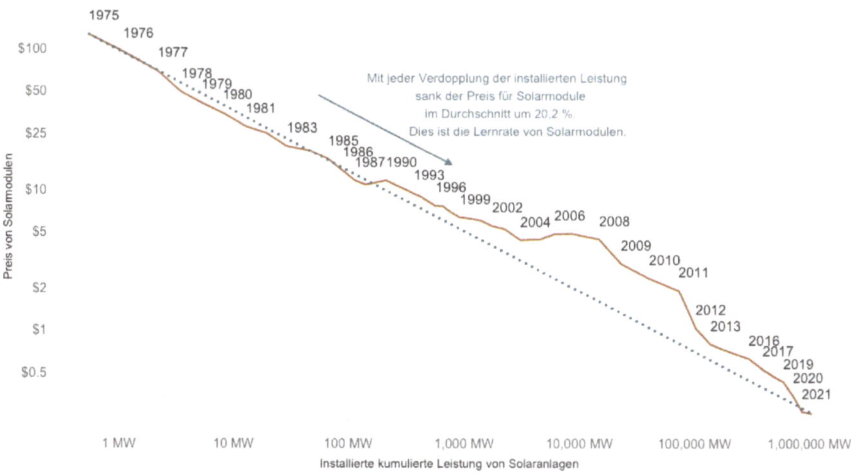

* Preis pro Watt inflationsbereinigt für 2019 US $ (Achsen logarithmiert). Aus Roser, Max, 2020. Why did renewables become so cheap so fast? OurWorldInData.org. https://ourworldindata.org/cheap-renewables-growth

Kollateralgewinne

Oft werden nur die negativen Folgen der Transformation gesehen. Windräder beeinträchtigen die Landschaft und es kommt zu Vogelschlag. Solaranlagen auf den Dächern stören die Ästhetik und beim Ausbau öffentlicher Verkehrsnetze kämpfen Anwohner gegen den Bau der neuen Eisenbahntrasse. Nicht selten kommt es zu Konflikten zwischen Klimaschutz und Umweltschutz. Weniger wird gesehen, dass es auch positive Nebeneffekte gibt.

Die Energiewende hilft nicht nur dem Weltklima, sondern bringt zudem spürbare Vorteile für die lokale Umwelt. Statt Kollateralschäden kann man hier von „Kollateralgewinnen" sprechen. Die Verminderung von Treibhausgasen hat gleichzeitig eine Reihe von Folgen, die auf der Habenseite der Wohlfahrtsbilanz zu verbuchen sind. Elektrisch betriebene Autos vermindern Straßenlärm; sie tragen nicht zur Luftverschmutzung durch Stickoxid und bodennahes Ozon bei wie Autos mit Verbrennungsmotor. Das verringert Gesundheitsrisiken, denen die Bevölkerung in verkehrsreichen Städten ausgesetzt ist. Denn Lärm und Luftverschmutzung sind für kardiovaskuläre und Lungenkrankheiten verantwortlich. Wer auf das Auto verzichtet und aufs Fahrrad umsteigt, tut etwas für seine Gesundheit. Gleiches gilt für die Verminderung von Fleischkonsum. Grüne Städte, die Hitzewellen besser standhalten, sind auch positiv für Befindlichkeit und Lebensqualität. Dekarbonisierung führt in vielen Fällen ganz nebenbei auch zu Wohlfahrtsgewinnen!

Die Achillesferse: Akzeptanz von Klimapolitik

Warum ist die Energiewende angesichts der positiven Folgen und der fallenden Preise nicht ein „Selbstläufer", allein durch Marktkräfte zu bewältigen? Der Grund ist naheliegend. Es sind die hohen Umstellungskosten für private Haushalte, Unternehmen und Staat. Der Ausbau von Stromnetz, Fernwärme, öffentlichem Verkehr, die Gebäudesanierung, Umstellung von Heizung, Verkehr, Produktion usw. erfordert enorme Kapitalkosten. Diese mit Zuschüssen, Anreizen und Regulierung zu balancieren, eröffnet ein beträchtliches Konfliktpotential. Fast jede Maßnahme berührt die Interessen oft nur von Minderheiten und führt zu Gegenreaktionen und Protesten. In den Städten ist die Aufteilung des knappen Raums für Auto oder Fahrrad umstritten oder besser gesagt: umkämpft. Gleiches gilt für den Ausbau von

Windkraft und Stromnetz. Eigentümer von Immobilien tragen erhebliche Anfangsinvestitionen, um Gebäude zu sanieren und Heizungen auf erneuerbare Energie umzustellen. Die Erträge fallen dagegen erst in der Zukunft an und werden oft psychologisch abgewertet (25). Hinzu kommen soziale Ungleichheiten, die sich noch verstärken, wenn nicht für Kompensation gesorgt wird. Und dies sind nur einige Beispiele. Lange hat die Politik geschlafen und fordert jetzt von ihren Wählerinnen und Wählern viel in kurzer Zeit.

Deshalb ist es so wichtig, im demokratischen Prozess auf die Akzeptanz politischer Maßnahmen durch die Bürgerinnen und Bürger zu achten. Ergebnisse aus sozialwissenschaftlicher Akzeptanz- und Partizipationsforschung können dabei hilfreich für die Politikberatung sein. Für eine viel beachtete Studie wurden in Deutschland Personen befragt, welche von mehreren klimarelevanten Maßnahmen sie im Verkehrsbereich befürworten (26). Dazu wurde eine Liste von Maßnahmen vorgelegt. Gleichzeitig wurden Expertenurteile über die Stärke des Effekts der Maßnahmen eingeholt. Die Maßnahmen konnten als „Pull"- und „Push"-Maßnahmen klassifiziert werden. Pull-Maßnahmen setzen Anreize, Push-Maßnahmen sind eher fordernd und restriktiv. Wirksam sind besonders „Push"-Maßnahmen wie ein CO_2-Preis auf Kraftstoffe oder eine von der Fahrleistung abhängige Straßenmaut. In der Bevölkerung waren diese Maßnahmen dagegen am unbeliebtesten, während „Pull"-Maßnahmen (z.B. ein Nulltarif im öffentlichen Nahverkehr) hohe Zustimmungswerte erhielten. Diese Diskrepanz macht die Implementierung umweltpolitischer Maßnahmen nicht gerade einfacher.

Die Politik fürchtet sich besonders vor „Push"-Maßnahmen, die die Gegner von Klimapolitik, dazu Klimaskeptiker und Klimaleugner zu Protesten auf die Straße treiben. Der Schock der „Gelbwestenproteste" in Frankreich steckt der Politik noch in den Knochen. Eine effektive CO_2-Preispolitik oder andere Maßnahmen werden abgebremst, weil Proteste befürchtet werden. Auf der Gegenseite demonstrieren „Fridays for Future" (FFF) und verschiedene Gruppen radikalerer Klimaaktivisten. Sie können die Klimapolitik durchaus voranbringen. Interessant ist der eher unerwartete Effekt, dass moderate und extreme Bewegungen sich wechselseitig ergänzen. Die „Radical-Flank"-Hypothese bringt vor, dass im Zusammenspiel moderater und extremer Bewegungen die Zustimmung zur moderaten Klimaprotestbewegung sogar gestärkt wird (27).

Die Akzeptanz von Klimapolitik in der Bevölkerung ist entscheidend dafür, ob klimapolitische Maßnahmen gelingen. Wie lässt sich die Akzeptanz erhöhen?

Da ist zunächst einmal, nicht überraschend, an das Umweltbewusstsein zu denken. In der Bevölkerung spielt es, anders als oft vermutet, beim direkten persönlichen Verhalten eher eine geringe Rolle. Wichtig ist es aber besonders für die Akzeptanz allgemeiner klimapolitischer Regeln und Maßnahmen. Ein hoher Grad des Umweltbewusstseins in der Bevölkerung erleichtert die Durchführung von Klimapolitik, insbesondere auch durch die Zustimmung an der Wahlurne in demokratisch verfassten Staaten. Auch das Vertrauen in Institutionen und die empfundene Fairness von Maßnahmen sind von Bedeutung (28). Partizipation an Entscheidungen sowie an Erträgen dürften die Zustimmung zu Maßnahmen erhöhen, beispielsweise wenn eine Gemeinde an den Einnahmen eines Windenergieparks beteiligt ist. Die Akzeptanzforschung macht auf zahlreiche Faktoren aufmerksam, deren Wirkung in Fallstudien, Befragungen und auch in Experimenten untersucht wurde (Kapitel VIII). Die Klimapolitik wäre gut beraten, aus den zahlreichen Studien der Akzeptanzforschung zu lernen.

Werden wir unter den günstigen Voraussetzungen der Verfügbarkeit innovativer Technologien und fallender Preise für erneuerbare Energie den Klimawandel auf die Paris-Ziele von 1,5 oder mindestens 2 Grad begrenzen können? Dazu muss man angesichts der vielen beharrenden Kräfte, weltweiter Konflikte und fossiler Interessenkonstellationen sehr optimistisch sein! Aber selbst wenn die Ziele der Paris-Konferenz verfehlt werden, ist die Vermeidung von jedem weiteren Anstieg der Erwärmung ein Gewinn. „Jedes zehntel Grad zählt", ist ein oft erwähnter Slogan. Es gibt nur eine relativ kurze, noch offenstehende Zeitspanne, in der die große Transformation zur Klimaneutralität und Begrenzung der Erderwärmung gelingen kann. Die Alternative weiter ansteigender Treibhausgasemissionen wird auch in Klimamodellen berücksichtigt. Szenarien sprechen dann am Ende des Jahrhunderts von einer Erderwärmung um 4 bis nahezu 5 Grad. Die Welt, wie wir sie kennen, würde es dann nicht mehr geben (29).

II Grundlagen: Treibhausgas, Erderwärmung, Folgen

Der Klimawandel hat längst begonnen. Wir sind Zeitzeugen der Geschehnisse und befinden uns schon gegenwärtig in der Klimakrise. Der Klimawandel wird in Zukunft wachsende Schäden verursachen.

Extremwetterereignisse nehmen zu

Die Copernicus-Berichte der ESA, der europäischen Raumfahrtbehörde, unterrichten über bereits eingetretene Schäden durch die Erderwärmung (1). Beispielhaft ist der Bericht vom Frühjahr 2023 für das Jahr 2022. Rückblickend vom Berichtsjahr waren die Jahre ab 2015 die wärmsten auf diesem Planeten seit Beginn systematischer Temperaturmessung. Fast überall auf der Welt, ausgenommen im Südwesten Skandinaviens, schrumpfen die Gletscher. Gravierende Konsequenzen für die Wasserversorgung ganzer Regionen sind die Folge, etwa im Süden des Himalayas oder für die durch Alpengletscher gespeisten Flüsse. In den Alpen haben die Gletscher in einem Jahr über fünf Kubikkilometer Eis verloren. In der Arktis hat sich die Eisbedeckung im Vergleich zu den 1980er Jahren um 2,6 Millionen km^2 vermindert. Das entspricht der vierfachen Fläche Frankreichs. Der Appetit auf Bodenschätze durch Anrainerstaaten wächst und neue Schifffahrtsrouten, Stichwort „Nordostpassage", drohen das sensible Ökosystem zu schädigen und Interessenkonflikte zwischen den Arktikstaaten zu verschärfen. In Europa war das Jahr durch Trockenheit und Waldbrände, Starkregen, Überflutungen, Hitzewellen und andere extreme Wetterereignisse geprägt. In Großbritannien wurden erstmals 40 Grad Celsius gemessen, die Temperatur in Hamburg erreichte 40 Grad und in Südeuropa kletterte das Thermometer auf bis zu 45 Grad. Der „Hitzestress" führt zu einer großen Zahl vorzeitiger Todesfälle. Epidemiologische Schätzungen gehen von mehr als 60.000 Hitzetoten in Europa in einem Jahr aus (2). Massive wirtschaftliche Schäden sind die Folge von Niedrigwasser in den Flüssen im heißesten Sommer Europas: von der Trockenheit in der Po-Ebene über Frankreichs Flüsse, die die Kernkraftwerke nicht mehr kühlen konnten, bis hin zum Stillstand der Schiffstransporte auf dem Rhein. Global gesehen war die Trockenheit im Osten Afrikas in fünf aufeinander folgenden Jahren für

Menschen und Wirtschaft noch dramatischer. Unter der Nahrungsmittelknappheit litten im August des Jahres nach Schätzungen 37 Millionen Menschen in Ost-Afrika. In Pakistan wurden im gleichen Zeitraum 33 Millionen durch Überflutungen geschädigt (3). Es ist zu befürchten, dass die Schadensereignisse, über die der Copernicus-Bericht Auskunft gibt, in den Folgejahren ähnliche oder noch größere Ausmaße annehmen werden. Hitzerekorde werden von Jahr zu Jahr zunehmen und damit auch die Zahl der Opfer von Hitzestress. „Der heißeste Sommer unseres bisherigen Lebens ist der kälteste Sommer unseres Restlebens" ist zum geflügelten Wort geworden.

Ein Großteil der Weltbevölkerung lebt in Küstenregionen. Der Meeresspiegel aber steigt durch die Erwärmung der Ozeane und das Abschmelzen von Festlandeis. Gleichzeitig vermindert die Erwärmung der Ozeane die Kapazität zur Aufnahme von CO_2. Schätzungen gehen davon aus, dass die Ozeane ein Viertel bis ein Drittel des CO_2 aufnehmen, das durch die Verbrennung fossiler Brennstoffe entsteht, und 90 Prozent der Wärme, die durch den anthropogenen Treibhauseffekt hervorgerufen wird. Das aufgenommene CO_2 führt wiederum zur „Versauerung" der Ozeane mit gravierenden Folgen für das maritime Ökosystem und den Rückgang von Biodiversität (4).

Der CO_2-Gehalt der Atmosphäre wächst und damit auch die Erderwärmung. Der Anteil von CO_2 in der Atmosphäre hat die Grenze von 400 ppm längst überschritten (2022 wurden 419 ppm gemessen). Die globale Temperatur hat sich im Vergleich zur Referenzperiode 1850 bis 1900 bereits um 1,1 Grad erhöht (2023 um 1,5 Grad, Tabelle II.1), in Europa sogar um 2,2 Grad und in der Arktis um 3 Grad Celsius. Auch andere Treibhausgase wie Methan (CH_4) sind stark angestiegen. Das Ziel der Pariser Klimakonferenz 2015, den Anstieg der globalen Temperatur auf 1,5 Grad zu begrenzen, wird kaum zu halten sein. Schon in wenigen Jahren wird, ohne massive Gegenmaßnahmen, diese Grenze überschritten werden. Nach den Modellrechnungen des Weltklimarats (ICPP, dazu weiter unten) wird die Schwelle sehr wahrscheinlich in den Jahren 2030 - 2035 überschritten werden. In einzelnen Jahren kann die globale Erwärmung auch schon früher 1,5 Grad überschreiten, wie die meteorologische Organisation (WMO) der Vereinten Nationen prognostiziert (5). 2023 ist diese Prognose schon eingetroffen.

Woran es liegt. Natürlicher und anthropogener Treibhauseffekt

CO_2 gilt als das Treibhausgas schlechthin. Ohne Treibhausgas wäre es aber ziemlich kalt auf dieser Erde. Die Temperatur würde höchst unwirtliche minus 18 Grad betragen. Kurzwelliges Licht der Sonne strahlt auf die Erde; die Abstrahlung des langwelligen Infrarotlichts, der Wärmestrahlung, wird durch Wasserdampf, CO_2 und andere Treibhausgase vermindert. Dieser natürliche Treibhauseffekt erhöht die mittlere Temperatur auf plus 14 Grad. Der natürliche Treibhauseffekt, Wasserdampf spielt hier die Hauptrolle, danach erst CO_2, sorgt also dafür, dass die mittlere Erdtemperatur um 32 Grad Celsius angehoben wird. Für die Bewohner unseres Planeten ist das angenehmer als auf der Venus. Der CO_2-Anteil in der Atmosphäre beträgt dort 97 %; die Temperatur 467 Grad Celsius. Auf unserem Planeten kommt zum natürlichen Treibhauseffekt der anthropogene, also menschengemachte Treibhauseffekt durch CO_2, Methan (CH_4), Stickoxydul (N_2O, Lachgas) und andere Treibhausgase hinzu. Aerosole, kleine Schwebeteilchen z.B. von Vulkanausbrüchen, wirken dem Klimawandel entgegen. Doch ist der gegenläufige Kühlungseffekt sehr gering. Im Vergleich zum natürlichen Treibhauseffekt scheint auch der anthropogene Anteil gering zu sein. Doch genau dieser Anstieg von wenigen Grad Celsius über den natürlichen Effekt hinaus bringt das Klima aus dem Gleichgewicht und hat dramatische Folgen für das Leben auf unserem Planeten (6).

Tabelle II.1 Zahlen zum Klimawandel

Natürlicher Treibhauseffekt (Wasserdampf, CO_2): Erwärmung um 32 Grad Celsius (von -18 auf + 14 Celsius)
Anthropogener Treibhauseffekt bis 2022 im Vergleich zur Referenzperiode 1850 – 1900: Global 1,1* (2023 1,5**) Grad Celsius Europa 2,2 Grad Arktis 3 Grad
Die neun wärmsten Jahre seit Beginn der Messungen im Rückblick (2023): Die letzten neun Jahre 2015 bis 2023
Atmosphärisches CO_2 (2022): 419 ppm* (1750: 277 ppm; vor 1950 in den vergangenen 800.000 Jahren immer unter 300 ppm)***
Fossiler Anteil an Primärenergie (Welt): 77 %, Kernkraft 4 %

CO_2-Ausstoß in Milliarden Tonnen (Gt): Welt 1980: 20; 2022 37,5. Davon Kohle 15,1; Öl 12,1; Erdgas 7,9; Zement 1,6. Mit Änderung Landnutzung (u.a. Aufforstung abzüglich Abholzung) global 40,6. Davon China 11,4; USA 5,1; Indien 2,9; EU27 2,8 Mrd. t
Pro-Kopf in Tonnen CO_2: USA 15; China 8; EU27 6,3; Indien 1,9; Afrika 1; Welt 4,7
Verbleibendes CO_2-Budget für 1,5 Grad (ab Beginn 2023): 250 Gt; 2 Grad: 1200 Gt

Quellen: Siehe Anmerkungen zum Text.

*1,1 Grad Celsius globale Oberflächentemperatur und 419 ppm atmosphärischer CO_2-Anteil im Durchschnitt des Jahres 2022 nach: The Cenozoic CO2 Proxy Integration Project (CenCO2PIP) Consortium. Toward a Cenozoic history of atmospheric CO2. Science 382.

**Copernicus, 2024 Warmest January on record, 12 month average over 1.5° C above preindustrial. Monthly Climate Bulletin. 9.2.2024 https://climate.copernicus.eu/warmest-january-record-12-month-average-over-15degc-above-preindustrial

***Lüthi, Dieter et al., 2008. High-resolution carbon dioxide concentration record 650,000–800,000 years before present. Nature 453: 379-382.

Geschichte der Entdeckung

Treibhauseffekt ist eigentlich nicht der richtige Ausdruck. Denn nicht ein Dach hält die Wärme zurück, sondern die Absorption von langwelligem Infrarotlicht durch „Treibhausgase" (7). Klimaphysiker berechnen den Temperaturanstieg aus den Gleichungen für die Energiebilanz einfallenden, absorbierten und rückgestrahlten Sonnenlichts. Die Entdeckung ist nicht neu. Erstmalig hat der französische Mathematiker Charles Fourier vor ziemlich genau zweihundert Jahren die Anhebung des Temperaturniveaus durch Absorption der Strahlung in der Atmosphäre erklärt. Ihm war aufgefallen, dass die Temperatur der Erde wärmer war als nach der Energiebilanz zu erwarten (8). Der irische Physiker John Tyndall konnte Mitte des 19. Jahrhunderts im Laborversuch die Absorption der Wärmestrahlung durch Treibhausgase nachweisen und Svante Arrhenius' aufwändige Berechnungen gaben erstmals Auskunft über die Veränderung der Konzentration von CO_2 in der Atmosphäre auf Temperaturveränderungen. Damit wollte Arrhenius eigentlich zur Erklärung vergangener Eiszeiten beitragen; die Erwärmung der Erde lag für ihn noch weit in der Zukunft. Seine Schätzungen hat er 1896 in deutscher Sprache unter dem Titel „Über den Einfluss des atmosphärischen Kohlensäuregehalts auf die Temperatur der Erdoberfläche“ veröffentlicht (9). Aus seiner Tabelle über verschiedene Variationen des CO_2-Gehalts auf die Temperatur lässt sich z.B. entnehmen, dass bei einer CO_2-Zunahme um den Faktor 1,5, also einer Zunahme um 50 %, der Temperaturanstieg etwa 3,5 Grad betrüge. Zu Zeiten von Arrhenius betrug der CO_2-Anteil weniger als 300 ppm, 2022 wurden 419 ppm gemessen. Für den Beginn der Industrialisierung in der Mitte des 18. Jahrhunderts lautet die Schätzung 277 ppm. Seither ist die atmosphärische Konzentration von CO_2 um ca. 50 % gestiegen. Bisher liegt der globale Temperaturanstieg bei 1,1 Grad. Somit sind Arrhenius Prognosen zu hoch ausgefallen. Verfeinerte Messungen und Projektionen mit Klimamodellen, die auch zahlreiche weitere Einflüsse und Rückwirkungen einbeziehen, liefern heute genauere Schätzungen (10).

Abbildung II.1 CO2-Konzentration in der Atmosphäre in den vergangenen 800.000 Jahren

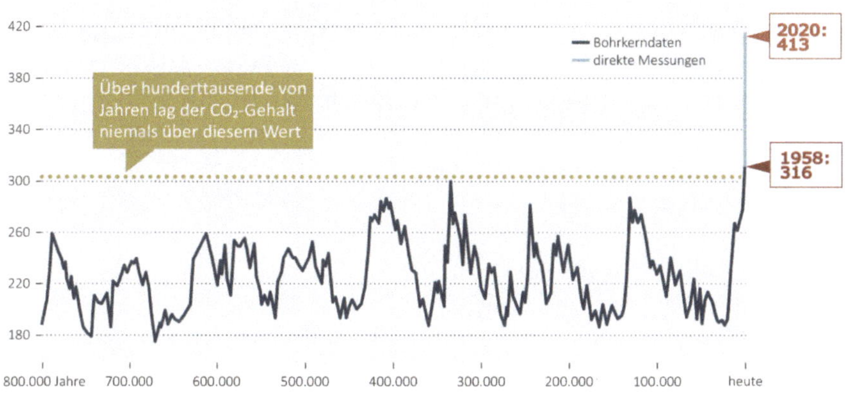

Abbildung aus Leopoldina, 2021. Factsheet Klimawandel. Leopoldina/Infografiker.com. https://www.leopoldina.org/fileadmin/redaktion/Publikationen/Infomaterial/Grafiken-Factsheet-Klimawandel-V1-1-WEB-02mk_01-03-CO2-800000J.png

Bohrkerndaten geben darüber Aufschluss, dass die CO_2-Konzentration in der Atmosphäre in den vergangenen 800.000 Jahren immer unter 300 ppm lag (Abbildung II.1). Die starken Schwankungen korrespondieren mit Eis- und Warmzeiten. 1958 wurde auf Initiative von Charles Keeling in großer

Höhe auf Mauna Loa, Hawai, eine Messstation errichtet. Die Daten zeigen eine stetig wachsende Konzentration von CO_2 in der Atmosphäre. Da CO_2 langfristig in der Atmosphäre verbleibt, kumulieren sich die jährlichen Emissionen. Der Verlauf seit Ende der 1950er Jahre („die große Beschleunigung“) wird als Keeling-Kurve bezeichnet.

Kipppunkte

Wird sich die Keeling-Kurve ohne einschneidende Gegenmaßnahmen aufwärtsbewegen, werden die Schwellen von 1,5 und 2 Grad bald überschritten sein. Dann aber besteht die Gefahr, dass sogenannte „Tipping Points“ oder Kipppunkte erreicht werden und selbstverstärkende Prozesse einsetzen. Das Abschmelzen der grönländischen Eisdecke, das Auftauen des borealen Permafrosts oder das Abschmelzen des Sommereises in der Arktis sind dafür Beispiele. Im Permafrost sind große Mengen von CO_2 und Methangas im Boden eingeschlossen. Sie würden bei einer Erwärmung des Bodens in die Atmosphäre entweichen und dem Treibhauseffekt weitere Nahrung liefern. Die arktische Eisdecke bewirkt eine starke Rückstrahlung des Sonnenlichts (Albedo). Wird die Albedo verringert, wächst die Erwärmung der Erdoberfläche. In einer kürzlich publizierten Studie wurden zahlreiche Kipppunkte analysiert, wobei einige Prozesse, etwa das Abschmelzen des Grönlandeises, des West-antarktischen Eisschilds, der Eisfläche in der Barentssee und das Auftauen borealen Permafrosts schon bei einer Erderwärmung unter 2 Grad einsetzen könnten (11).

Weltklimarat und Klimakonferenzen

Der Treibhauseffekt und dessen Folgen sind also seit langem bekannt. In einem 1965 datierten Bericht des wissenschaftlichen Beraterkomitees an den damaligen Präsidenten der USA, Lyndon B. Johnson, wird auf die Gefahren des Klimawandels in deutlichen Worten hingewiesen. Das Komitee prognostizierte bis zum Jahr 2000 einen Anstieg des atmosphärischen CO_2 um 25 %. Dies wird „messbare und womöglich markante Veränderungen des Klimas bewirken“, heißt es in der Stellungnahme (12). Der Anstieg um 25 %, von 320 ppm 1965 auf 400 ppm, wurde erst einige Jahre später, 2015, beobachtet. Im Einklang mit den Prognosen konnten die „messbaren Veränderungen des Klimas“ nachgewiesen werden. Die verheerenden Auswirkungen der CO_2-Emissionen waren auch der fossilen Industrie bekannt, wie schon in Kapitel I erwähnt. Nach außen hin wurde aber Lobbyarbeit betrieben, um Zweifel an der Klimaforschung zu säen.

Politische Entscheidungsträger, aber auch Medien und Öffentlichkeit sollten auf wissenschaftliche Informationen zurückgreifen können, die nicht einseitig Lobbyinteressen dienen. Die Meteorologische Organisation und das Umweltprogramm der Vereinten Nationen (UNEP) haben 1988 zur Beratung von Regierungen das „Intergovernmental Panel on Climate Change", kurz IPCC, ins Leben gerufen. 195 Staaten, fast alle Länder der Erde, sind Mitglieder des IPCC, des Weltklimarats. Ziel ist die Beratung von Regierungen auf wissenschaftlicher Grundlage durch die Zusammenstellung von Forschungsergebnissen zum Klimawandel. Das IPCC führt keine eigene Forschung durch, sondern erstellt Metaanalysen des Forschungsstands, die Sachstandsberichte. Mittlerweile liegen sechs derartige „Assessment Reports" vor; Report sechs (AR6) wurde 2022 veröffentlicht. An den Berichten wirken hunderte von Wissenschaftlerinnen und Wissenschaftlern mit. Sie teilen sich auf drei Arbeitsgruppen auf. „Working Group I" referiert die physikalischen Grundlagen, Gruppe II die Auswirkungen („Impact") und Gruppe 3 Maßnahmen, um dem Klimawandel zu begegnen („Mitigation"). Die Berichte liefern auch wichtige Grundlagen für die internationalen Klimakonferenzen, genannt „Conference of the Parties" (COP).

Die ersten Weltklimakonferenzen fanden 1978 und 1990 in Genf statt. Sie wurden fortgesetzt durch die Konferenzen von Vertragsstaaten, die 1992 eine Rahmenkonvention zum Klimaschutz in Rio de Janeiro unterzeichnet hatten. Die erste Klimakonferenz der Vertragsstaaten (COP1) fand 1995 in Berlin statt, die 27. Konferenz 2022 in Sharm El Sheikh, Ägypten (COP27) und die 28. Konferenz 2023 in Dubai (13). Wichtige Stationen dazwischen waren Kyoto 1998 und Paris 2015. In Kyoto verpflichteten sich die Staaten zur Reduzierung von CO_2-Emissionen. Allerdings trat das Abkommen erst später in Kraft; Voraussetzung war, dass mindestens 55 Staaten, die 55 % der CO_2-Emissionen verursachten, das Abkommen unterzeichnet hatten. 2005 war es soweit. In Kopenhagen sollte das Kyoto-Protokoll 2009 erneuert und vertieft werden, doch enttäuschte die Konferenz die Erwartungen. Erst in der Konferenz von Paris 2015 gelang es, verbindliche Klimaziele zu vereinbaren: Das bekannte 2-Grad-Ziel und das 1,5-Grad-Ziel. Die Erwärmung sollte 2 Grad nicht übersteigen und möglichst sollte das Klima bei 1,5 Grad Erwärmung stabilisiert werden. Wohlhabende Länder sagten zu, Entwicklungsländer mit 100 Mrd. US $ pro Jahr für Klimaprojekte zu bezuschussen. Das Klimaabkommen von Paris trat bereits ein Jahr später,

2016, in Kraft. Die Benennung der Klimaziele ist sicher ein Fortschritt. Doch genügen die Verpflichtungen der Vertragsstaaten nicht, um auch nur den Stopp der Erderwärmung bei 2 Grad zu erreichen (14). Auch das Versprechen der Zuschüsse für die Entwicklungsländer wurde bislang nicht im versprochenen Umfang eingelöst.

Entwicklung der CO_2-Emissionen

Trotz 28 Klimakonferenzen sind die CO_2-Emissionen stetig angewachsen, einzig unterbrochen von kleinen Knicks z.B. während der Corona-Pandemie (Abbildung II.2). 2022 hat die Welt 37,5 Gt CO_2 ausgestoßen, also 37,5 Gigatonnen oder 37,5 Milliarden Tonnen (15). Kohle (15,1 Gt) und Öl (12,1 Gt) tragen dazu hauptsächlich bei, dann Erdgas (7,9 Gt) und Zement (1,6 Gt). 1980 lag der globale CO_2-Ausstoß noch bei 20 Gt. Wenn man das CO_2 hinzurechnet, das durch Änderungen der Landnutzung entsteht (z.B. Abholzungen versus Aufforstungen), steigen die globalen Emissionen 2022 auf 40,6 Gt.

Abbildung II.2 Entwicklung der globalen CO_2-Emissionen

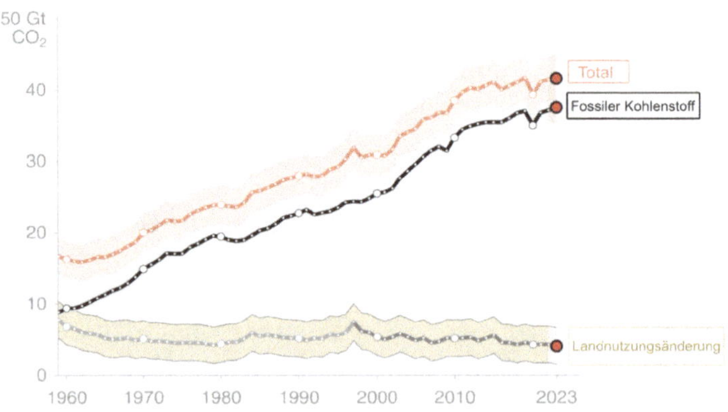

CO_2-Emissionen in Milliarden Tonnen (Gigatonnen) pro Jahr. Untere Kurve: CO_2-Emissionen durch Landnutzungsänderung (z.B. Abholzungen von Wald). Mittlere Kurve: CO_2-Emissionen ohne Landnutzungsänderung. Obere Kurve: CO_2-Emissionen insgesamt. Quelle: Global Carbon Project (GCP) 2023. Friedlingstein et al., 2023. Earth System Science Data 15: 5301-5369.

Source: Friedlingstein et al 2023; Global Carbon Project 2023

Im Vergleich der Staaten liegt China mit 11,4 Gt an der Spitze; es folgen die USA mit 5,1 Gt, Indien mit 2,9 Gt und die EU27 mit 2,8 Gt. Instruktiv beim Ländervergleich ist insbesondere der Pro-Kopf CO_2-Ausstoß (Tabelle II.2).

Tabelle II.2 CO_2-Emissionen pro Kopf in Tonnen für ausgewählte Staaten und Regionen

Staat	**1990**	**2021**	**Veränderung in %**	**Konsum basiert**
Katar	25,8	39,9	+54	26,7
Australien	16,3	14,9	-9	13,1
USA	20,6	14,9	-28	16,5
Kanada	16,6	14,1	-15	13,2
Russland	17,1	11,8	-31	9,4
Polen	9,9	8,6	-13	8,3
Japan	9,4	8,5	-9	9,8
Deutschland	13,3	8,1	-39	10,0
China	2,2	8,0	+269	7,2
Norwegen	8,3	7,6	-8	8,3
Österreich	8,1	7,4	-9	9,9
Europa	11,1	7,1	-36	7,8
EU 27	9,2	6,3	-32	7,9
Italien	7,7	5,7	-26	7,3
Großbritannien	10,5	5,2	-51	7,6
Dänemark	10,4	5,1	-51	8,0
Spanien	5,9	4,8	-18	5,7
Frankreich	7,0	4,8	-32	6,4
Welt	**4,3**	**4,7**	**+9**	**4,7**
Asien	2,1	4,6	+122	4,2
Schweiz	6,6	4,1	-37	13,7
Schweden	6,7	3,7	-45	6,5

Staat	1990	2021	Veränderung in %	Konsum basiert
Südamerika	2,0	2,5	+24	2,4
Indien	0,7	1,9	+186	1,7
Afrika	1,0	1,0	0	1,0
Nigeria	0,4	0,6	+51	0,6
Kenia	0,3	0,5	+84	0,6
Äthiopien	0,1	0,2	+152	0,2

Tabelle für ausgewählte Länder nach Angaben in World of Data https://ourworldindata.org/grapher/co-emissions-per-capita?tab=table&time=1990..2021

Global Carbon Project. Abweichungen zu anderen Tabellen ergeben sich daraus, dass hier CO_2-Emissionen und nicht alle Treibhausgase (GHG) berücksichtigt wurden. Spalten 2,3,4 produktionsbasiert (territorial), Spalte 5 konsumbasiert. Die aktuellsten konsumbasierten Daten (Stand 11.2.2024) stammen von 2021. Zum Vergleich wurden daher auch die produktionsbasierten Daten von 2021 angegeben.

Spitzenreiter ist das Öl-Emirat Katar mit 39,9 t pro Kopf, am Ende der Tabelle findet sich Äthiopien mit geschätzten 200 kg. In Australien und den USA sind es rund 15 t, Russland 12, China 8, Europa 7, die EU27 etwas darunter mit 6,3 – alle über dem Welt-Durchschnitt von 4,7 t. Knapp darunter liegt der Pro-Kopf-Ausstoß in Asien (4,6). Auch innerhalb Asiens sind die Unterschiede groß. Der Wert für Indien beträgt 1,9 t; weit unter den Pro-Kopf-Emissionen Chinas. Südamerika emittiert pro Person 2,5 t und mit Abstand den geringsten Wert weist Afrika mit 1 t CO_2-Emissionen auf.

China hat mit dem enormen Wachstum von Industrie und fossiler Energie schon lange die USA als größten CO_2-Emittenten überholt. Der Nachholbedarf war riesig und das Wachstum der letzten drei Dekaden hat große Teile der Bevölkerung Chinas aus Armut befreit. Nun übertreffen aber auch pro Kopf gerechnet die Emissionen Chinas die Werte alter westlicher Industrieländer wie Frankreich oder Großbritannien.

Auch in Europa und besonders in den USA ist man von den Klimazielen noch weit entfernt. In den vergangenen drei Jahrzehnten ging es nur in behäbigem Tempo voran. Immerhin gelang es, einen Teil der Treibhausgase einzusparen. Großbritannien, Dänemark, Schweden (und die baltischen Staaten) haben sich mit einer Reduktion von rund der Hälfte ihrer CO_2-Emissionen an die Spitze gesetzt. Deutschland hat rund 40 % abgebaut, auch aufgrund des Zusammenbruchs der ostdeutschen Industrie. Mit 8 t CO_2-Emissionen pro Kopf zählt das bevölkerungsreichste Land der EU aber immer noch zu der Ländergruppe mit weit überdurchschnittlichen Emissionen.

Reiche Länder importieren CO_2

Nun muss man berücksichtigen, dass die CO_2-Werte der Länder produktionsbasiert berechnet werden. Die CO_2-Belastung importierter Güter wird dem produzierenden Land zugeordnet. Das T-Shirt oder elektronische Gerät aus China geht nicht in die Bilanz des Importstaates ein, sondern in diejenige des Herkunftslands. Dies kann durch Berücksichtigung von Im- und Exporten in einer konsumbasierten Statistik korrigiert werden. Staaten, die viele CO_2-lastige Güter exportieren, haben eine geringere CO_2-Last in der konsumbasierten Statistik (Spalte 5 in Tabelle 2). So sind es für China - 10 %, d.h. der konsumbasierte Wert ist 10 % geringer als der produktionsbasierte Wert (16). Umgekehrt verhält es sich in den Ländern mit hohen Importen. In den USA sind es + 11 % und in der EU27 +25 %. Ein Ausreißer ist die Schweiz. Konsumbasiert gerechnet sind die CO_2-Emissionen mehr als drei Mal so hoch (+ 234 %) als die übliche Statistik der produktionsbasierten Emissionen. Mit der produktionsbasierten Statistik hat sich die Schweiz schöngerechnet. Statt rund 4 t pro Kopf sind es unter Einrechnung der Importe 13,7 t pro Kopf!

CO_2-Budgets

Man kann ausrechnen, wie viel CO_2 noch emittiert werden kann, bis die Paris-Ziele von 2 bzw. 1,5 Grad überschritten werden. Diese Schätzung wird als CO_2-Budget bezeichnet. Für das 1,5 Grad Ziel sind es nach neuen Analysen gerade noch 275 Gt, für das 2 Grad Ziel 1150 Gt. Beim derzeitigen jährlichen Ausstoß würde die Erwärmung um 1,5 Grad demnach bereits nach etwa sieben Jahren erreicht werden, 2 Grad nach rund drei Jahrzehnten, gerechnet ab 2024. Das IPCC stellt im kürzlich publizierten Synthesebericht eine einfache Faustformel auf: 1.000 Gt CO_2 erhöhen die Temperatur global um + 0,45 Grad Celsius. Es ist klar, dass es sich hierbei um Schätzungen handelt, die mit Unsicherheiten behaftet sind. Sie zeigen aber auf, dass die Zeit knapp wird, um noch die Ziele des Pariser Klima-Abkommens erreichen zu können (17).

Entkoppelung und Kuznets-Kurve

Immerhin ist es vielen Industrieländern gelungen, dem Wachstumspfad der Emissionen die Spitze zu brechen. In den 27 Staaten der Europäischen Union beträgt der Rückgang 32 %; von 9,2 t auf 6,3 t pro Kopf. Keine Frage, längst nicht genug, zumal Entwicklungsländer mit geringen Emissionen legitimer Weise einen Nachholbedarf haben. Sie leiden am meisten unter den Folgen der fossilen Epoche, konnten aber nicht das entsprechende Wohlfahrtsniveau erreichen. Nun muss man genauer die Entwicklung konsumbasiert betrachten, also für Im- und Exporte korrigieren. Auch dann ist, allerdings auf höherem Niveau, bei einigen Industrieländern ein Abwärtspfad zu beobachten. Für die EU27 errechnet sich für 1990 ein konsumbasierter Ausstoß von 10,5 t, 2021 sind es 7.9 t; die Abnahme beträgt immer noch 25 % bei konsumbasierter Betrachtung.

Im Prinzip ist es möglich, wenn auch bei weitem bislang nicht ausreichend, dass Wirtschaftsentwicklung und Treibhausgasemissionen entkoppelt werden können. Der Prozess der Entkoppelung, der noch viel weiter vorangetrieben werden muss, um Klimaneutralität zu erreichen, ist allerdings viel zu spät erfolgt.

Ein optimistisches Bild vermittelt die „Environmental-Kuznets-Curve" (EKC). Der Ökonom Simon Kuznets hat ursprünglich den Zusammenhang zwischen Einkommen und Ungleichheit untersucht und dabei einen umgekehrt u-förmigen Zusammenhang gefunden. Arme Länder weisen demnach geringe Werte von Ungleichheit auf. Steigt das Einkommen, wächst auch die Ungleichheit, aber nur bis zu einem bestimmten Punkt. Danach verringert sich die Ungleichheit wieder. Diese Idee eines umgekehrt u-förmigen Verlaufs wurde auf den Zusammenhang zwischen dem Einkommen eines Landes (gemessen als Pro-Kopf-Bruttonationaleinkommen) und verschiedenen Indikatoren von Umweltschäden übertragen und als Environmental-Kuznets-Kurve bezeichnet (18). Beispielsweise zeigt sich der Zusammenhang bei einigen Indikatoren der Luftverschmutzung. In armen, nicht industrialisierten Ländern ist die Verschmutzung noch gering. Sie steigt dann aber mit Industrialisierung und Verkehr und sinkt wieder, wenn bessere Technologien verfügbar sind und strengere Umweltgesetze greifen. Eine naive Wachstums- und Kapitalismuskritik würde annehmen, dass sich mit zunehmender Produktion und damit Wirtschaftswachstum auch die Umweltschäden fortlaufend erhöhen. Das wäre der „Skaleneffekt" der Produktionsausweitung. Mit steigendem Einkommen kommt es aber zu Gegenkräften. Der Dienstleistungssektor wächst, schmutzige Industrien werden ausgelagert, oft in ärmere Länder mit laxer Gesetzgebung („Kompositionseffekt"), reiche Länder können auf umweltschonende Produktionsverfahren umstellen („Technologieeffekt"), z.B. mit einer verbesserten Filtertechnik, und Bürgerinnen und Bürger wohlhabender Länder rufen nach strengeren Umweltgesetzen.

Skaleneffekte werden durch Kompositions- und Technologieeffekt überkompensiert, so die Theorie. Der Kuznets-Kurve zufolge lautet der Rat: „Werdet reich, dann habt ihr weniger Umweltprobleme".

Empirische Studien ergeben jedoch stark unterschiedliche Ergebnisse je nach Umweltindikator, Zeitraum, Region, verwendeten Methoden und weiteren berücksichtigten Merkmalen in den ökonometrischen Schätzgleichungen (19). Selbst wenn ein umgekehrt U-förmiger Verlauf nachgewiesen wird, was keineswegs immer der Fall ist, findet man sehr große Unterschiede bei den Einkommen der Umschlagspunkte, also dem Einkommen mit maximalem CO_2-Ausstoß, ab dem ein Rückgang der Emissionen zu erwarten wäre. Das Einkommen eines Landes bestimmt eben nicht allein das Ausmaß der Treibhausgase.

Analysen mit der Kuznetskurve legen Entwicklungsländern nahe, Fehler der Industrieländer nicht zu wiederholen und das Maximum der Kurve gewissermaßen zu „untertunneln". Ein Beispiel für die Strategie der Untertunnelung ist die Verhinderung von Abholzung und Übernutzung natürlicher Ressourcen durch Landrechte für ärmere Bevölkerungsgruppen. Dadurch könnte eine „Win-Win"-Situation geschaffen werden, die gleichermaßen ökonomischen und ökologischen Zielen dient (20). Die Nutzung günstiger Solarenergie könnte gerade Entwicklungs- und Schwellenländern im globalen Süden helfen. Dafür müssen aber Voraussetzungen geschaffen werden, dass diese Länder Zugang zu dem für die Umstellung nötigen Kapital erhalten. Derzeit ist es paradoxerweise so, dass für afrikanische Staaten ein relativ später Umstieg auf Solarenergie prognostiziert wird (21).

Die Idee der Entkoppelung, die auch der Kuznetskurve eigen ist, bleibt aber auf der Agenda. Sie wurde schon vor drei Jahrzehnten im „World Development Report" für verschiedene Umweltindikatoren, insbesondere Luftverschmutzung, propagiert (22). Mit Blick auf den Treibhauseffekt war zu der Zeit allerdings die massive Kostenreduktion der erneuerbaren Energie noch nicht absehbar. Erst dadurch besteht die reale Chance, bei Erhalt oder sogar Erhöhung des Wohlstandsniveaus Klimaschäden zu verringern bis hin zur Perspektive der Klimaneutralität. Wärmeerzeugung, Transport und industrielle Prozesse basieren heute weitgehend auf fossiler Energie. Auch wenn noch zahlreiche Probleme bei Rohstoffen und Material, den Kapital- und Umstellungskosten und der Akzeptanz in der Bevölkerung zu meistern sind, besteht die reale Chance, Produktionsweise und Konsum klimaneutral umzustellen.

Allerdings: Neben und im Zusammenhang mit dem Klimawandel gibt es weitere Grenzen dessen, was unser Planet liefern kann. Dazu zählen begrenzte Ressourcen wie Wasser, knappe Rohstoffe, Artensterben und die Gefährdung ganzer Ökosysteme. Johan Rockström hat mit einer Forschungsgruppe so genannte „sichere und gerechte Grenzen des Erdsystems" definiert und jeweils aufgezeigt, ob diese Grenzen überschritten wurden (23). Die definierten acht Indikatoren beziehen sich auf die verbundenen Bereiche des Erdsystems, auf Atmosphäre, Hydrosphäre, Geosphäre, Biosphäre und Kryosphäre (Gletscher, Eis- und Schneemassen). Die Indikatoren berücksichtigen das Klima (globale Temperatur), Luftverschmutzung (Aerosole), Oberflächenwasser, Grundwasser, Phosphor- und Stickstoffüberschuss aus der Agrarwirtschaft und die Gefährdung von Ökosystemen. Bei sieben der acht Indikatoren wurden nach dieser Analyse die „sicheren und gerechten" Grenzen bereits überschritten.

Ewiges natur- und rohstoffverzehrendes Wirtschaftswachstum kann es schon rechnerisch nicht geben. Der Ökonom und Philosoph Kenneth Boulding hat den Begriff „Raumschiff Erde" geprägt und damit den Grenzen und der Endlichkeit von Ressourcen Ausdruck gegeben. Von ihm stammt das Zitat: „Jeder, der glaubt, dass exponentielles Wachstum in einer endlichen Welt auf ewig fortgesetzt werden kann, ist entweder ein Irrer oder ein Ökonom (24)." Qualitatives, „grünes" Wohlstandswachstum kann auf Dauer nur im Rahmen einer Kreislaufwirtschaft gelingen.

III Das Dilemma der Allmende

Zahlreiche Umweltprobleme sind Folge einer Situation, in der viele Akteure gemeinsam über eine knappe Ressource verfügen (1). Unter diesen Umständen ist die Neigung gering, in deren Erhalt zu investieren und die Neigung groß, sich mehr als "nötig" von der Ressource anzueignen. Die Beispiele reichen von den Problemen der Überweidung durch Viehwirtschaft auf gemeinsam genutztem Weideland, der Überfischung der Weltmeere, der Bejagung und Ausrottung gefährdeter Tier- und Pflanzenarten bis hin zur Abholzung tropischer Regenwälder. Auch im alltäglichen "Mikrokosmos" machen wir Erfahrungen mit Allmendeproblemen. Der Kühlschrank einer Wohngemeinschaft, ein gemeinsam genutztes Kopiergerät oder ein Restaurantbesuch mit gemeinsamer Abrechnung sind Beispiele alltäglicher Gemeingüter. Im historischen Maßstab finden wir immer wieder Beispiele dafür, dass Kulturen schwere Krisen durchlitten haben oder gar untergegangen sind, weil eine "freie" und lebenswichtige Ressource übernutzt wurde. Im England des 17. Jahrhunderts kam es beispielsweise zu einer "Energiekrise" durch die Verknappung von Holz, ablesbar an drastisch gestiegenen Holzpreisen (2). Auch das Problem der Emission von Treibhausgasen ist ein Allmendedilemma. Die knappen und übernutzten Ressourcen sind die Senken, die Treibhausgase aufnehmen, insbesondere die Atmosphäre, die als globale „Müllkippe“ durch Milliarden Akteure missbraucht und übernutzt wird.

Die meisten Studien über Allmendeprobleme beziehen sich nun aber in Anlehnung an die klassische Arbeit von Elinor Ostrom über „Die Verfassung der Allmende“ auf kleinere, lokale Gemeingüter wie Weide-, Forst-, Wasserwirtschaft und Fischerei, man könnte auch sagen auf Genossenschaften mit etwa hundert bis zweihundert Mitgliedern (3). Es fragt sich allerdings, ob Analyse und Lösungsmöglichkeiten auch auf große bis hin zu globalen Allmenden übertragbar sind. Das ist sicher nicht ohne weiteres der Fall, wie sich noch zeigen wird. Allerdings lohnt es sich, die Struktur und mögliche Lösungen des Dilemmas anhand lokaler Allmenden zu studieren.

Die Struktur des Allmendedilemmas

Eine Allmendesituation liegt vor, wenn zwei Bedingungen gegeben sind: Erstens existiert eine gemeinsam genutzte, knappe Ressource (die Allmende) und zweitens hat keine Person Kontrolle über das Ausmaß der Nutzung durch andere Personen (4).

Man kann weitere Kriterien hinzufügen, etwa den Kreis der Nutzungsberechtigten einschränken. Bei den meisten lokalen Allmenden ist geregelt, wer Zugang hat und wer nicht. Aber auch damit ist ein Allmendeproblem noch weit von einer Lösung entfernt.

Die Folgen eines Allmendedilemmas wurden bereits in einem bemerkenswerten Essay analysiert, geschrieben in England in der ersten Hälfte des 19. Jahrhunderts von William Forster Lloyd (5). Lloyd berichtet neben anderen Beispielen, dass die Rinder auf dem gemeinsamen Weidegrund ("The Commons") weitaus magerer ausschauten als Vieh auf privatem Weidegrund. Zur Beantwortung seiner Frage nach den Ursachen des geringeren Erfolgs der "Commons" oder Allmendebewirtschaftung liefert Lloyd eine präzise und bis heute aktuelle Analyse, die den Kern des Problems beschreibt. In einem modernen Lehrbuchkapitel zur Allmendebewirtschaftung könnte die Struktur des Konflikts zwischen individuellen und kollektiven Interessen, auch unter Zuhilfenahme von Grafiken, Formeln und moderner Terminologie, kaum genauer erläutert werden als in Lloyds Essay.

Individuellen Interessen folgend wird ein Viehzüchter auf privatem Weidegrund gerade so viele Tiere weiden lassen, dass ein "Sättigungspunkt" erreicht wird. (In einem Lehrbuch der Ökonomie würde es heute heißen, dass so viele Rinder hinzugefügt werden bis die Grenzkosten dem Grenznutzen entsprechen.) Bei einer Allmende ist dieser Sättigungspunkt aber weiter nach oben verschoben und zwar häufig über die Regenerationsmöglichkeiten der Ressource hinaus. Der Grund ist, dass jedes weitere Rind zwar zusätzliche Kosten verursacht, diese Kosten aber bei vielen Allmendenutzern größtenteils bei den anderen Viehzüchtern anfallen. Jedes zusätzlich zur Herde hinzugefügte Tier frisst relativ wenigen eigenen Tieren (= private Grenzkosten), aber vielen fremden Tieren (= Grenzkosten, die bei den anderen Viehzüchtern anfallen = negative Externalitäten) das Gras weg. Aus der Sicht jedes einzelnen Viehzüchters zählen aber nur die privaten Kosten. Der Schaden, der den anderen zugefügt wird (die negativen Externalitäten), geht nicht in das individuelle Kalkül ein. Folgen alle Akteure dieser Logik, dann kommt es zur Übernutzung der Allmende und schließlich zur Erschöpfung der Ressource zum Schaden aller.

Ein Zahlenbeispiel aus einer alltäglichen Situation mag das Dilemma verdeutlichen. Besucht eine Gruppe mehr oder minder zivilisierter Personen ein Restaurant und vereinbart im Vorhinein, die Rechnung durch die Zahl der Köpfe zu teilen, dann wird die Rechnung oft höher ausfallen als im Falle der Erwartung individueller Abrechnung. Angenommen, jemand hat nur einen kleinen Appetit auf einen Snack, sagen wir einen Vorspeisensalat für 9 €. Auf der Speisekarte locken nun aber Trüffel-Pasta mit grünem Spargel für 39 €. Da der Appetit nicht so groß ist, würde sie oder er normalerweise nicht 30 € Mehrkosten berappen, um das präferierte Gericht zu bestellen. In einer Gruppe von z.B. zehn Personen mit gemeinsamer Abrechnung sieht die Situation freilich anders aus. 90 Prozent der Differenz oder 27 € wird gewissermaßen von der Gruppe subventioniert. Man kann auch sagen, dieser Teil der Mehrkosten ist eine negative Externalität, die jede andere Person der Gruppe mit 3 € belastet. Unser Akteur selbst trägt zu den Mehrkosten aus seinem Portemonnaie ebenfalls 3 € bei. Aus der individuellen Perspektive kostet die Trüffel-Pasta gerade 3 € mehr als die Vorspeise. Warum sich dann trotz kleinen Appetits mit einem Snack begnügen? Denken die anderen Gruppenmitglieder in gleicher Weise, wird sich die Restaurantrechnung in beträchtlichem Maße aufblähen. Normen und soziale Sanktionen können das Dilemma mildern, z.B. indem unmäßige Tischgenossen sozial sanktioniert werden. Handelt es sich um eine relativ geringe Zahl von Personen, die wiederholt gemeinsam speisen, dann können sich Kooperationsnormen entwickeln, die das Dilemma entschärfen.

Eine Parallele zum Restaurantbeispiel mit ökologischen Folgen ist der übermäßige Verbrauch von Energie und Wasser in Wohngebäuden mit mehreren Mietern und gemeinsamer Abrechnung.

In einer Umweltbefragung in den Städten Bern und München wurde u.a. das Energiesparverhalten erhoben. Als Indikator für den sparsamen Umgang mit Heizenergie galt die Zustimmung zu der folgenden Frage: "Wenn Sie im Winter Ihre Wohnung für mehr als vier Stunden verlassen, drehen Sie da normalerweise die Heizung ab oder herunter?" Nur 23 Prozent der Befragten in der eidgenössischen Hauptstadt, dagegen aber 69 Prozent der Münchnerinnen und Münchner bejahten die Frage (Abbildung III.1) (6). Diese enorme Differenz kann nun wirklich kein Zufall sein. Sind die Bernerinnen und Berner vielleicht weniger umweltbewusst als die Bewohner der bayerischen Metropole? Dies ist nicht der Fall, denn beim Umweltbewusstsein erzielen die Berner keine geringeren Werte als die Münchner. Unterschiedlich war zum Zeitpunkt der Befragung aber die Art der Heizkostenabrechnung in den beiden Städten. Während in München überwiegend nach dem individuellen Verbrauch abgerechnet wurde, war in Bern der kollektive Abrechnungsmodus vorherrschend (z.B. die Aufteilung der Heizkosten nach der Wohnungsgröße). Die Heizungsressourcen in Berner Mehrparteien-Mietshäusern entsprachen einem Allmendegut, aus dem sich jeder Mieter, subventioniert von den Nachbarn, bedienen konnte. Da jeder Mieter gleichzeitig auch Nachbar ist, erhöhte sich der Energieverbrauch im Vergleich zur verbrauchsbezogenen Abrechnung.

Abbildung III.1 "Energiesparverhalten in Bern und München"

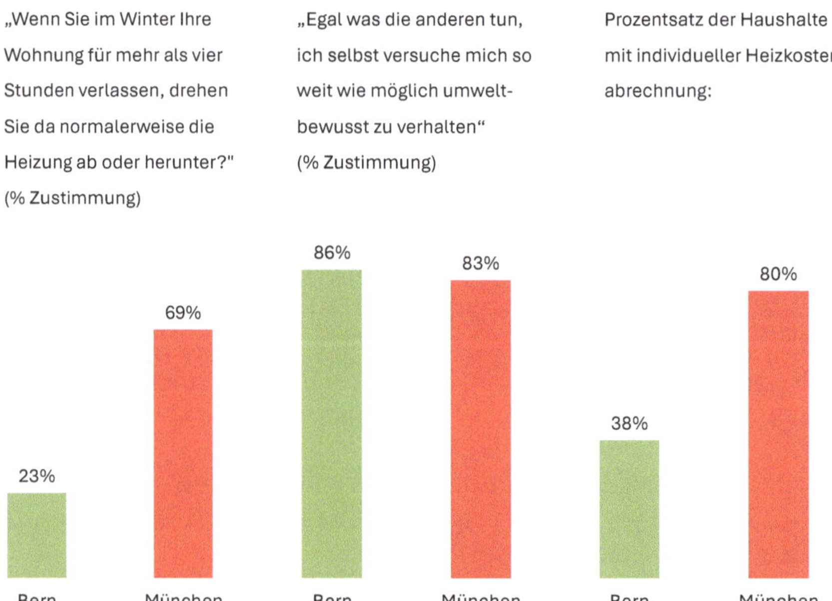

„Extensiver Energieverbrauch unter den Bedingungen einer „Allmende-Struktur". In Bern wurde auf Kosten der Nachbarn geheizt, während in München der individuelle Abrechnungsmodus vorherrscht. Nicht das Umweltbewusstsein erklärt den sparsamen Umgang mit der Heizenergie; entscheidend sind vielmehr Unterschiede in der ‚Anreizstruktur' (Text und Grafik aus: Diekmann, Andreas, Peter Preisendörfer, 2001. Umweltsoziologie. Eine Einführung. Reinbek: Rowohlt.)

In den ehemals sozialistischen Ländern waren die Kosten für Heizung und Wasser sogar in den Mietkosten eingeschlossen. Die Raumtemperatur wurde dann nicht durch das Herunter- oder Aufdrehen des Heizungsventils reguliert, sondern je nach Bedarf durch das Öffnen und Schließen der Fenster. Bei dieser Regelung wird die Energieverschwendung durch den

Vermieter (meist der Staat oder die Kommune) subventioniert, bei gemeinsamer Abrechnung der Heizkosten durch die Nachbarn. In beiden Fällen ist der Energieverbrauch größer als bei individueller Abrechnung.

Zum Verständnis der Struktur eines sozialen Dilemmas ist das folgende von dem Mathematiker und Sozialpsychologen Anatol Rapoport vorgeschlagene Spiel hilfreich (7). Eine Anzahl Personen wird vor die Wahl der zwei Alternativen X oder Y gestellt. Kommunikation und Absprachen zwischen den Personen sind nicht erlaubt. Jede Person trifft ihre Entscheidung, indem sie X oder Y auf einen Zettel schreibt. Die Auszahlungen A_X und A_Y an die X- bzw. Y-Wähler hängen von den Entscheidungen der Mitspieler ab, und zwar gemäß den folgenden Auszahlungsfunktionen (ein "kleines" n bezeichnet die Anzahl der X-Wähler):

$$A_X = 2 \cdot n$$

$$A_Y = 3 \cdot n + 3.$$

Betrachten wir ein Zahlenbeispiel. Nehmen wir an, 100 Personen beteiligen sich an dem Spiel, 30 wählen X und 70 wählen Y, also ist n = 30. Für die X-Wahl werden dann 2 · 30 = 60 und für die Wahl von Y werden 3 · 30 + 3 = 93 ausgezahlt.

Aus der individuellen Perspektive ist die Y-Wahl immer vorzuziehen, gleichgültig was die anderen Spieler wählen. Y ist eine so genannte *dominante Strategie*. Spieltheoretisch gesprochen: Die Wahl von Y ist auch die individuell-rationale „Nash-Gleichgewichtsstrategie“. Wenn sich alle anderen Spieler für Y entscheiden, lohnt es für einen einzelnen Spieler nicht, von Y abzuweichen, also X statt Y zu wählen (8). Aber was ist das Ergebnis, wenn sich alle Spieler strikt rational verhalten? Da n = 0 ist, erhält jeder Y-Wähler gerade 3 Punkte. Hätten sich dagegen alle hundert Spieler für X entschieden (n = 100), erhielte jeder Spieler eine Auszahlung von 2 · 100 = 200 Punkten (siehe auch Tabelle III.1). Dieses Ergebnis ist optimal (genauer ein „Pareto-Optimum“), denn es gibt keine Strategiekombination, bei der sich mindestens eine Person verbessern kann, ohne dass eine oder mehrere andere Personen schlechter gestellt werden. Leider handelt es sich aber nicht um ein stabiles Gleichgewicht. Das erkennt man leicht durch folgenden "Test": Kann sich eine Person durch Umsteigen auf eine alternative Strategie verbessern, sofern die anderen Spieler bei der kooperativen X-Strategie bleiben? Dies ist natürlich der Fall. Wenn 99 Spieler X wählen, erhält ein Y-Wähler 300 statt 200 Punkte. Folgen alle Spieler dieser Logik, erhält man das „schlechte" (Pareto-inferiore) Gleichgewicht mit einer Auszahlung von nur drei Punkten je Spieler.

Tabelle III.1 Auszahlungsmatrix des Mehrpersonen-Gefangenendilemmas

	Anzahl anderer X-Wähler						
	0	1	2	3	...	98	99
Wahl von X	2	4	6	8	...	198	200
Wahl von Y	3	6	9	12	...	297	300

Mehr-Personen-Gefangenendilemma. Eine Person kann sich zwischen den Alternativen X oder Y entscheiden (Zeilenspieler). Die Auszahlungswerte hängen von den Entscheidungen der Mitspieler ab. Offenbar liefert die Alternative Y immer höhere Auszahlungen als die Wahl von X, unabhängig davon, wie viele Mitspieler X wählen. Folgen alle Personen dieser Entscheidungslogik, so erhalten sie im Endergebnis jeweils nicht mehr als 3 Punkte. Hätten dagegen alle Personen kooperativ gewählt, so erzielte jeder Spieler 200 Punkte.

Bei diesem Spiel erzwingt die "Logik der Situation", d.h. die gegebene Anreizstruktur, einen Prozess "kollektiver Selbstschädigung". Der Grund ist, dass das (einzige) Nash-Gleichgewicht nicht Pareto-optimal ist. Bei dem Spiel handelt es sich um ein Mehrpersonen-Gefangenendilemma, eine Verallgemeinerung des Gefangenendilemmas mit zwei Spielern (9). Typisch für ein soziales Dilemma ist, dass die individuell-rationalen Strategien zu keinem Pareto-optimalen Ergebnis führen. Und genau dieses Merkmal charakterisiert auch ein Allmendedilemma. Dabei ist zu beachten, dass das Spiel ein stark vereinfachtes Modell einer Dilemmasituation darstellt. Es gibt nur zwei Alternativen (bei den Heizkosten z.B. ist der Energieverbrauch eine kontinuierliche Entscheidungsvariable), die Auszahlungen werden durch einfache lineare Funktionen festgelegt und alle Akteure befinden sich in einer symmetrischen Situation. Modelle, die besser auf die Realität "passen", werden je nach Anwendung eine komplexere Gestalt aufweisen müssen. Dennoch führt das einfache Spiel den Grundkonflikt zwischen individueller und kollektiver Rationalität klar vor Augen. Weiterhin sind anhand des Modells die Prinzipien verschiedener Lösungen des Dilemmas erkennbar.

Wie könnte das Dilemma gelöst werden? Man könnte an die Moral appellieren und die kooperative X-Wahl als "gut" und die nicht-kooperative

Y-Wahl als moralisch schlecht bewerten. Fraglich allerdings, ob Appelle an die Moral oder das Umweltbewusstsein allein bei der Mehrzahl der Beteiligten dauerhafte Verhaltensänderungen hervorrufen. Wenn nun die Anreizstruktur zur kollektiven Selbstschädigung führt, erscheint es naheliegend, die Anreizstruktur derart zu verändern, dass individuelle Rationalität und kollektive Rationalität (Pareto-Optimum) zusammenfallen. Die Erhebung einer Steuer auf die Wahl von Y könnte das Dilemma lösen. Die Steuer muss gerade so hoch bemessen werden, dass es sich lohnt, X zu wählen. Das Steueraufkommen kann für die Förderung „grüner" Projekte oder dividiert durch die Zahl der Köpfe an jeden Beteiligten zurückerstattet werden – als „Ökobonus" oder „Klimageld" (10). Aber wer treibt die Steuer ein, was macht man mit steuerunwilligen Y-Wählern und wie erfolgt die Rückverteilung? Es treten also Überwachungs-, Sanktionierungs- und Verteilungskosten auf.

Ein „Gesellschaftsvertrag", eine vertragliche Übereinkunft, bei der sich alle Beteiligten auf die Wahl der X-Strategie verpflichten, ist eine alternative Lösung des Dilemmas. In der globalen Allmende wünschte man sich, dass dieses Prinzip den Verhandlungen der Weltklimakonferenzen zugrunde gelegt wird. Im Vertrag von Paris mit den Begrenzungen auf das 1,5- bzw. 2-Grad-Ziel hätten die Vertragsstaaten folglich für alle Länder Verpflichtungen, also gewissermaßen den Wechsel von der Y-Strategie zur X-Strategie, festlegen sollen. Stattdessen konnten die Vertragsstaaten ihre Klimapolitik frei wählen. Dann aber ist der Ehrgeiz recht begrenzt. Im Prinzip konnten die Akteure die Minderungsziele gemäß ihren Präferenzen angeben. So überrascht es nicht, dass die Summe der Selbstverpflichtungen (der „Nationally Determined Contributions" oder NDCs) nicht mit dem 1,5- bzw. 2-Grad-Ziel im Einklang ist. MacKay et al. (2016) vergleichen den Paris-Vertrag mit einem Tempolimit, bei dem jeder Autofahrer seine bevorzugte Geschwindigkeit wählen kann (11). Aber selbst ein kooperativer Vertrag mit Verpflichtungen, die den Klimazielen entsprechen, ist noch keine Garantie, dass der Vertrag auch erfüllt wird. Denn was passiert mit denjenigen Staaten, die sich nicht an die Vertragsregeln halten? Das Abkommen von Paris sieht keine Sanktionen bei Vertragsverletzungen vor. Wenn aber Trittbrettfahren wie im Paris-Vertrag nicht bestraft wird, ist es sehr wahrscheinlich, dass eingegangene Verpflichtungen nicht eingehalten werden. Ohne Kontrolle und Sanktionierung erweisen sich Verträge als zahnlose Papiertiger.

Die radikalste Lösung in einer Allmendesituation ist die Privatisierung der Allmende. Auch hierbei handelt es sich um eine institutionelle Regelung, die praktisch zur Aufhebung der Allmendesituation führt (12). Ein Beispiel ist die Umstellung auf die verbrauchsabhängige Heizkostenabrechnung, die im Prinzip eine Privatisierungslösung darstellt. Im Wohngemeinschaftsbeispiel heißt Privatisierung, dass jeder sein eigenes Kühlschrankfach erhält, und statt eines Kopierpools bekommt jeder Nutzer eine individuelle Kopierkarte mit einem festgelegten Kontingent an Kopien. Privatisierung ist oftmals mit Kosten verbunden und kann auch andere nachteilige Folgen haben, z.B. wenn eine gemeinschaftliche Lösung gleichzeitig den sozialen Zusammenhalt verstärkt. Ob eine Privatisierung der Allmende möglich ist, hängt von den Privatisierungskosten und der Entwicklung von „Privatisierungs-Technologien“ ab. Rundfunk- und Fernsehprogramme hatten früher eine Allmendestruktur mit entsprechend vielen Trittbrettfahrern, die die Gebührenzahlung verweigerten. Heute gibt es nach Entwicklung von Kodierungs- und Dekodierungstechniken privates Bezahlfernsehen. Bei den uns interessierenden globalen Umweltproblemen ist die Privatisierung der Allmendenutzung allerdings keine Lösung. Denn wie kann die Überfischung der Meere oder Luftverschmutzung durch Privatisierung gelöst werden? Im Meer kann man keine Zäune errichten, die Fische lassen sich nicht nummerieren oder mit einem Brandzeichen markieren. Die Atmosphäre lässt sich nicht privatisieren, um den Treibhauseffekt zu mindern.

Lokale Allmenden

Bei lokalen Allmenden hat Elinor Ostrom zwischen den Polen staatlicher Regulierung einerseits (mit entsprechender Bürokratie und Korruptionsanfälligkeit) und Privatisierung andererseits (mit entsprechenden Kosten, Wegfall von Gemeinschaften und sozialer Ungleichheit) eine Alternative vorgeschlagen. Diese besteht in einer Menge von Regeln oder „Institutionen“, die sich bei den untersuchten Allmenden als wirksam erwiesen haben. Ostroms "Sekundäranalyse" zahlreicher Fallbeispiele ist besonders aufschlussreich, weil sie systematisch vergleichend angelegt ist (13). Die Fallbeispiele werden nämlich daraufhin untersucht, welche Gemeinsamkeiten erfolgreiche Institutionen aufweisen. Dabei diskutiert sie nicht nur Erfolgsgeschichten wie bei den folgenden Beispielen „Alanya“ und „Törbel“, sondern auch Fälle gescheiterter Allmendebewirtschaftung. Den Erfolgen wird also quasi die "Kontrollgruppe" der Misserfolge gegenübergestellt.

Die Küstenfischer von Alanya in der Türkei bilden mit etwa hundert Mitgliedern eine noch relativ kleine und überschaubare Gemeinschaft. Vor einigen Jahrzehnten, Anfang der 1970er Jahre, drohte die Gefahr der Überfischung. Danach haben sie ihre Fischgründe mit einem einfachen, aber klug ausgetüftelten System erhalten. Die Fischgründe werden in mehrere Sektoren eingeteilt. Diese Sektoren werden zu Beginn einer Saison, die sich von September bis Mai erstreckt, unter den Fischern verlost. Nun versprechen die einzelnen Sektoren unterschiedliche Fangergebnisse. Eine Familie könnte also Pech haben und ein Los ziehen, das ihr einen Sektor mit geringem Ertrag zuweist. Das Lossystem wirkt zwar bestandserhaltend, schafft aber ein Verteilungsproblem. Dagegen hilft das in Alanya ebenfalls eingeführte Rotationsverfahren. Jeden Tag wechseln die Fischer in östlicher Richtung in den benachbarten Sektor. Im Januar wird die Richtung des Wechsels umgekehrt. Die Fischschwärme bewegen sich bis Januar von Osten nach Westen und kehren dann zurück. Das Rotationssystem garantiert, dass alle Fischer im gleichen Ausmaß gute und schlechte Fanggründe vorfinden. Aber werden die Regeln auch eingehalten? Der Vorzug des Systems ist, dass es "selbstkontrollierend" und "selbstsanktionierend" ist. Man braucht keine Fischereipolizei, um etwaige Verstöße aufzuspüren und zu sanktionieren. Denn jeder Regelverstoß wird ja sofort von den Fischern, die in "ihren" Sektor wechseln, bemerkt und im eigenen Interesse sanktioniert. Dadurch werden Kontroll- und Überwachungskosten eingespart. Die institutionellen Regelungen erfordern ein Minimum an Bürokratie und setzen die Anreize so, dass alle Teilnehmer die Regeln im Eigeninteresse befolgen.

Alanya zählt zu den Erfolgsgeschichten gelungener Allmendebewirtschaftung. Bezüglich der institutionellen Regeln, die eine erfolgreiche Bewirtschaftung sichern, besteht aber Spielraum. Und natürlich müssen die Regeln der jeweiligen Umweltsituation angepasst sein.

Die Walliser Bauern von Törbel wissen dies seit Jahrhunderten. In den Alpen wird der weit überwiegende Teil der bewirtschafteten alpinen Fläche als Allmende genutzt. Es ist kein Zufall, dass die privaten Flächen im Tal und die Allmenden hoch oben in den Bergen liegen. Denn dort sind die Erträge geringer, die Flächen größer und die Privatisierungskosten entsprechend höher. Die Schweizer Bauern sind kluge Rechner und wissen, was sie tun. Sozusagen Kapitalismus im Tal und Sozialismus auf den Bergen machen wirtschaftlich Sinn. Die Bauern von Törbel legen davon seit Generationen Zeugnis ab.

Seit mehr als 500 Jahren, genauer seit 1483, gibt es in Törbel eine Genossenschaft. Aus dem Jahr 1517 liegt ein Dokument vor, in dem die Regeln der Allmendebewirtschaftung schriftlich fixiert wurden. Diese haben im Wesentlichen zum Inhalt: 1. Fremde, die sich in Törbel ansiedeln, erhalten damit noch kein Anrecht auf die Allmende. 2. Kein Zugangsberechtigter darf mehr Kühe halten, als er im Winter füttern kann ("Winterregel"). 3. Die Verletzung der Winterregel wird durch einen "Gewalthaber" sanktioniert. 4. Der Gewalthaber behält für sich die Hälfte der verhängten Strafe.

Diese Institutionen haben bis heute eine Überweidung der Allmende in Törbel verhindert. Anders aber als in Alanya wurde eine spezielle Überwachungsinstitution geschaffen: die Institution des Gewalthabers mit einer Art polizeilicher Funktion. Weiterhin bestehen Anreize für die beiden typischen Probleme: "Monitoring" und Sanktionierung. Der Gewalthaber hat ein Eigeninteresse daran, Allmendesünder zu erwischen.

Es lohnt sich ebenso, gescheiterte Allmenden zu analysieren. In vielen Studien werden typischerweise nur die erfolgreichen Fälle betrachtet. Diese „Gewinnerselektion“ führt leicht zu Fehlschlüssen. Nicht so in Ostroms Untersuchung von Allmenden. So ist es im kalifornischen San Bernardino County nicht gelungen, ein funktionsfähiges Regelsystem zur gemeinsamen Wasserbewirtschaftung zu installieren. Die Größe des Territoriums und die Heterogenität der Interessen der Wassernutzer führt Ostrom als Gründe für das Scheitern an. Andere türkische Fischereigenossenschaften waren nicht so erfolgreich wie ihre Kollegen aus Alanya. Die Ägäis-Fischer von Bodrum mussten ihre Genossenschaft 1983 auflösen. Zu heterogen waren die Interessen und vielleicht auch zu groß war die Gruppe (etwa 400 Fischer). Anfang der 1970er Jahre, bis dahin wurden die Fischgründe erfolgreich bewirtschaftet, hatte die türkische Regierung einige Bodrum-Fischer zur Anschaffung größerer Boote ermuntert. Mit den Hochseekuttern konnte jetzt auch das Gebiet jenseits der Küstenzone befischt werden. Das anfängliche Geschäft der Hochseeboote verlockte neue Unternehmer zum Eintritt in den Markt. In Bodrum gab es nunmehr drei Gruppen von Fischern: die Fischer mit kleinen Booten, die küstennah ihrem Gewerbe nachgingen, die Fischer mit den Hochseekuttern und die neu in den Markt eingetretenen Unternehmer. In der relativ großen Gruppe war es bei der Verschiedenheit der Interessen nicht mehr möglich, sich gemeinsam auf funktionsfähige Regeln zu verpflichten, die die Ressourcen schützen und zugleich für alle gewinnbringend sind.

Heterogenität von Ressourcen und Interessen ist sicher ein Faktor, der kooperative Lösungen des Allmendeproblems erschwert. Das wird nicht nur bei kleinen, lokalen Allmenden, sondern auch in der globalen Allmende sichtbar.

Aus der Analyse erfolgreicher und gescheiterter Allmenden leitet Ostrom Regeln ab, die erfolgreiche Allmenden auszeichnen (14). Dazu zählen:

1. *Restriktion des Zugangs.* Nur Mitglieder haben Zugang zur Allmende, und es ist genau festgelegt, wer Mitglied ist und wer nicht.
2. *Umweltangepasstheit.* Die Regeln der Verfügung über die Ressource sind den lokalen Umweltbedingungen angepasst.
3. *Partizipation.* Die Mitglieder haben das Recht, an der Veränderung der sie betreffenden Regeln mitzuwirken.
4. *Monitoring.* Es existiert "Monitoring", das heißt das Verhalten der Mitglieder bezüglich der Bewirtschaftung der Allmende ist kontrollierbar.
5. *Sanktionierbarkeit.* Personen, die die Regeln verletzen, werden sanktioniert und es besteht die Möglichkeit zur Verhängung abgestufter Sanktionen je nach Schwere des Regelverstoßes.
6. *Konfliktregulierung.* Es gibt Institutionen, um Konflikte zwischen den Mitgliedern zu regulieren.
7. *Autonomie.* Externe Regierungsbehörden respektieren das Recht der Mitglieder einer Genossenschaft, autonom Regeln zur Bewirtschaftung der Allmende festzulegen.

Geeignete institutionelle Regeln können also in einer Allmendesituation verhindern, dass die gemeinsam genutzte Wirtschaftsgrundlage zerstört wird. Privatisierung und Zentralisierung sind nicht die einzigen Wege, um eine Allmende dauerhaft bewirtschaften zu können.

Können wir aus den Analysen lokaler Allmenden etwas über das Management der globalen Allmende lernen? Sicher sind die Regeln nicht eins zu eins übertragbar. Aber die Einsicht in die Struktur des Problems und einige Prinzipien sind durchaus auch für die Lösung der Probleme in der globalen Allmende hilfreich.

Das Klimaproblem der globalen Allmende

In der globalen Allmende gibt es per se keine Zugangsrestriktion. Jede Bewohnerin und jeder Bewohner dieser Erde ist Mitglied in der planetaren Allmende-Gemeinschaft. Gleiches gilt, wenn die Akteure auf der Ebene der Staaten betrachtet werden, also die bis heute 197 Vertragsstaaten der Klimakonvention. Das unterscheidet die globale Allmende von lokalen Genossenschaften mit Mitgliedsstatus. Hinzu kommt, dass die Heterogenität von Interessen und Ressourcen den Abschluss von Verträgen erschwert, ähnlich der Fallstudie der Fischer von Bodrum. So war der Weg zu einem Klimavertrag auch äußerst steinig und langwierig. Nach zahlreichen Klimakonferenzen ist in Paris 2015 zwar ein Vertragsabschluss gelungen, doch genügen die Anstrengungen der Regierungen bisher nicht, das vertraglich vereinbarte 1,5- oder auch nur das 2-Grad-Ziel annähernd zu erreichen. Die Ecksteine eines Allmendevertrags sind, wie wir von den erfolgreichen Allmenden lernen, *Monitoring* und *Sanktionierbarkeit*. Das Monitoring, die Überwachung und Zurechenbarkeit der Emissionen, ist heute weitgehend gegeben. Im Paris-Abkommen fehlt aber die Festlegung kooperativer Beiträge, mit denen das 1,5- oder 2-Grad-Ziel erreichbar ist, und es fehlt die Sanktionierbarkeit, wenn die Regeln verletzt werden.

In einer Situation, die dem Gefangenendilemma oder Allmendedilemma entspricht oder zumindest dessen Grundzüge aufweist, werden Staaten, noch weniger als dies von Einzelpersonen zu erwarten ist, Regeln befolgen, die ihren Interessen widersprechen. Wenn sich Trittbrettfahren lohnt und nicht sanktioniert wird, werden ehrgeizige Verpflichtungen, wenn sie überhaupt eingegangen wurden, nur zu gerne zurückgeschraubt, umgangen oder mit symbolischen Aktivitäten verschleiert. Aufgrund des Monitoring ist ein Reputationsverlust die einzige Strafe, die eine Verletzung von Verpflichtungen eventuell nach sich zieht und diese Strafe fällt umso geringer aus, je mehr Staaten die Verpflichtungen umgehen.

Man kann zwei Arten von Verträgen unterscheiden: Verträge, die eine Regel für ein Koordinationsproblem festlegen und Verträge, die in einer Situation, die dem Gefangenendilemma ähnlich ist, Kooperation vorschreiben (15). Das klassische Beispiel für ein Koordinationsproblem ist das Rechtsfahrgebot im Straßenverkehr Kontinentaleuropas oder das Linksfahrgebot in Großbritannien. Solche Regeln werden im Eigeninteresse befolgt. In der Situation eines Gefangenendilemmas (oder eines ungeregelten Allmendedilemmas) ist es dagegen im Eigeninteresse, die Regel kooperativen Handelns zu verletzen. Kaum jemand würde Steuern zahlen, wenn die Steuerzahlung auf Freiwilligkeit beruhen würde. Nordhaus nennt das Abkommen zur Zeitmessung von 1912 oder die Einigung auf Englisch-Sprachregelungen für die Luftfahrt („Aviation English") als Beispiele für einfach zu lösende internationale Vertragsabschlüsse. Die „harten" Probleme stellen sich dagegen bei Vertragsabschlüssen zur Lösung von Kooperationsproblemen bei einer Gefangenendilemma-Struktur, weil in diesen Fällen immer der Anreiz zum Trittbrettfahren besteht.

Die Allmendebauern in der Schweizerischen Alpengemeinde Törbel wissen aus langjähriger Erfahrung, dass sich Allmendeprobleme ohne das scharfe Schwert der Sanktionsdrohung bei Vertragsverletzungen nicht lösen lassen. Auch einige andere Prinzipien erfolgreicher Allmenden sind für die Lösung globaler Allmendeprobleme von Bedeutung. So bedarf es anerkannter Instanzen für die *Konfliktregulierung* bei internationalen Abkommen; bei der Umsetzung von Klimapolitik in den einzelnen Staaten spielen die *Umweltangepasstheit* klimapolitischer Maßnahmen und die *Partizipation* der beteiligten Bürgerinnen und Bürger eine wichtige Rolle.

Noch vor dem Paris-Abkommen hat Elinor Ostrom für eine Art Doppelstrategie zum Schutz der globalen Allmende plädiert (16). Globale Verträge sollten angestrebt werden; so lange dies aber nicht befriedigend gelungen sei, sollten weltweit auf allen Ebenen – lokal, regional, auf der Ebene von Provinzen – Aktionen für die Klimaziele in die Wege geleitet werden. Dadurch sind ökologische Innovationen, Modellprojekte mit Vorbildfunktion, die Förderung des Umweltbewusstseins und positive Auswirkungen auf die lokale Umwelt zu erwarten. Umweltbewusstsein wiederum ist wichtig, um Unterstützung für globale Abkommen zu gewinnen. Die Schattenseite ist aber auch hier, dass Trittbrettfahrer sich auf das Engagement anderer verlassen und Unternehmen, die in einer Vorbildregion stärker als an anderen Orten reguliert werden, diese Region verlassen könnten („carbon leakage"). Ostrom nennt ihren Ansatz, der sich auf verschiedene Ebenen bezieht, „polyzentrisch". Faktisch wird dieser Maxime auch durch zahlreiche Initiativen und Modellprojekte weltweit an vielen Orten Folge geleistet, sicher nicht überall und nicht immer mit der nötigen Intensität. Dennoch bleibt festzuhalten: Trotz des Engagements von Bürgerinitiativen, NGOs, Unternehmen und einzelnen Städten und Gemeinden ist der globale Treibhausgasausstoß stetig angestiegen!

Kipppunkte: Das kollektive Risikodilemma

Die Darstellung der Klima-Allmende als (lineares) Gefangenendilemma lässt außer Acht, dass plötzliche Kipppunkte („tipping points") auftreten können. Werden diese erreicht, kommt es zu selbstverstärkenden Prozessen, einer massiven Verschlechterung und womöglich zu einer Beschleunigung der Klimakatastrophe (Kapitel II). Das „kollektive Risikodilemma" rückt diesen Aspekt in den Mittelpunkt (17). Auch hierbei handelt es sich nicht um ein elaboriertes Klimaszenario. Vielmehr wird ein einfaches Modell konstruiert, das bestimmte Charakteristika der strategischen Situation widerspiegelt. Der Zweck besteht darin, das Verhalten von Versuchspersonen zu untersuchen, die in dieser Situation Entscheidungen treffen müssen. Aus den typischen Handlungsweisen lassen sich dann möglicherweise verallgemeinerbare Schlüsse ziehen.

Sechs Versuchspersonen erhalten je 40 Geldeinheiten (GE). Sie spielen zusammen über zehn Runden und treffen in jeder Runde die Entscheidung, 0, 2 oder 4 GE in einen gemeinsamen Klimafonds einzuzahlen. Beträge, die nicht eingezahlt werden, bleiben zunächst im privaten Spartopf. Nach jeder Runde werden die Entscheidungen der Versuchspersonen bekannt gegeben und jede Person hat Kenntnis davon, wie sich die Mitspieler im Verlauf des Spiels entschieden haben. Alle Versuchspersonen bleiben aber anonym. Nach jeder Runde ist auch der aktuelle Stand des Betrags im Klimafonds bekannt. Sind nach zehn Runden 120 GE im Klimafonds, kann mit diesen Mitteln eine Klimakrise verhindert werden. Sind es aber weniger als der Schwellenwert von 120, dann wird je nach Risikobedingung mit einer bestimmten Wahrscheinlichkeit alles private Vermögen vernichtet. In dem Experiment sind drei Risikobedingungen vorgesehen: In der Gruppe mit geringem Risiko beträgt die Wahrscheinlichkeit der Vernichtung des privaten Vermögens 10 %, sofern sich nach zehn Runden weniger als 120 GE im „Topf" befinden. In der Versuchsbedingung mit mittlerem Risiko sind es 50 % und in der Versuchsbedingung mit hohem Risiko 90 %. Die Versuchspersonen kennen das Risiko ihrer Gruppe. An dem Experiment nahmen 180 Studierende der Universitäten Bonn und Köln in 30 Gruppen mit je sechs Personen teil. Natürlich wächst der Anteil der Gruppen, die das 120-GE-Ziel erreichen, mit dem Risiko. Wie man sich ausrechnen kann, wäre es in der 10%-Risikobedingung sogar „rational", in keiner Runde in den Fonds einzuzahlen (18). Ganz anders verhält es sich in der 90%-Bedingung. Wird der Schwellenwert nicht erreicht, ist es sehr wahrscheinlich, dass alle ihrer privaten Vermögen verlustig gehen. Dennoch gelingt es selbst in der Hoch-Risikobedingung nur der Hälfte der Gruppen, das „Klimaziel" zu erreichen!

Das Spiel illustriert verschiedene Probleme, die auch für die reale Klimakrise charakteristisch sind: Das Verhalten bei einem riskanten Kipppunkt, das Problem des Trittbrettfahrens, Fairnessgesichtspunkte und Motive von Reziprozität, Vergeltung und Altruismus.

Die faire, (Pareto-)optimale Gleichgewichtsstrategie besteht in der Hoch-Risikobedingung darin, in jeder Runde genau 2 GE in den Klimafonds einzuzahlen. Dann sind in jeder Runde 12 GE und nach der zehnten Runde 120 GE im Klimafonds. Trittbrettfahrer zahlen nicht oder weniger ein und verlassen sich darauf, dass andere die Fehlbeträge ausgleichen. Diese Rechnung geht aber oft nicht auf; ein Großteil der Versuchsgruppen scheitert daran, die gemeinsame Aufgabe zu meistern.

Das individuelle, unkoordinierte Verhalten führt nicht zum Ziel. Bei einer Vertragslösung würden die Beteiligten wohl in aller Regel den fairen Gleichgewichtspfad einer Einzahlung von je 2 GE pro Runde in der Hoch-Risikobedingung wählen. Der Vertrag allein reicht aber nicht aus. Bei Vertragsverletzung müssten Sanktionen vorgesehen werden, die kooperatives Handeln lohnenswerter machen als Trittbrettfahren.

Es gibt eine Vielzahl ähnlicher, aufschlussreicher Allmende-Experimente (19). Was aber ist der Wert solcher Klimaexperimente im Labor mit Computerhilfe? Zunächst einmal geben die Experimente Hinweise auf verschiedene Motive und Verhaltensweisen im breiten Spektrum zwischen Trittbrettfahren und vollständiger Kooperation. Diese Hinweise münden in Hypothesen, die in realen Situationen untersucht und geprüft werden können. Aber auch der pädagogische Effekt ist nicht zu unterschätzen. Man kann die Experimente in der Ausbildung, z.B. in Schulklassen und Managementseminaren, durchführen. Wer selbst mitspielt, bekommt einen Einblick und ein besseres Verständnis davon, warum Klimaaktivitäten und Verhandlungen so oft scheitern und welche Möglichkeiten zur Lösung von Kooperationsproblemen bestehen.

IV Die große Transformation

Die EU hat sich im „Green Deal" Klimaneutralität bis 2050 auf die Fahnen geschrieben. Einzelne europäische Staaten sind noch ambitionierter. Österreich plant Klimaneutralität bis 2040, Deutschland bis 2045. Die Schweiz hat im Juni 2023 durch Volksabstimmung entschieden, Klimaneutralität bis 2050 zu erreichen. Auch Zwischenziele wurden festgelegt. Die EU plant, die Marke von 55 % Reduktion bis 2030 und 90 % bis 2040 im Vergleich zum Stand 1990 zu erreichen. Im deutschen Klimaschutzgesetz, verabschiedet noch unter der Ägide der Regierung von Angela Merkel, wurde eine Reduktion der Treibhausgase um 65 % bis zum Jahr 2030 und um 88 % bis 2040 - immer im Vergleich zu 1990 - gesetzlich verankert. Wie ehrgeizig dieses Ziel ist, zeigt Abbildung IV.1. In mehr als drei Jahrzehnten, von 1990 bis 2022, ist es gelungen, die CO_2-Emissionen (genauer: Treibhausgase oder CO_2-Äquivalente) um 40 % zu verringern. Dabei geht ein Teil der Reduktion auch noch auf den Wegfall und Umbau ostdeutscher Industrie zurück. Um das Ziel für 2030 zu erreichen, müsste im Vergleich zu 2022 wiederum eine Reduktion um etwa 40 % erfolgen – allerdings nicht in drei Jahrzehnten, sondern in gerade einmal acht Jahren! 2023 ist der Ausstoß der CO_2-Emissionen auf 674 Mio. Tonnen gesunken. Grund dafür war allerdings auch die verschlechterte ökonomische Situation. Von 2024 an gerechnet müssen demnach die Emissionen in den kommenden sieben Jahren um 35 % vermindert werden. Zweifel bestehen, ob dieses Etappenziel mit den bisher beschlossenen und geplanten Maßnahmen erreicht werden kann! (1)

Schauen wir noch auf die weltweit größten Verursacher von Treibhausgasen. China plant eine Verringerung der Emissionen nach 2030 und strebt CO_2-Neutralität für 2060 an. Die USA versprechen eine Reduktion um 50 % bis 2030 und Karbonneutralität bis 2050 (im Vergleich zum Basisjahr 2005). Es ist leicht für gegenwärtige amtierende Regierungen, Klimaziele für die kommenden 25 Jahre zu verkünden. Schwieriger ist es, Maßnahmen einzuleiten, um die Ziele umzusetzen. Man darf skeptisch sein, ob die großen Emittenten China, USA und EU tatsächlich ihre Versprechen einlösen werden. Bei allen langfristig proklamierten Zielen und Maßnahmen haben wir es mit einem „Commitment-Problem" der Einhaltung von eingegangenen Verpflichtungen zu tun. Kaum einer aus der derzeitig regierenden

Politikgeneration wird 2050 noch im Amt sein und sich dafür verantworten müssen, wenn Ziele nicht eigehalten werden. Die Festlegung eines CO_2-Reduktionspfads mit Etappenzielen, die Absicherung in internationalen Verträgen und weitere institutionelle Vorkehrungen sind immerhin Wege, um das Commitment-Problem zumindest zu verringern.

Abbildung IV.1 Klimaziele nach dem deutschen Klimaschutzgesetz

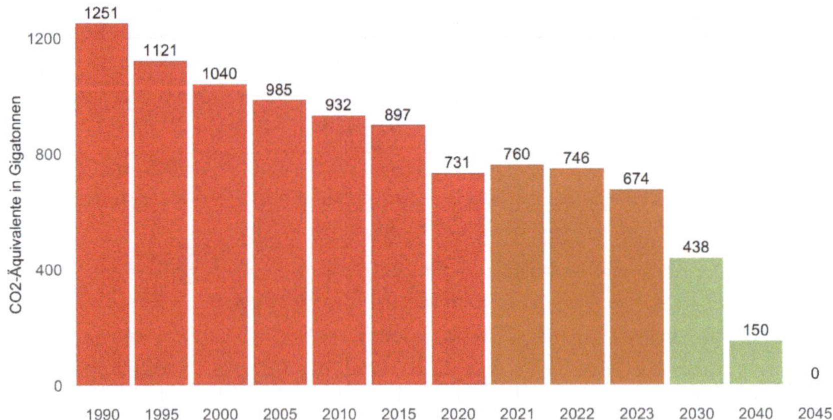

Deutschland hat sich ambitionierte Ziele zum Klimaschutz gesetzt: 65 % Reduktion von Treibhausgasen bis 2030 im Vergleich zu 1990. Das entspricht – ausgehend von 2022 – einer Verminderung der Treibhausgase um 41 %. 1990 bis 2022 betrug die Reduktion 40%. Man muss also in acht Jahren schaffen, wozu in der Vergangenheit mehr als 30 Jahre (!) benötigt wurden und wobei ein Teil der CO_2-Reduktion noch auf die Transformation der DDR-Wirtschaft zurückgeht! Quelle der Daten: Umweltbundesamt https://www.umweltbundesamt.de/daten/klima/treibhausgas-emissionen-in-deutschland#emissionsentwicklung

Von der Industrialisierung zur Energiewende

In rund zwei Jahrhunderten hat die Industrialisierung von der Erfindung der Dampfmaschine bis zur Massenmotorisierung geführt. Die Basis dafür, der Nährboden, der die Produktivkräfte zur Entfaltung brachte, um diese Begriffe von Karl Marx zu verwenden, war und ist noch immer fossile Energie.

Jetzt stehen wir erneut am Beginn einer großen Transformation, die darauf abzielt, die energetischen Grundlagen der Produktivkräfte völlig umzuwälzen. Nur stehen dafür eben nicht zwei Jahrhunderte, sondern gerade einmal zwei bis drei Jahrzehnte zur Verfügung. Dabei muss man sich erneut vor Augen führen, dass wir noch in einer fossilen Gesellschaft leben – wie mehrfach betont, wird etwa 80 % der Primärenergie mit fossilen Brennstoffen erzeugt!

Die Herausforderung durch die Energiewende kann durchaus mit der Transformation von Wirtschaft und Gesellschaft im Zuge der Industrialisierung verglichen werden. Wurde während der Industrialisierung der Jahrhunderte dominierende Brennstoff Holz durch Kohle, Öl und Gas ersetzt, so handelt es sich heute um den Übergang von fossiler zu erneuerbarer Energie. Damit ist aber auch ein Umbau von Produktionsprozessen, Mobilität, Wärmeerzeugung und Infrastruktur bis hin zur Planung und Gestaltung von Städten und den zahlreichen Folgen für die Veränderung unseres Lebensstils und Konsums verbunden. Mit Recht kann man also von einer großen Transformation sprechen.

Nicht zu vergessen ist auch, dass die Klimaziele weltweit erreicht werden müssen. Dazu ist die Kooperation von rund 200 Staaten erforderlich; kein einfaches Unterfangen in dieser polarisierten Welt. Enorme Ungleichheit, autoritäre Regime, populistische Strömungen, politische Spannungen und kriegerische Konflikte machen den Kampf gegen den Klimawandel nicht leichter.

Allmendedilemma und Trittbrettfahrerproblem mag den Beobachter skeptisch stimmen und Zweifel aufwerfen, ob die Klimaziele noch erreichbar sind. Dass das Paris-Abkommen nicht ausreichend ist, sofern es überhaupt von den Vertragsstaaten umgesetzt wird, wissen wir. Es gibt aber auch erfolgreiche Vorbilder wie das Montrealer Abkommen zum Schutz der Ozonschicht. In diesem Fall ist es gelungen, das öffentliche Gut „Ozonschicht“ durch ein internationales Abkommen zu wahren, wie wir gleich noch sehen werden. Ein weiterer und besonders wichtiger Aspekt, der die Zukunftsaussichten heller erscheinen lässt, bezieht sich auf die bereits beschriebenen sukzessiven Verbesserungen bei der Erzeugung von Wind- und Solarenergie. Allerdings ist die Umstellung mit enormen Kapitalkosten verbunden.

Im Einklang mit William Nordhaus kann das Grundübel stockender Klimaprävention in der Struktur eines globalen Gefangenendilemmas ausgemacht werden. Das Mehrpersonen-Gefangenendilemma haben wir schon im vorhergehenden Kapitel kennengelernt. Hier gehen wir, wie Nordhaus, zur Illustration von der vereinfachten Version des Zwei-Personen-Spiels aus (Tabelle IV.1) (2). Kooperationsprobleme vom Typ des Gefangenendilemmas sind besonders schwer zu lösen, weil alle Akteure einen Anreiz zum

Trittbrettfahren haben. Doch gilt diese Analyse nur für eine Übergangszeit. Schon jetzt zeichnen sich Veränderungen in der Kostenstruktur der Energieerzeugung ab, die den grundlegenden Konflikt im Gefangenendilemma zwischen individueller Rationalität (Trittbrettfahren) und kollektiver Rationalität (gemeinsames Optimum) entschärfen. Wenn nämlich erneuerbare Energie günstiger zu haben sein wird als fossile Energie, dann wird die Transformation auch im Eigeninteresse der beteiligten Akteure in Schwung kommen. Kluge Klimapolitik, Ausbau der Infrastruktur, Abbau von Subventionen für fossile Brenn- und Treibstoffe, CO_2-Abgaben und die Förderung erneuerbarer Energie können die Transformation beschleunigen.

Tabelle IV.1 Gefangenendilemma

	Erneuerbare Energie	Fossile Energie
Erneuerbare Energie	3, 3	1, 4
Fossile Energie	4, 1	**2, 2**

Die Metapher des Gefangenendilemmas erläutern wir hier am Beispiel des Zwei-Personen-Spiels. Die Akteure kann man sich auch als zwei Staaten oder zwei Gruppen von Staaten vorstellen, die sich für die Transformation zu erneuerbarer Energie entscheiden oder an fossiler Energie festhalten. Ein Akteur ist Zeilenspieler und kann sich zwischen erneuerbarer oder fossiler Energie entscheiden. Der andere hat die gleichen Optionen als Spaltenspieler. Die Zahlen geben nur die Rangfolge der Gewinne an. Wenn Sie beide kooperieren, erhalten sie die die Auszahlungen (3, 3), wobei die erste Zahl der Auszahlung an den Zeilenspieler, die zweite Zahl der Auszahlung an den Spaltenspieler entspricht. Am besten ist Trittbrettfahren für den Zeilenspieler, wenn der Partner kooperiert (4, 1). Entsprechend für den Spaltenspieler, wenn der Zeilenspieler kooperiert (1, 4). Bleiben sie beide bei fossiler Energie, erhalten sie das zweitschlechteste Ergebnis (2, 2). Wechselseitiges Trittbrettfahren ist ein „schlechtes" Gleichgewicht. Beide könnten sich durch eine Vertragslösung besserstellen und das Ergebnis (3, 3) erzielen. Ein Gefangenendilemma liegt aber nur dann vor, wenn die fossile Strategie (ohne Berücksichtigung der Externalitäten) kostengünstiger ist als erneuerbare Energie. (Das Nash-Gleichgewicht ist fett hervorgehoben).

Das erfolgreiche Abkommen von Montreal zum Schutz der Ozonschicht

Wenn Kooperationsprobleme so schwer zu lösen sind, wie kam es dann relativ rasch zum Ozonabkommen von Montreal? Anders als der Klimawandel ist der schädigende Einfluss von Chemikalien auf die Ozonschicht erst Mitte der 1970er Jahre und die Ausdünnung der Ozonschicht über der Südpolarregion erst seit Mitte der 1980er Jahre erkannt worden. Die Ozonschicht absorbiert UV-Strahlung; ihre Ausdünnung lässt z.B. die Fälle von Hautkrebs stark ansteigen. Als Ursache wurden Fluorchlorkohlenwasserstoffe, besser bekannt unter der Abkürzung FCKW, sowie ähnliche, die Ozonschicht schädigende Substanzen identifiziert. FCKW wurde insbesondere als Kühlmittel verwendet. Bereits 1987 wurde im Protokoll von Montreal ein Verbot der Produktion ausgesprochen, welches zwei Jahre später in Kraft trat. 187 Länder haben das Abkommen unterzeichnet und die Vertragsbestimmungen weitgehend eingehalten. Die Produktion Ozon schädigender Substanzen wurde um 95 % vermindert, seit 1994 sinkt der Anteil der schädlichen Substanzen in der Atmosphäre und bis 2050 ist damit zu rechnen, dass die Ozonschicht wieder den Umfang erreicht, den sie vor der Produktion von FCKW einnahm (3). FCKW haben auch einen sehr starken Klimaeffekt. Ein äußerst positiver Nebeneffekt des Montreal-Protokolls ist, dass auch Treibhausgase erheblich reduziert wurden (4).

Die bemerkenswerte internationale Kooperation hat mehrere Ursachen. Erstens betrifft die Produktionseinstellung, anders als bei Treibhausgasen, weltweit nur relativ wenige Unternehmen, die diese Chemikalien herstellen. Zweitens konnten bereits vor dem Montreal-Abkommen Ersatzstoffe gefunden werden. Die Kosten der Produktionsumstellung waren also weit geringer im Vergleich zu den Kosten für die Prävention des Klimawandels.

In einem Artikel, der den geringen Erfolg des Kyoto-Protokolls mit dem erfolgreichen Montreal-Abkommen vergleicht, macht Cass Sunstein auf einen weiteren wesentlichen Faktor aufmerksam (5). Das Kooperationsproblem zur Verhinderung der Ausdünnung der Ozonschicht entsprach nicht der Struktur eines Gefangenendilemmas! Beim Montreal-Abkommen waren die USA die treibende Kraft, Europa und insbesondere Großbritannien waren weitaus zögerlicher. Schon vor dem Montreal-Protokoll wendete sich die öffentliche Meinung in den USA stark gegen FCKW und die Nachfrage nach Spraydosen mit FCKW-haltigen Treibmitteln hatte sich bereits verringert. Hauptgrund war aber die Kalkulation, dass allein die Einstellung der Produktion in den USA dem eigenen Land einen Vorteil verschafft. Für die USA gab es also gar kein Trittbrettfahrerproblem. Nach Berechnungen der amerikanischen Umweltbehörde EPA betrugen die Kosten der Produktionseinstellung in den USA 21 Milliarden Dollar. Dem stand ein Gewinn von geschätzten 1373 Milliarden US $ vor allem durch die Verminderung von Hautkrebsfällen in den USA gegenüber. Selbst wenn die Schätzungen der Umweltbehörde zu hoch gegriffen waren, so erkannten doch alle Verantwortlichen über die Parteigrenzen hinweg, dass es schon bei einem Alleingang im Interesse der USA lag, die Produktion von FCKW zu verbieten. Auch andere Länder hatten ein starkes Interesse an einem FCKW-Verbot. Nach der „Logik kollektiven Handelns" von Mancur Olson gab es eine Gruppe „privilegierter Akteure", sodass die Chance für die Herstellung des kollektiven Guts „Schutz der Ozonschicht" sehr wahrscheinlich war (6). Durch ein weltweites Abkommen war die Bilanz aber noch günstiger als bei einem Alleingang. Entwicklungsländer, die weniger Interesse an einem Verbot hatten, erhielten Ausgleichszahlungen.

Wichtig ist, dass die Analyse der Interessenkonstellation bei einem Umweltproblem zentral für die Problemlösung und Politikempfehlung ist. Handelt es sich um ein Trittbrettfahrerproblem? Um ein Koordinationsproblem? Haben dominante Akteure ein Eigeninteresse an einer Lösung? Sind die Interessen stark heterogen? Auch Mischformen „idealtypischer" Situationen können auftreten. Dies sind einige zentrale Fragen, die sich auch bei der Analyse des Klimaproblems stellen.

Wie oben erwähnt, gehen Klimaökonomen wie der Nobelpreisträger William Nordhaus bei der Analyse und den Politikempfehlungen von der Annahme aus, dass das Kooperationsproblem „Begrenzung des Klimawandels" die Grundzüge eines Gefangenendilemmas aufweist. Die dominante Strategie ist der Verbrauch fossiler Energie; wer kooperativ handelt, wird Opfer von Trittbrettfahrern. Beim Schutz der Ozonschicht zeigte sich, dass diese Annahme nicht für alle globalen Umweltprobleme haltbar ist. Könnte es sein, dass die zunächst so einleuchtende Annahme der Gefangenendilemmastruktur beim Klimawandel hinterfragt werden muss?

Der Preissturz erneuerbarer Energie als „Game Changer"

Der Preissturz bei der Herstellung erneuerbarer Energie durch technischen Fortschritt ändert die Spielregeln. Die Verbilligung von Solar- und Windenergie ist ein echter „Game Changer". Die Infrastruktur für Wärme, Mobilität und die Produktion von Stahl und anderen Gütern basiert auf billiger und oft mit Subventionen noch weiter verbilligter fossiler Energie. Regenerative Energie war teuer und erfordert hohe Umstellungskosten. In dieser Situation ist kooperatives Umwelthandeln kostspielig und Trittbrettfahren die Regel. Die Situation entspricht in den Grundzügen von den 1950er Jahren bis heute einem Gefangenendilemma.

Durch den Preissturz erneuerbarer Energie könnte sich die Situation ändern. Schon heute lohnt es sich, in einem Neubau eine Wärmepumpe zu installieren. Energieneutrales Fliegen wird demgegenüber noch lange auf sich warten lassen. Zwar bleiben hohe Transformationskosten (z.B. der Kapitaleinsatz für einen Stromversorger, der auf erneuerbare Energie umstellt), die sich aber über die Nutzungsdauer amortisieren. Wichtig dabei ist, dass Umstellung und Ausbau der Infrastruktur die Nutzung erneuerbarer Energie attraktiver machen und die Kosten weiter senken. Je größer der Ausbau der E-Ladestationen, desto attraktiver ist die Anschaffung eines elektrisch betriebenen Fahrzeugs. Hinzu kommt der „Skaleneffekt“. Je mehr E-Autos oder Wärmepumpen produziert werden, umso mehr werden die Verkaufspreise im Vergleich zu den Preisen fossil betriebener Fahrzeuge oder Heizungen sinken. Mobilität und Wärme erfordern derzeit noch einen Großteil der fossilen Energie und die Umstellung ist mit Kosten verbunden. Aber halten wir fest: Je besser die Infrastruktur für erneuerbare Energie ausgebaut ist, je mehr Haushalte und Unternehmen bei Mobilität, Wärme und Produktion auf erneuerbare Energie umstellen, desto stärker sinken die Kosten der Transformation. Dazu kommt, dass erneuerbare Energie schon heute günstiger erzeugt werden kann als fossile Energie und Nuklearenergie (7). In den kommenden Jahren werden sich die relativen Preise von erneuerbarer zu fossiler Energie weiter zu Gunsten erneuerbarer Energie entwickeln. Verstärkt wird diese Entwicklung durch Umweltpolitik, die erneuerbare Energie fördert und fossile Energie belastet. Wenn dieser Prozess voranschreitet, wird kooperatives Umwelthandeln, die Nutzung erneuerbarer Energie, zur dominanten Strategie. Bei einigen Investitionen ist dies schon heute der Fall. Das Verhältnis der Auszahlung für die X- und die Y-Strategie in dem Mehrpersonen-Dilemmaspiel (Kapitel III) wird sich umkehren.

Betrachten wir ein Beispiel. Natürlich handelt es sich dabei nicht um ein realistisches Modell, sondern nur um eine Illustration, um das Prinzip zu verdeutlichen. Die einfachen Gleichungen lauten:

$$A_X = 4 \cdot n$$

$$A_Y = 3 \cdot n + 10$$

Dabei ist n wieder die Anzahl der X-Wähler (vgl. Kapitel III). Jetzt lohnt es sich, nur noch anfangs die fossile Strategie Y zu wählen. Wenn sich aber genügend andere Personen (im Beispiel n = 10) für die umweltfreundliche Alternative X entschieden haben, lohnt sich der Wechsel zur umweltfreundlichen Strategie (Abbildung IV.2a) (8).

Abbildung 2a Klimaspiel, wenn der Preis erneuerbarer Energie mit der Nutzung fällt

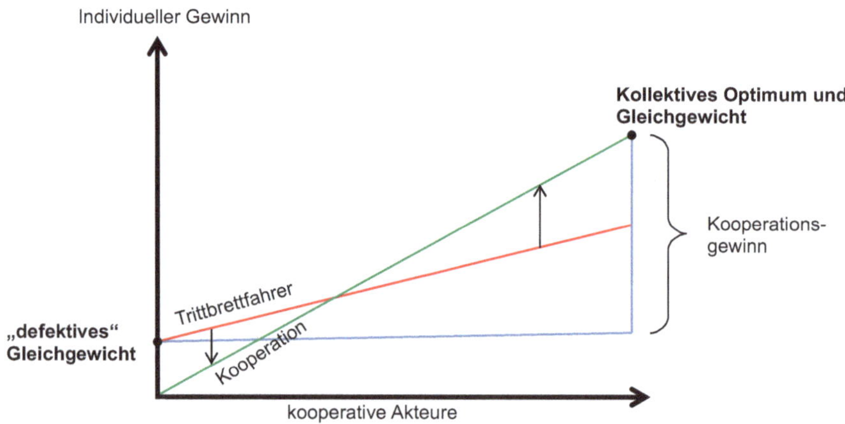

Abbildung 2b Zum Vergleich: Klimaspiel, wenn Trittbrettfahren dominante Strategie ist (Mehr-Personen-Gefangenendilemma)

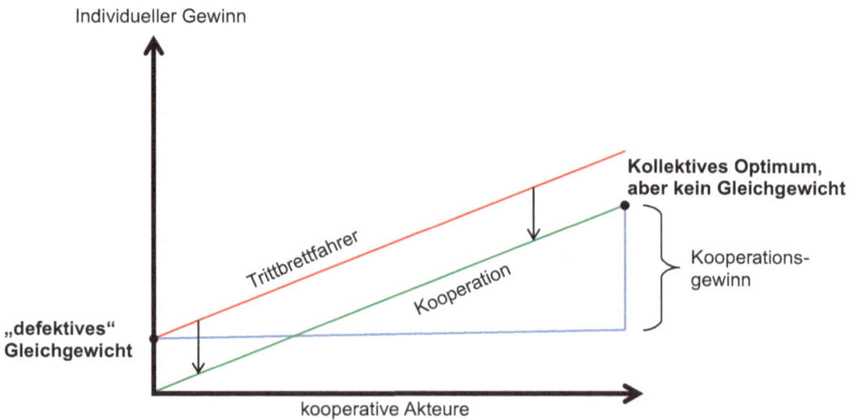

Im Unterschied zum Gefangenendilemma gibt es im Klimaspiel in Abbildung IV.2a zwei Gleichgewichte: Das fossile Gleichgewicht mit n = 0 und ein kooperatives (Pareto-optimales) Gleichgewicht, wenn alle Akteure X wählen. Im Eigeninteresse werden, sobald die Schwelle vom Y-Vorteil zum X-Vorteil überschritten ist (der Schnittpunkt der beiden Geraden), alle Akteure kooperativ und umweltfreundlich handeln. Politische Maßnahmen, z.B. der Ausbau der Infrastruktur, Vergünstigungen für umweltfreundliche Investitionen oder die Verteuerung fossiler Energie können dazu beitragen, dass kritische Schwellenwerte (die sich je nach Technologie auch unterscheiden werden) schneller erreichbar sind. Denn viel Zeit bleibt nicht mehr, um den Klimawandel wenigstens zu begrenzen.

Die soziale Diffusion von Innovationen

Die Verbilligung erneuerbarer Energie und die Bepreisung von CO_2-Emissionen wird die Nachfrage nach Mobilität und Wärme auf Grundlage erneuerbarer Energie vorantreiben. Wenn man allerdings heute die Zahlen für den Anteil von E-Fahrzeugen, Wärmepumpen, Güterverkehr auf der Schiene, Umstieg vom Auto auf den ÖV, Ausbau von Fernwärme und andere Maßnahmen betrachtet, wird man zunächst wenig Anlass zu Optimismus haben. Wie bei vielen anderen neuen Produkten werden diese zunächst von einer Minderheit von „Pionieren“ erstanden. So verhielt es sich bei Autos, Fernsehgeräten, Waschmaschinen, Telefon und später Computern, Laptops und Mobiltelefonen. Dabei sind einige der Güter „Netzwerkgüter“; sie werden umso wertvoller, je mehr Menschen sie erworben haben. (Bei „Snob“-Gütern ist das Gegenteil der Fall.) Es macht wenig Sinn, ein Telefon alleine zu besitzen. Je mehr es gibt, je größer das Netzwerk, umso mehr steigt der Gebrauchswert eines Telefons. Bei E-Autos ist es nicht direkt die Anzahl, vielmehr das Netzwerk von Ladestationen. Man könnte von einer Art „Co-Evolution“ sprechen. Je mehr E-Autos, umso mehr lohnt sich der Ausbau der Ladestationen und je mehr Ladestationen, desto größer wird der Kaufanreiz für E-Autos. Zudem gibt es wie bei vielen Gütern eine Art Ansteckungseffekt. Machen Verwandte, Freunde, Nachbarn gute Erfahrungen mit der Neuanschaffung, erhöht sich der Anreiz, selbst das neue Produkt zu erwerben (9). Hinzu kommen technische Verbesserungen, Preisreduktionen, wenn die Produkte in großer Zahl produziert werden, und die Verringerung von Betriebskosten durch die Veränderung der relativen Preise zu Gunsten der erneuerbaren Energie.

Typischerweise beobachtet man eine S-förmige Diffusionskurve wie beispielsweise für die Entwicklung der Solarenergie (Abbildung IV.3) (10). Auch für andere neue Produkte ist eine solche Entwicklung zu erwarten. Am Anfang sind die Verkäufe gering, dann steigen sie steil an und schließlich gehen die Zuwächse wieder zurück, wenn der Markt gesättigt ist. Danach ist natürlich auch Ersatzbedarf erforderlich, denn die Lebensdauer von Produkten ist begrenzt.

Abbildung IV.3: Soziale Diffusion von Innovationen

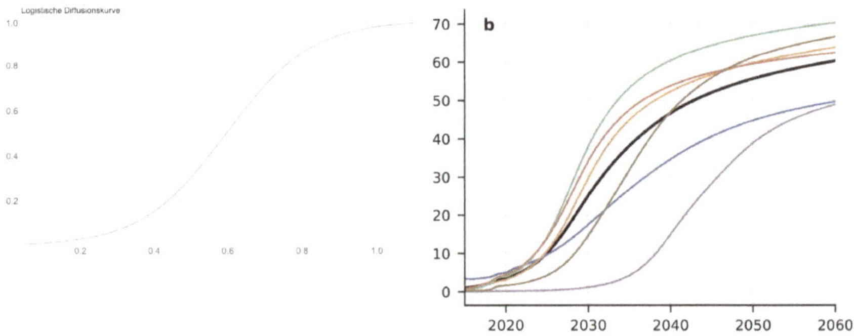

Abbildung 3a zeigt die S-förmige logistische Diffusionskurve, die sich oft als Näherung für Diffusionsprozesse eignet (10). Abbildung 3b zeigt die Entwicklung der Anteile Solarenergie. Die Grafik ist Nijsse, Femke J. M. M., Jean-Francois Mercure, Nadia Ameli, Francesca Larosa , Sumit Kothari, Jamie Rickman, PimVercoulen, Hector Pollitt, 2023. The momentum of the solar energy transition. Nature Communications. https:/ /doi.org/10.1038/s41467-023-41971-7 entnommen. Unveränderter Nachdruck gemäß https://creativecommons.org/licenses/by/4.0/

Aus gegenwärtig geringen Verkaufszahlen kann demnach nicht geschlossen werden, dass das Ziel von einem hohen Anteil von E-Autos oder Wärmepumpen nicht erreicht wird, da der Prozess sozialer Diffusion von Innovationen nicht linear verläuft.

Institutionen für den Wandel

Wenn die Kosten der Produktion grüner Energie unter den Kosten für fossile und Nuklearenergie liegen, lohnt es sich für Haushalte und Unternehmen, auf erneuerbare Energie zurückzugreifen. Nach der Transformation wird ein neues Gleichgewicht erreicht, das fast alle Akteure besserstellt.

Bei grüner Energie fallen die negativen Externalitäten in Form von Treibhausgasen weg und die Energie ist dazu noch billiger. Die Umstellung von der fossilen Energieerzeugung hin zur regenerativen Energie erfordert allerdings Kapital für die erforderlichen Investitionen in Haushalt und Unternehmen. Ein E-Auto ist in der Anschaffung derzeit noch teurer als ein Benziner, eine Gasheizung günstiger als eine Wärmepumpe. Der höhere Anschaffungspreis muss sich auf kürzere oder längere Sicht amortisieren. Bei Wärmepumpen in Neubauten z.B. ist dies schon derzeit der Fall. Bauherren sind in der Regel gut beraten, Neubauten mit einer Wärmepumpe zu beheizen. Bei E-Autos ist besonders die Infrastruktur, d.h. der Ausbau von Stromtankstellen wichtig. Gleichzeitig müssen die Stromnetze für das Laden von E-Autos und den Strombezug der Wärmepumpen ausgebaut werden.

Man kann den Übergang vom alten, fossilen in ein neues, nicht-fossiles System auch so formulieren: „Das alte System hat nur noch wenig Fixkosten, dafür steigende variable Kosten für Brennstoffe. Das neue hat hohe Fixkosten für den Aufbau, dafür aber perspektivisch kaum noch Brennstoffkosten. Dazwischen tobt ein reißender Fluss namens Transformation" (11).

Viele Menschen sind heute zögerlich, die nötigen Investitionen für Heizung und Mobilität zu tätigen. Damit die Energiewende gelingt, bedarf es vielfältiger Anreize oder Institutionen für den Wandel. Hinzu kommt der notwendige Ausbau der Infrastruktur durch Staat und Unternehmen.

In der Institutionenökonomie ist eine Institution, anders als im üblichen Sprachgebrauch, eine „dauerhafte, berechenbare Anreizregelung". Mit Douglas North kann eine Institution als „rule of the game", als Spielregel für die Interaktion von Akteuren wie Haushalten, Unternehmen und Staat bezeichnet werden (12). Institutionen in diesem Sinne sind der Handel von Emissionszertifikaten, eine CO_2-Abgabe, die Förderung von E-Autos, aber auch Gebote und Verbote wie z.B. ein Tempolimit auf Autobahnen oder Richtlinien zur Haftung von Unternehmen.

Die Transformation zu einer Gesellschaft, die auf erneuerbarer Energie basiert, erfordert neue Institutionen. Dabei unterscheiden wir vor allem marktwirtschaftliche Institutionen und staatliche Gebote, Verbote und Infrastrukturpolitik. Markt und Staat sind nicht notwendig Gegensätze. Marktinstitutionen unterliegen zudem staatlicher Regulierung. Neben Institutionen, die materielle Anreize setzen, gibt es auch Vorschläge, Entscheidungen von Menschen durch nicht-materielle, „sanfte" Anreize zu beeinflussen. Sogenanntes „nudging" soll ökologisches Verhalten verstärken, etwa wenn das vegetarische Menü deutlich sichtbarer als das Fleischmenü platziert wird (13). In den folgenden Kapiteln werden wir uns mit den Vor- und Nachteilen der neuen Institutionen auseinandersetzen, mit Markt, Staat und sanften Anreizen aus der psychologischen Entscheidungsforschung.

V Die Logik des Marktes

Die Produktion für den globalisierten Markt und der weltweite Handel haben insbesondere seit den 1950er Jahren für einen beschleunigten Anstieg der Treibhausgasemissionen gesorgt. Wir haben auch gesehen, dass die Umsetzung der Klimaziele ein öffentliches Gut darstellt und das Klimaproblem einer Allmendesituation entspricht. In einer solchen Situation versagt der Markt; die Ökonomie spricht von „Marktversagen". Wie soll dann gerade der Markt die Probleme lösen? Eine Antwort darauf lautet: Der Markt könnte funktionieren, wenn die Natur ein Preisschild erhält. Die Kosten der Naturzerstörung oder des Verbrauchs natürlicher Ressourcen müssen eingepreist werden. Der Markt kann funktionieren, wenn die negativen Externalitäten in den Preisen sichtbar oder „internalisiert" werden. Neue Institutionen, CO_2-Steuern und Emissionszertifikate, können Marktergebnisse korrigieren. Ist das sinnvoll und welche Wirkungen und Nebenwirkungen treten dabei auf?

Die Internalisierung negativer Externalitäten durch eine Steuer wurde erstmals von Arthur C. Pigou vorgeschlagen. Die Erhebung einer „Pigou-Steuer" soll, zumindest dem Lehrbuch nach, für optimale Marktergebnisse sorgen. Die negativen Externalitäten, die den Klimawandel hervorrufen, sind CO_2-Emissionen und andere Klimagase. Im Sinne von Pigou muss man also die Treibhausgasemissionen gerade so hoch besteuern, wie die Schäden in Euro und Cent gerechnet betragen (1).

Dabei stellt sich allerdings das Problem, den Preis der negativen Externalitäten abzuschätzen. Wie hoch müsste eine Pigou-Steuer auf CO_2 ausfallen? Es existieren verschiedene Schätzungen, etwa die vom deutschen Umweltbundesamt genannte Zahl von 195 € pro Tonne CO_2 (bezogen auf das Jahr 2020) (2). Die Schätzungen erfolgen auf Basis weit in die Zukunft reichender Klimamodelle und fallen schon deshalb stark unterschiedlich aus, weil die Zukunft unterschiedlich bewertet wird. Wie soll ein Schaden bewertet werden, der in zehn, zwanzig oder gar fünfzig Jahren auftreten wird? Das Maß dafür ist die Diskontrate. Bei einer Diskontrate von z.B. 5 % würde ein Schaden, der erst ein Jahr später auftritt, mit dem Faktor 0,95 multipliziert werden. Ein Schaden, der in zwei Jahren auftritt, verringert sich entsprechend um 0,95 mal 0,95 usw. (3). Man kann sich vorstellen, dass die Diskontrate das Ergebnis ganz wesentlich beeinflusst. Wird sie relativ hoch angesetzt, wird damit der Wert der Zukunft gering bemessen und die kumulierte Schadenssumme von z.B. Überschwemmungen ist insgesamt geringer als bei niedriger Diskontrate. Welche Diskontrate soll man wählen: den durchschnittlichen Marktzins oder die subjektive Diskontrate in der Bevölkerung, die durch eine entsprechende Befragungstechnik in Surveystudien ermittelt werden kann?

Es kann aber auch das Ziel der Verhaltenslenkung in den Vordergrund gerückt werden. Die CO_2-Steuer ist eine Lenkungsabgabe. Statt zentraler Vorgaben werden dezentrale Entscheidungen gefördert. Der CO_2-Preis ist ein Anreiz für Haushalte und Unternehmen, im Eigeninteresse Emissionen zu vermindern. Sie können dann, im Unterschied zu Verboten oder Geboten, selbst darüber entscheiden, welche Maßnahmen sie ergreifen und in welche emissionssparenden Techniken sie investieren. Dies wird verbunden mit der Annahme, dass Haushalte und Unternehmen oft besser als die staatliche Bürokratie wissen, wo sie mit geringen Kosten große Spareffekte erzielen können. Zudem kann es sich für sie lohnen, staatliche Regelungen und Gebote zu übertreffen. Schreibt der Staat z.B. ein Maximum zulässiger Emissionen vor, wirkt ein CO_2-Preis darüber hinaus. Jede weitere Vermeidung spart Kosten. Bei einer Vorschrift belässt es ein Akteur beim Erreichen des Grenzwerts, bei einem CO_2-Preis geht sie oder er, wenn die Vermeidungskosten unter dem Preis liegen, darüber hinaus. Zu berücksichtigen ist aber auch, dass untere Einkommensschichten durch CO_2-Steuern überproportional belastet werden. Ausgleichszahlungen können Verteilungs- und Gerechtigkeitsprobleme einer CO_2-Steuer beheben.

Steuern oder Abgaben auf CO_2 sind wichtige Instrumente im Werkzeugkasten der Klimaökonomie. Ein weiteres wichtiges Instrument sind Emissionszertifikate. Es lohnt sich, diese Instrumente mit ihren Wirkungen und Nebenwirkungen genauer unter die Lupe zu nehmen.

Wirkung von CO_2-Steuern

CO_2-Steuern oder genauer CO_2-Abgaben verringern erstens die Nachfrage nach „CO_2-haltigen“ Produkten und setzten einen Anreiz, in Maßnahmen zur Dekarbonisierung zu investieren (der „Lenkungseffekt“). Dabei ist die CO_2-Bepreisung der kosteneffizienteste Weg zur CO_2-Reduktion, lautet die Lehrbuchweisheit der Umweltökonomie (4). Zweitens können die Einnahmen verwendet werden, um Maßnahmen gegen den Klimawandel zu finanzieren oder für sozialen Ausgleich zu sorgen. Da untere Einkommensschichten einen höheren Konsumanteil am Einkommen aufweisen als wohlhabende Haushalte, werden sie durch eine CO_2-Steuer zwar nicht absolut, aber relativ gesehen stärker besteuert als obere Einkommensschichten. Eine CO_2-Steuer ohne Ausgleichsmaßnahmen wirkt wie eine Konsumsteuer regressiv und verstärkt damit Ungleichheiten.

Der Lenkungseffekt wird nicht selten bestritten. „Wie kann es sein, dass hohe CO_2-Preise wirkungslos bleiben?“ fragt Ulrike Herrmann in „Das Ende des Kapitalismus“ (5). Sie sind allerdings nicht gänzlich wirkungslos, wie zahlreiche empirische Studien zeigen. Der Preiseffekt ist je nach Art des Energieverbrauchs oft gering, aber in den Ländern mit höherem Einkommen deutlich nachweisbar. Zudem muss man kurzfristige und langfristige Effekte unterscheiden. Ein höherer Kraftstoffpreis, der über tägliche Schwankungen hinausgeht, veranlasst Autofahrer zunächst die Fahrleistung zu reduzieren. Sicher machen dies nicht alle, aber im Durchschnitt wird die Fahrleistung sinken. Längerfristig wird sich zumindest ein Teil der Autofahrer für ein sparsameres Auto oder andere Alternativen entscheiden. Zwar plausibel, aber nicht unumstritten ist der Innovationseffekt. Haben CO_2-Steuern auch einen Effekt auf die Entwicklung neuer, dekarbonisierter Produkte (6)? Ein Blick in das Autoparadies USA führt vor Augen, dass fossile Energie zu Schleuderpreisen die Art der Autonutzung bis hin zur Infrastruktur und Gestaltung von Städten geprägt hat. Wie wir wissen, hat der Klimahistoriker Christian Pfister dieser Entwicklung das Etikett „50er Jahre Syndrom“ verpasst.

Die Stärke der Nachfragereduktion einer CO_2-Steuer wird durch die „Preiselastizität der Nachfrage“ gemessen, die mit statistischen Methoden geschätzt werden kann. Die Preiselastizität ist ein „Prozent-Prozent-Effekt“; sie gibt an, um wie viel Prozent die Nachfrage eines Produktes sinkt, wenn der Preis um ein Prozent steigt.

Ein Überblick von Liddle et al. zu Schätzungen der Preiselastizität nennt Werte im Bereich von -0,2 bis -0,3 in Ländern mit hohem Einkommen (7). In ärmeren Ländern finden Schätzungen einiger Studien keinen Effekt, der signifikant von null verschieden ist. Entsprechend wird in den wohlhabenden Ländern ein Preisanstieg von einem Prozent den Energiekonsum um 0,2 bis 0,3 Prozent reduzieren. Die Autoren machen auch auf eine Ausnahme aufmerksam: die Preiselastizität von Benzin. Hier ist die Lenkungswirkung entgegen manchen Stammtischparolen wesentlich höher. Die langfristige Preiselastizität beträgt im Durchschnitt von sechs Studien -0,69. Eine weitere Schweizer Studie kommt zu ganz ähnlichen Ergebnissen: Kurzfristig ist die Elastizität gering (- 0,23 bis -0,26), langfristig im

Bereich -0,51 bis – 0,73 (8). Eine Benzinpreiserhöhung um ein Prozent würde demnach zu einem Nachfragerückgang um rund 0,7 Prozent führen. Kostet der Liter Benzin an der Tankstelle, um ein Beispiel zu nennen, 2 € und wird durch eine CO_2-Steuer der Preis um 10 % auf 2,20 € erhöht, würde die Nachfrage um ca. 7 % sinken (9).

Die weltweit höchsten CO_2-Steuern mit umgerechnet etwa 120 € pro Tonne CO_2 erheben Schweden und die Schweiz. In Schweden wird die Abgabe auf Brenn- und Treibstoffe erhoben, in der Schweiz nur auf Brennstoffe wie Gas und Öl zum Heizen. Schweden hat die Besteuerung bereits 1991 mit einem damals sehr viel geringeren Satz begonnen, die Schweiz hat mit ebenfalls geringeren Sätzen die Brennstoffabgabe 2008 eingeführt. Die Einnahmen werden in der Schweiz über die Krankenversicherung weitgehend (zu zwei Dritteln) an die Bewohner zurückgegeben. Eine Evaluierung der Schweizer CO_2-Abgabe ergibt ein deutliches Bild: Nach den Berechnungen des Ecoplan-Instituts hat die Abgabe im Jahr 2015 4,3 bis 7,1 % der CO_2-Brennstoffemissionen eingespart, hauptsächlich durch die Substitution von Öl durch Gas in den Schweizer Haushalten (10). Dieser Effekt könnte sich in den Folgejahren verstärkt haben; im Bezugsjahr der Evaluierung 2015 war die Abgabe mit 60 Schweizer Franken (59 €) nur halb so hoch wie 2022.

Dass die Preiserhöhung von CO_2-Emissionen durch den EU-Zertifikatehandel zu einer erheblichen Verminderung von Treibhausgasen bei Kraftwerken und Industrie geführt hat, werden wir im folgenden Abschnitt sehen. Deutlich sollte sein, dass CO_2-Steuern die Nachfrage nach CO_2-emissionshaltigen Produkten senken, dass die Stärke des Effekts (die Preiselastizität) von der Energieform oder Art des Produkts abhängt, dass dabei Substitutionsmöglichkeiten und Einkommen eine Rolle spielen und oft stärkere, langfristige von schwächeren kurzfristigen Effekten unterschieden werden müssen. Wie groß jeweils die Effekte sind, muss mit empirischen Methoden anhand von Daten über Preisänderungen, Nachfrage und anderen Charakteristika, die die Nachfrage beeinflussen, abgeschätzt werden.

Neben der Wirkung auf das Nachfrageverhalten ist der CO_2-Preis ein Signal für die Hersteller. Sie sollten danach trachten, Produkte weniger CO_2-lastig herzustellen (Prozessinnovationen) oder Produkte so zu verbessern und neue Produkte auf den Markt zu bringen, die wenig oder gar nicht von fossilen Energien Gebrauch machen (Produktinnovation). Dazu gibt es allerdings auch Gegenstimmen. Eine Übersichtsstudie von Lilliestam, Patt und Bersalli berichtet keine oder nur sehr schwache Effekte von CO_2-Steuern auf technologische Innovationen (11). Wirksam ist die Steuer danach nur durch Substitutionseffekte bei Brennstoffen, etwa die Ersetzung von Kohle durch Gas. Allerdings muss man hier berücksichtigen, dass sich fast alle der berichteten Arbeiten auf Zeiträume vor 2015 bezogen und die CO_2-Steuern in den untersuchten Ländern nicht besonders hoch waren. Höher waren sie in Skandinavien, aber dort gab es dann auch Steuerbefreiungen für die energieintensive Industrie. Die Frage bleibt offen, ob wesentlich höhere CO_2-Steuern Unternehmen Anreize geben, in technologische Innovationen zu investieren. Es wäre erstaunlich, wenn dies nicht der Fall wäre.

In Deutschland wurde der Preispfad für fossile Heiz- und Treibstoffe vom Gesetzgeber mit den Stufen 25 € (2021), 30 € (2022), 30 € (2023), 45 € (2024), 55 € (2025), 55 bis 65 € (2026) pro Tonne CO_2 festgelegt. Nicht zu vergessen 19 % Mehrwertsteuer, die hinzugerechnet werden müssen und ohne Zweckbindung in den Staatshaushalt fließen! Ab 2023 blieb es bei 30 €; die ursprünglich vorgesehene Erhöhung um fünf auf 35 € wurde wegen der steigenden Energiepreise ausgesetzt. Ab 2024 wird, ebenfalls abweichend vom ursprünglichen Preispfad, die Steuererhöhung auf 45 € (statt 35 €) und 2025 auf 55 € (statt 45 €) vorgezogen. Der Richtungswechsel ist gut für die Klimapolitik, aber wohl auch dem Haushaltsloch geschuldet. Die schwarz-rote Bundesregierung unter Angela Merkel hatte ursprünglich einen „Einstiegspreis“ von gerade einmal 10 € beschlossen, der erst in Nachverhandlungen erhöht wurde. Mit der relativ zögerlichen CO_2-Bepreisung allein wird das Ziel einer Emissionsminderung um 65 % (gegenüber 1990) bis zum Jahr 2030 kaum erreichbar sein.

Allerdings wird ab Januar 2027 die nationale CO_2-Abgabe Heiz- und Treibstoffe in das europäische Emissionshandelssystem ETS II überführt. Da die Emissionsmenge strikt begrenzt ist, wäre der Studie von Agora Energiewende zufolge ein ganz erheblicher Preisanstieg – in der Spitze von bis zu 200 € – zu erwarten (12). Agora Energiewende kalkuliert mit Durchschnittspreisen von 150 €, empfiehlt einen Mindestpreis von 120 € ab 2027 und eine bessere Anpassung an die Umstellung mit einer Erhöhung auf 60 € für 2024, eine Preisspanne von 60 € bis 80 € für 2025 und 90 € bis 110 € für 2026. Die Einnahmen aus der Abgabe sollten vor allem als Klimageld an die Bevölkerung ausgezahlt werden.

Auch das deutsche Umweltbundesamt schlägt in einem Szenario einen CO_2-Preispfad für Brenn- und Treibstoffe vor, der wesentlich über den aktuellen Ansätzen liegt. Um die angestrebten Klimaziele zu erreichen wäre es der Modellrechnung zufolge nötig, die CO_2-Abgabe 2025 auf 100 €, 2030 auf 240 €, 2035 auf 340 € und 2040 auf 440 € zu erhöhen (13).

Tabelle V.1 zeigt die Preiserhöhung für verschiedene Abstufungen einer CO_2-Steuer. Ein deutlicher Nachfragerückgang wäre wohl erst zu erwarten, wenn die CO_2-Bepreisung in den kommenden Jahren schrittweise auf 100, 200 oder 300 € steigen würde. Bei 200 €, ungefähr der Betrag, der der Schätzung des Umweltbundesamts für die Schäden durch Klimagase entspricht, würden die Kraftstoffpreise um ca. 25 bis 30 % gegenüber dem Niveau von 2023 ansteigen. Die Erdgaspreise würden 33 % über der Deckelung der Preise auf 12 Cent durch die deutsche Bundesregierung während der Energiekrise liegen. Die Aufschläge würden die Tendenz verstärken, stärker in nicht-fossile Wärmeerzeugung und Mobilität zu investieren und generell fossile Energie zu reduzieren. Dabei müsste ein Ausgleich für untere Einkommensgruppen geschaffen werden. Das gleiche gilt auch für die direkte Förderung von E-Autos und Wärmepumpen, da die Zuschüsse zunächst vor allem wohlhabenden Haushalten zugutekommen (14).

Tabelle V.1 Preisaufschlag von CO_2-Abgaben in Euro Cent

Preis pro Tonne CO_2-Äquivalent	30 € (mit MWSt. in D)	65 € (mit MWSt. in D)	100 € (mit MWSt. in D)	200 € (mit MWSt. in D)	300 € (mit MWSt. in D)	500 € (mit MWSt. in D)
Benzin pro Liter	7,1 (8,4)	15,4 (18,3)	23,7 (28,2)	47,4 (56,4)	71,1 (84,6)	118,5 (141,0)
Diesel pro Liter	8,0 (9,5)	17,2 (20,5)	26,5 (31,5)	53,0 (63,1)	79.5 (94,6)	132,5 (157,7)
Heizöl EL pro KWh	0,8 (1,0)	1,7 (2,0)	2,7 (3,2)	5,3 (6,3)	8,0 (9,5)	13,3 (15,8)
Erdgas pro KWh	0,6 (0,7)	1,3 (1,5)	2,0 (2,4)	4,0 (4,8)	6,0 (7,1)	10,0 (11,9)

MWSt. in Deutschland 19 %. Schwefelarmes Heizöl EL. Benzin 2,37 kg CO_2/l, Diesel 2,65 kg CO_2/l nach Wissenschaftlicher Dienst Deutscher Bundestag 2019. CO_2-Emissionen im Verkehrsbereich. Heizöl und Erdgas nach TGA Fachplaner 2.1.2023, „Amtliche" Emissionsfaktoren für die CO_2-Bepreisung ab 2023.

Wird der Preispfad für die Besteuerung vorgegeben, hat das im Prinzip den Vorteil, dass die Belastungen für Unternehmen und Haushalte kalkulierbar sind. Allerdings ist auch die Kalkulierbarkeit eingeschränkt, wenn der Gesetzgeber den Preispfad zunächst absenkt, dann aber einen Kurswechsel in die Gegenrichtung einschlägt. Werden allerdings Mengenziele für den CO_2-Ausstoß angestrebt, dann ist natürlich im Vorhinein nicht bekannt, ob das Ziel mit dem fixierten Preispfad erreicht oder – bei der derzeitigen Höhe der Abgaben eher unwahrscheinlich - sogar übertroffen wird. Mit CO_2-Abgaben müsste dann gemäß „trial-and-error" die Steuer entsprechend nachjustiert werden (15). Anders verhält es sich bei Emissionszertifikaten. Denn hier wird nicht der Preis, sondern die Menge festgelegt.

Emissionszertifikate

Politik gegen den Klimawandel lag noch in weiter Ferne als zwei junge Ökonomen, Thomas Crocker und John Dales, in den 1960er Jahren vorschlugen, Abfallbeseitigung und Luftverschmutzung mit handelbaren Verschmutzungszertifikaten zu verringern. Zunächst wurden Emissionszertifikate in den USA von Umweltbehörden lokal zur Verbesserung der Luftqualität eingesetzt. Jahre später wurde der Emissionshandel zur Kontrolle von Treibhausgasen in der EU eingeführt. Das Prinzip ist einfach zu erklären (16).

Staat, Kommune oder eine Gebietskörperschaft leiden unter Belastungen wie z.B. Luftverschmutzung oder beabsichtigen, das Ausmaß von CO_2-Emissionen zu reduzieren. Die gegenwärtige Menge ist y, die gewünschte, verringerte Zielmenge ist x. Staatliche Stellen geben nun Zertifikate an Unternehmen aus, deren Menge nach und nach verringert wird, so dass nach mehreren Zeitperioden die Zielmenge x erreicht ist. Die Zertifikate können zu Beginn an die Unternehmen verkauft oder verschenkt werden („grandfathering"). Bei Einführung des Zertifikatesystems verfügen demnach Unternehmen über Zertifikate der Menge y. Nehmen wir an, jedes ausgegebene Zertifikat berechtigt zur Emission von 1.000 t CO_2 im ersten Jahr, 950 im zweiten Jahr, 900 im dritten Jahr usw., bis die Zielmenge erreicht ist. Ein Energieerzeuger muss jetzt entweder die Produktion verringern oder auf emissionsärmere Brennstoffe umstellen, z.B. Strom mit Gas oder besser noch z.B. Strom aus Solarenergie statt Strom mit Braunkohle erzeugen. Nun kommt ein wichtiger Punkt hinzu. Die Unternehmen können Zertifikate, die sie selbst nicht benötigen, an andere Unternehmen verkaufen oder umgekehrt Zertifikate bei Bedarf hinzukaufen. Damit werden Unternehmen belohnt, die neue Technologien einführen und Strom aus nicht-fossilen Quellen oder jedenfalls mit weniger Emissionen produzieren. Das Verfahren heißt „cap-and-trade". Die Umweltbehörde setzt eine Zielmenge fest („cap"), die Menge wird „gekappt" und sie kann gehandelt werden. Voraussetzung für das Funktionieren ist auch hier wie bei Allmende-Institutionen: „Monitoring" und Sanktionierung. Alle einbezogenen Emissionsquellen müssen identifizierbar und kontrollierbar sein. Den Behörden muss also bekannt sein, wie viel Emissionen die einzelnen Unternehmen ausstoßen und sie müssen, falls Emissionen über der durch die Zertifikate erlaubten Menge liegen, Umweltsünder mit entsprechend hohen Bußgeldern sanktionieren können. Nun gibt es Millionen von CO_2-Emissionsquellen. Mit vertretbarem Aufwand durchführbar ist das Monitoring für die großen Quellen, für CO_2-Emissionen bei großen Industrieunternehmen, Kraftwerken, Zement- und Stahlerzeugern. Entsprechend wurden diese Unternehmen auch zunächst in das Emissionshandelssystem der Europäischen Union einbezogen. Geplant ist, das System in wenigen Jahren auf Brenn- und Treibstoffe zu erweitern.

Die Europäische Union hat das „Emission-Trading-System" (ETS) Infolge der Kyoto-Beschlüsse 2005 eingeführt (17). In den ersten beiden Phasen bis 2012 wurde die Obergrenze national bestimmt, in der dritten Handelsperiode (2013 – 2020) auf EU-Ebene. Ab 2012 wurde der innereuropäische Flugverkehr einbezogen (18). Beteiligt sind die EU-Staaten (Großbritannien bis 2020), Norwegen, Island und Liechtenstein. Seit 2020 ist das ETS zudem mit der Schweiz verbunden. Großbritannien hat seit dem Brexit ein nationales Handelssystem. Gehandelt werden Emissionszertifikate per Auktionsverfahren. Börsenplatz ist u.a. Leipzig mit der „European Energy Exchange" (EEX).

Das EU-ETS betrifft etwa 10.000 Industrieanlagen und Energieerzeuger und 36 % der Treibhausgasemissionen in Europa. In der dritten Handelsperiode hielten die Betreiber 15,6 Milliarden Zertifikate, verteilt auf die acht Jahre 2013 bis 2020. Dabei wurde die Menge um jeweils 38 Millionen Zertifikate von Jahr zu Jahr verringert. Im Vergleich zu 2005 konnte bis 2021 eine Reduzierung der Emissionen im EU-ETS um 36 % erzielt werden. Energieintensive Industrie wurde mit freien Zertifikaten ausgestattet, um Verlagerungen („carbon leakage") zu vermeiden.

Durch Einfluss von Lobbyinteressen wurden die „Caps" in der dritten Handelsperiode aber zunächst sehr hoch angesetzt, so dass es, auch abhängig von Wirtschaftsentwicklung und Zukunftserwartungen, zu einem

Verfall der Preise kam. Zeitweilig lag der Preis für eine Tonne CO_2 gerade einmal bei etwa 5 €. Deshalb konnte auch billig mit Steinkohle und Braunkohle Strom erzeugt werden. Der Überschuss von Zertifikaten mit entsprechendem Preisverfall in den Jahren 2011 bis 2017 hat das Klima wahrscheinlich um ein Vielfaches mehr geschädigt als alle Energiesparmaßnahmen umweltbewusster Bürgerinnen und Bürger in dieser Zeit hätten wettmachen können.

Weshalb gelang es Großbritannien aus der Kohleverstromung relativ schnell auszusteigen? Die Antwort ist der CO_2-Preis. In England war man klüger als der deutsche „Umweltscheinriese" und hatte ab 2013 einen Mindestpreis von anfangs ca. 20 € pro Tonne CO_2 festgelegt. Das genügte, um Kohle unattraktiv zu machen. Der deutsche Kohlekompromiss sieht dagegen den Ausstieg offiziell erst für 2038 vor. Sehr wahrscheinlich wird der Ausstieg aus der Kohle wegen der stark gestiegenen Emissionspreise aber schon viel früher erfolgen.

Instruktiv ist eine Analyse des Fraunhofer-Instituts für solare Energiesysteme (Abbildung V.1).

Abbildung V.1 Rückgang der Kohleverstromung durch den Preisanstieg für Emissionszertifikate

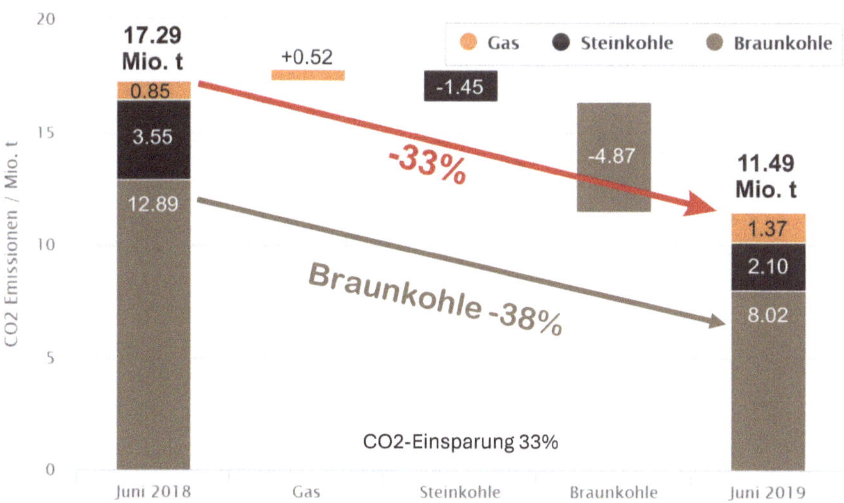

Quelle: Fraunhofer-Instituts für solare Energiesysteme (19)

Für das Jahr 2018 konnte in Deutschland überraschend eine positive Klimabilanz vorgelegt werden. Stolz verkündeten das deutsche Umweltministerium und das Umweltbundesamt: Die Treibhausgasemissionen sind insgesamt um 4,5 % zurückgegangen! Waren die Deutschen in diesem Jahr besonders umweltbewusst, könnte man naiv fragen? Tatsächlich hatte sich die Steinkohle- und Braunkohleverstromung stark verringert. Grund war der Preisanstieg für Zertifikate von etwa 15 € im Juni 2018 auf 25 € im Juni 2019.

Mittlerweile haben die Preise, auch aufgrund der EU-Pläne und verschärften Klimaziele, stark angezogen. Ein Industriebetrieb oder Stromerzeuger zahlte 2023 im EU-ETS-Handel ca. 80 bis 90 € für die Tonne CO_2 an der Emissionsbörse (20). In der vierten Handelsperiode 2021 bis 2030 soll die Menge der Zertifikate rascher sinken als zuvor. Der Schiffsverkehr wird ab 2024 schrittweise einbezogen. Außerdem ist das zweite Handelssystem für Brenn- und Treibstoffe (EU-ETS II) ab 2027 geplant. Faktisch wird es dann zwei CO_2-Preise in den beiden EU-Handelssystemen EU-ETS I und EU-ETS II geben. Sinnvoller wäre ein einheitlicher Preis.

Wer individuell zum Klimaschutz beitragen möchte, hat mit dem Emissionshandel ein wirksames Instrument zur Hand: Zertifikate zu kaufen und sie zu zerreißen. Dadurch wird CO_2 aus dem Markt genommen. Wenn es viele machen, würde der Preis der Restmenge theoretisch steigen. Da die Mengen sehr groß sind, wird eine Preissteigerung kaum zu spüren sein. Fragt sich allerdings, ob Umweltbehörden kontern und die Zertifikate aufstocken. Damit würden sie aber gegen die vorab festgelegten Verpflichtungen der Mengenbegrenzung verstoßen. Tatsächlich gibt es mindestens eine Umweltorganisation, die das Verfahren der Außerverkehrsetzung von Zertifikaten anwendet und dafür Spenden sammelt. Mit rund 80 € kann eine Tonne CO_2 gekauft werden, die rund 7500 km Autofahrt mit einem Diesel- oder Benzinmotor entspricht (21).

Der Wasserbetteffekt

Paradoxerweise haben individuelle Sparanstrengungen bei allen Käufen, Investitionen oder Tätigkeiten, deren CO_2-Emissionen durch den Zertifikatehandel abgedeckt werden, keine emissionsmindernde Wirkung. Wenn das Kohlekraftwerk weniger Strom produziert, weil Haushalte mit Energiesparmaßnahmen oder Photovoltaik auf dem Hausdach Kohlestrom verringern oder vermeiden, ändert sich dadurch die Gesamtemissionsmenge nicht.

Andere Marktteilnehmer im europäischen Emissionshandel werden die Zertifikate übernehmen. Für diese sinkt der Preis der Zertifikate, wenn „grüne" Haushalte massiv sparen.

Damit wird nicht gesagt, dass sich Energiesparen nicht lohnt. Für die Schonung des Geldbeutels kann es sich durchaus lohnen ökologisch zu handeln, auch wenn die Emissionsmenge durch das ETS „gekappt" ist.

Anschaulich wird der Vorgang „Wasserbetteffekt" genannt. Drückt man an der einen Stelle, bewegt sich das Wasser an eine andere Stelle; die Gesamtmenge bleibt gleich. Ein Vorteil von CO_2-Preisen gegenüber dem Zertifikatehandel ist, dass die direkte CO_2-Bepreisung keinen Wasserbetteffekt hervorruft (22).

Das gilt jedenfalls dann, wenn die Menge der Zertifikate nicht verändert wird. Der Wasserbetteffekt ist eine statische Annahme. Um im Bild zu bleiben, könnte es ja sein, dass bei massiven Sparbemühungen oder dem Einsatz innovativer Technologien der Druck auf das Wasserbett und der Preisverfall von Zertifikaten unerwartet stark ausfällt. Die „Wasserbettbehörde" könnte dann am Ventil drehen und Wasser ablassen, sprich die Menge der Zertifikate verringern. Werden infolge von Sparbemühungen und sinkenden Preisen Zertifikate aus dem Markt genommen, hätte Energiesparen doch eine ökologische Wirkung, auch unter der Bedingung des Emissionshandels. Ob das geschieht, ist allerdings nicht garantiert.

CCS – Kohlenstoffabscheidung und Speicherung

Trotz aller Anstrengungen zur CO_2-Reduktion werden Restmengen von Treibhausgasen aus Landwirtschaft und Industrie anfallen. In der Zementindustrie sind CO_2-Emissionen bei der Herstellung sogar unvermeidlich. Zur Klimaneutralität könnte die Abscheidung von CO_2 und die Speicherung („carbon capture and storage", CCS) beitragen. Zumindest sollte man diesen Weg offenhalten. Mehrere Länder, u.a. Norwegen und Island, erproben die Speicherung in geeigneten geologischen Formationen. In Island läuft ein Testbetrieb von „Climeworks", einer Ausgründung der ETH Zürich. Die Orca genannte Pilotanlage filtert 4.000 t CO_2 pro Jahr aus der Luft, eine größere Anlage ist geplant (23). Die Abscheidung von CO_2 aus der Luft ist aber sehr aufwändig. 419 ppm, also Teile pro Million, ist für das Klima zu viel, aber für die Herausfilterung sehr wenig. Den geringen Anteil aus der Luft abzuscheiden, erfordert viel Energie. Effizienter ist die Abscheidung bei industriellen Prozessen oder CO_2-Emissionen der Energieerzeugung, da hier die CO_2-Konzentration höher ist. In beiden Fällen müssen die abgeschiedenen Mengen auf lange Zeit gespeichert werden. Bis zum großtechnischen Einsatz ist es noch ein langer Weg. Umweltverbände warnen vor den Risiken und hegen den Verdacht, dass die Hoffnung auf CCS-Technologien die gegenwärtig notwendigen Anstrengungen schwächen könnte. Auf der anderen Seite sollte der Forschung zur Verbesserung und „Hochskalierung" einer innovativen Technologie, die zusätzlich einen Beitrag zur Erreichung von Klimaneutralität leisten könnte, nicht vorschnell der Weg verbaut werden (24). Dennoch: CCS ist kein Ersatz für den Weg drastischer Emissionsminderung. Allein der Strombedarf für das Abscheiden von CO_2 ist immens und dieser Strom müsste ja aus erneuerbaren Quellen stammen. So ist auch die International Energy Agency (IAE) skeptisch gegenüber CCS zur Lösung des Klimaproblems. Wollte man mit CCS das Klimaproblem lösen, d.h. den gesamten CO_2-Ausstoß aus der Luft filtern oder abscheiden und einlagern, bräuchte man dafür mehr Strom als derzeit weltweit nachgefragt wird (25).

Beitragen könnte auch der natürliche Weg von Aufforstungen. Eine Studie aus dem „Crowther-Lab" der ETH Zürich schätzt, dass durch weltweite Aufforstung unter Aussparung von urbanen Gebieten und Agrarland 226 Gigatonnen CO_2 gespeichert werden könnten (26). Diese Menge würde den globalen Emissionen entsprechen, die gegenwärtig in fünfeinhalb Jahren ausgestoßen werden. Aufforstung durch Monokulturen kann aber auch Probleme bereiten. Priorität sollte daher dem Schutz existierender Wälder, vor allem den Regenwäldern zukommen (27). Statt sich nur über Abholzungen von tropischen Regenwäldern zu beklagen, wäre es sinnvoller, wenn reiche Industrieländer und Hauptverursacher des Klimawandels einen Preis für den Erhalt der Wälder als CO_2-Speicher zahlen. Entwicklungs- und Schwellenländer hätten dann einen weiteren Anreiz, Regenwälder und ihre indigenen Bewohner zu schützen und illegale Abholzungen zu unterbinden.

Verstärkte und entsprechend geförderte Anstrengungen zur Aufforstung dort, wo es möglich und sinnvoll ist, böten immerhin eine Chance, etwas mehr Zeit für die Energiewende und den Umbau der Wirtschaft zu gewinnen.

Das „grüne Paradoxon“

Mit CO_2-Abgaben, Emissionszertifikaten oder auch indirekt durch restriktive Regulierung von z.B. dem CO_2-Ausstoß von Kraftfahrzeugen verschreibt sich die Politik einseitig der Drosselung der Nachfrage nach fossilen Brenn- und Treibstoffen. Höhere Abgaben sollen die Nachfrage verringern, doch was ist mit der Angebotsseite? Hier kommen zwei Momente ins Spiel. Erstens wieder das Trittbrettfahrerproblem (Kapitel III) und zweitens das Interesse der Öl und Gas produzierenden Länder, ihre Rohstoffe in Gegenwart und Zukunft möglichst gewinnbringend zu verkaufen. Wenn nun die EU die Nachfrage durch grüne Politik verringert, profitieren diejenigen Länder, die diese Politik nicht mitmachen. Die Ölstaaten wollen ihre Ressourcen zu Geld machen. Das führt zu sinkenden Preisen in den Trittbrettfahrerstaaten. Insbesondere werden die Preise zurückgehen, wenn die kooperativen Staaten, also z.B. die EU, den Emissionshandel zunehmend verschärfen und die Menge der Zertifikate verringern. Denn dann müssen sich die Ölländer beeilen, ihre Ressourcen noch zu gewinnbringenden Preisen zu verkaufen. Für sie stellt sich das „intertemporale Optimierungsproblem“, welche Menge der Ressourcen gegenwärtig und in künftigen Jahren auf den Markt kommen und welche Menge zunächst besser im Boden verbleiben soll. Abhängig vom künftigen Nachfragerückgang in den grünen Staaten, den Kapitalmarktzinsen und weiteren Parametern kann die Kalkulation zu einem für das Weltklima höchst unerfreulichen Ergebnis führen. Hinzu kommt, dass die Regime in den Rohstoffstaaten oft instabil sind, so dass die Neigung bei den herrschenden Eliten besteht, den Ressourcenreichtum lieber heute als morgen auf den Markt zu bringen. Möglich ist, dass insgesamt mehr fossile Ressourcen angeboten werden und der Klimawandel somit durch die klimafreundliche Politik der grünen Staaten verstärkt wird. Der Ökonom Hans-Werner Sinn hat diese Zusammenhänge, die hier vereinfacht wiedergegeben wurden, genauer analysiert und dafür den Begriff „das grüne Paradoxon“ geprägt (28).

Welche Gegenmaßnahmen bieten sich an? Der Ausweg wäre ein wirksames weltweites Klimaabkommen, das Trittbrettfahren nicht mehr zulässt. Akzeptierten alle Länder einen genügend hohen CO_2-Preis, würde die Strategie der Öl- und Gas fördernden Staaten, ihre Ressourcen günstig an die Trittbrettfahrer zu verkaufen, nicht mehr aufgehen. Von einer solchen Lösung sind wir leider weit entfernt. Das Konzept des „Klimaclubs“, von dem gleich noch die Rede sein wird, wäre immerhin ein Schritt in die Richtung, das Problem des Trittbrettfahrens weiter einzuschränken.

Es gibt aber ein anderes Argument gegen das grüne Paradoxon. Mittlerweile sind, wie wir wissen, die Preise für die Erzeugung von regenerativem Strom stetig gesunken. Weltweit wird aus Kostengründen immer mehr in Photovoltaik und Windkraft investiert. Die sinkenden Preise regenerativer Energie sind, wie mehrfach betont, der „Game Changer". Die Gewinnung fossiler Energie ist selbst in den ölreichen Staaten nicht kostenlos zu haben. Wenn aber die Kosten für Extraktion, Verarbeitung und Transport über den Kosten regenerativer Energie liegen, werden auch die bislang unkooperativen Staaten auf günstigere Solarenergie setzen. Das mag dauern, wenn Wirtschaft und Kraftwerke noch fossil orientiert sind. Mit der Änderung der relativen Preise zu Gunsten grüner Energie erhöht sich die Chance, dass sich das Risiko des grünen Paradoxons verflüchtigen könnte (29). Zumindest sind Klimaabkommen mit Klimaclubmechanismus leichter durchsetzbar, wenn die Differenz zwischen den Gewinnen aus fossiler und erneuerbarer Energie schwindet.

Der Klimaclub

CO_2-Reduktion ist ein globales öffentliches Gut. An welchem Ort Treibhausgase in die Atmosphäre entsorgt werden, spielt für den Klimaeffekt keine Rolle. Insofern genügt es auch nicht, wenn einzelne Länder ihre CO_2-Emissionen verringern, andere dies aber nicht tun. Wie wir wissen, tritt bei öffentlichen Gütern das Problem des Trittbrettfahrens auf. Hinzu kommt ein weiteres, damit verwandtes Problem. Nehmen wir an, ein Land A verfolgt eine grüne Politik mit hohen CO_2-Steuern oder Emissionszertifikaten, während sich Land B einer solchen Politik verweigert. Dann könnten sich Unternehmen in Land A überlegen, CO_2-intensive Produktionen in Land B zu verlegen. Das bezeichnet man als „Carbon Leakage". Natürlich hängen Standortentscheidungen auch von vielen anderen Faktoren ab. Bei einigen Unternehmen allerdings, z.B. Unternehmen der Stahl- oder Zementindustrie, wird der CO_2-Preis dafür eine bedeutendere Rolle spielen als bei einem Softwareentwickler.

In einer idealen Welt würden die Staaten alle Subventionen fossiler Brennstoffe abschaffen und pro Tonne CO_2 einen einheitlichen Preis festlegen oder anstreben, ob nun durch „cap-and-trade" indirekt per Mengensteuerung oder direkt per CO_2-Abgabe. Tatsächlich wird aber fossile Energie weltweit immer noch in hohem Maße subventioniert und nur für die

Hälfte der Emissionen existiert überhaupt ein CO_2-Preis, der meist viel zu gering ausfällt (30).

Das Verhandlungsmodell nach dem Muster von Kyoto und Paris hält Nordhaus für gescheitert, da keine Sanktionen für Vertragsverletzungen vorgesehen sind. Stattdessen schlägt er vor, dass Länder, die sich auf einen CO_2-Preis einigen können, eine Allianz bilden, einen „Klimaclub“ (31). Wie bei einem Tennisclub müssen die Mitglieder Vorteile aus der Klub-Mitgliedschaft erzielen. Die Anreizstruktur des Klimaclubs muss so beschaffen sein, dass Mitglieder ein Interesse haben, im Klub zu bleiben und Nicht-Mitglieder interessiert sind, die Mitgliedschaft zu erwerben. Warum sollten Nicht-Mitglieder einen Anreiz haben Mitglied zu werden? Sie müssen ja keinen CO_2-Preis zahlen und könnten es sich als Trittbrettfahrer bequem machen. Anders als bei einem Tennisklub profitieren sie sogar von Klubaktivitäten, da sie auch in den Genuss des öffentlichen Gutes kommen; quasi die Tennisplätze des Klubs mitbespielen. Die Lösung ist eine Importsteuer auf alle Waren aus Ländern, die nicht dem Klimaclub angehören. Diese Steuer muss so hoch bemessen sein, dass Nichtmitglieder besser damit fahren, den CO_2-Preis des Klubs zu übernehmen. Der Klimaclub würde sich somit stetig vergrößern.

Nordhaus schlägt bewusst keine CO_2-Steuer auf die in den Importen enthaltenen Emissionen vor, da dies komplizierte Berechnungen und Bürokratie erfordern würde. Die Importsteuer dient nicht der CO_2-Kompensation, sondern ist in erster Linie eine Strafe für Trittbrettfahren. Die Mitglieder im Klub könnten sich auch auf andere Ziele zur Klimaprävention einigen als auf einen CO_2-Preis, beispielsweise auf Quoten für Emissionsreduktionen. Das hätte aber den Nachteil, dass Verhandlungen wesentlich komplexer sind, da je nach Land unterschiedliche Quoten ausgehandelt werden müssten. Wesentlich einfacher dagegen, so Nordhaus, ist die Festlegung auf eine Zahl, den CO_2-Preis.

Es sei angemerkt, dass die Klimaclub-Idee bereits von Lessmann et al. (2009) mit einem alternativen spieltheoretischen Modell ausgearbeitet wurde. Danach kann eine Koalition kooperativer Staaten eine stabile Situation herstellen, indem mittels Importsteuern (die weder zu hoch noch zu niedrig sein dürfen) trittbrettfahrende Nicht-Mitglieder sanktioniert werden. Zur Vermeidung von Zöllen, können sich diese der Koalition anschließen, wodurch der Klimaclub stetig anwachsen würde (32).

Die EU strebt gleiche CO_2-Preise für alle Mitgliedsländer an und plant für 2026 – nach einer Monitoringphase – eine CO_2-Importsteuer für Waren aus Nicht-EU-Ländern einzuführen. Der sogenannte Grenzausgleichsmechanismus dient vor allem der Verhinderung von „carbon leakage", da die freie Zuteilung von Zertifikaten an die energieintensive Industrie abgeschmolzen werden soll. CO_2-Preis für alle EU-Länder und Importsteuer kommt der Klimaclub-Idee nahe. Aber die Importsteuer wird kaum so hoch sein, dass Nicht-EU-Staaten einen Anreiz haben, ähnlich hohe CO_2-Preise wie EU-Länder einzuführen. Hohe Importsteuern könnten als protektionistisch gelten und Handelskonflikte herbeiführen.

Denn dies ist die Achillesferse des Klimaclub-Konzepts. Die Sanktionierung der Trittbrettfahrer wird sicher von den betroffenen Staaten nicht klaglos hingenommen werden, besonders wenn es sich um mächtige Exportnationen handelt.

Auch das Klimaclub-Projekt der G7-Staaten – dies sind Deutschland, Frankreich, Großbritannien, Italien, Kanada, Japan und die USA – dem sich zahlreiche weitere Länder angeschlossen haben, wird mit diesem Problem konfrontiert sein. Das Projekt wurde beim G7-Treffen im Juni 2022 aus der Taufe gehoben. Entsprechend der Klimaclub-Idee sind alle Länder eingeladen, sich dem Club anzuschließen. Es bleibt abzuwarten, wie genau die Absichtserklärung in die Praxis umgesetzt und die Regeln des Klimaclubs gestaltet werden.

Rückverteilung von CO_2-Abgaben: Klimabonus

Alle allgemeinen CO_2-Abgaben auf Brenn-und Treibstoffe, Kleidung, Nahrungsmittel und andere Produkte im Warenkorb eines Haushalts haben eine regressive Steuerwirkung. Das heißt, je geringer das Einkommen, desto größer ist der Steuer*anteil.* Ärmere Haushalte tragen damit überproportional zur Besteuerung bei, da sie auch anteilsmäßig mehr aus ihrem Einkommen für Heizung, Benzin, Nahrungsmittel aufbringen müssen. Ohne Kompensation verstärken CO_2-Abgaben die soziale Ungleichheit (33).

Das muss aber nicht so sein. Ein einfaches Gegenmittel ist die vollständige Pro-Kopf Rückerstattung sämtlicher CO_2-Abgaben. Man kann sich vorstellen, dass sämtliche Abgaben in einen „Topf" fließen. Einige zahlen mehr oder weniger ein, je nach Konsumverhalten, Beheizung und Mobilitätsform. Wer in einer Wohnung mit 200 m^2 Wohnfläche lebt, die fossil beheizt wird und mit einem Dieselfahrzeug der Oberklasse täglich weite Strecken pendelt, wird wesentlich mehr einzahlen als das Rentnerehepaar in der kleinen Stadtwohnung ohne Auto. Die Auszahlung ist aber für alle gleich, so dass CO_2-sparsame Personen mehr Geld herausbekommen als sie eingezahlt haben. Wenn man den Verwaltungsaufwand außer Betracht lässt, erhält jede und jeder, vom Baby bis zum Greis, genau den Mittelwert aller Einzahlungen in den Topf.

Dieses Modell wurde in der Schweiz (näherungsweise) und nur für Brennstoffe seit 2008 eingeführt. Die Höhe der Steuer beträgt umgerechnet mehr als 120 € pro Tonne CO_2. Ungefähr zwei Drittel der Abgaben werden rückerstattet, ein Drittel wird für die Gebäudesanierung verwendet und ein relativ kleiner Teil geht an einen Technologiefonds (34). Der Verwaltungsaufwand liegt im Promillebereich, da die Rückzahlung über die Kranken- und Rentenversicherung erfolgt.

Mit der Rückerstattung wird Sparsamkeit bei Emissionen nicht nur durch geringere Abgaben belohnt; vielmehr gewinnen Haushalte sogar netto, deren Emissionen unter dem Mittelwert liegen. Sie erhalten mehr zurück, als in den Topf eingezahlt wurde. Da der „Klimabonus" pro Kopf ausgezahlt wird, erhält z.B. eine vierköpfige Familie mit zwei Kindern den vierfachen Bonus. Der lag 2022 bei etwa 90 €, die Familie würde also 360 € erhalten. Wohlgemerkt nur aus den Brennstoffabgaben. Würden Treibstoffe und weitere Waren berücksichtigt, könnte der Klimabonus wesentlich höher ausfallen. Das gilt natürlich auch für eine Erhöhung der CO_2-Abgaben. Eine Verdoppelung verdoppelt den Inhalt im Topf und damit auch den Klimabonus.

Nicht in allen Ländern gelingt die Rückerstattung auf so einfache Weise mit geringem Verwaltungsaufwand. In Deutschland hat jeder Bewohner eine Steuernummer, aber diese ist nicht mit einer Kontonummer, sprich IBAN, verknüpft. Deswegen erfordern Rückerstattungen in Deutschland viel Bürokratie. Die Verknüpfung wurde von der Ampel-Koalition versprochen; ob es gelingt, bleibt abzuwarten.

Der Klimabonus, in geeigneter Weise kommuniziert, würde die Akzeptanz von CO_2-Steuern fördern, CO_2-sparendes Verhalten belohnen und die Ungleichheit reduzieren. Letzteren Aspekt betrachten wir genauer. Die CO_2-Emissionen von Haushalten sind nämlich extrem ungleich verteilt! In einer Studie, die wir in der Schweiz durchgeführt haben, wies das unterste Zehntel in der Emissionsverteilung gerade einmal 2,3 t CO_2 auf; beim obersten Zehntel waren es hingegen 14,0 t CO_2, also sechs Mal so viel (35). Besonders ungleich waren die Emissionen bei der Mobilität und an zweiter Stelle bei der Wohnung. Sehr viel gleicher waren sie beim Konsum von Lebensmitteln. Das Ausmaß der Emissionen ist, nicht überraschend, positiv mit dem Einkommen korreliert. Wer viel verdient, hat in der Regel auch höhere Emissionen als ärmere Haushalte. Allerdings ist die Korrelation nicht so eng, sodass auch bei höheren Einkommen im Prinzip die Möglichkeit gegeben ist, relativ emissionsarm zu konsumieren.

Ähnlich der Einkommensverteilung ist die Emissionsverteilung von Personen oder Haushalten stark „rechtsschief" verteilt, wie Statistiker sagen. Sie hat einen langen Schwanz rechts, also wenige Haushalte, die aber sehr hohe Emissionen haben, und einen sehr großen Anteil links, die für weniger Emissionen als der Mittelwert verantwortlich sind (siehe Abbildung V.2a). Nun kommt eine mathematisch-logische Folgerung: Bei rechtsschiefen Verteilungen ist der Median immer geringer als der (arithmetische) Mittelwert. Der Median separiert 50 %, die unter dem Medianwert liegen, von den 50 %, die darüber liegen. Wenn nun der Median unter dem Mittelwert liegt, heißt dies, dass bei voller Rückerstattung mehr als 50 % der Bevölkerung auch netto von der Rückerstattung profitieren. Diese Aussage ist unabhängig von der Höhe der CO_2-Abgabe.

In der Schweizer Untersuchung haben wir aus Befragungsdaten die Emissionen der befragten Personen ermittelt. Im Mittelwert sind es 6 t CO_2 pro Kopf und Jahr. 63 % der Schweizerinnen und Schweizer liegen unter diesem Mittelwert, etwas mehr als ein Drittel darüber. Fast zwei Drittel der Bevölkerung sind Netto-Gewinner, ihr Einkommen lag im Mittel bei 4.400 Schweizer Franken (mit der Haushaltsgröße bereinigt, sogenanntes Äquivalenzeinkommen). Bei den Verlierern, die mehr in den Topf einzahlen, als sie herausbekommen, betrug das mittlere Einkommen 6.400 Schweizer Franken (36). Da beim Schweizer Modell der Rückerstattung allerdings nur zwei Drittel im Topf als Klimabonus ausgezahlt werden, profitieren netto alle diejenigen Personen, die weniger als zwei Drittel des Mittelwerts emittieren. Dies sind alle Personen, die in Abbildung V.2b links von der vertikalen 2/3-Linie liegen.

CO_2-Steuern mit Rückerstattung belohnen umweltgerechtes Handeln und sie sind zudem sozial gerecht. Hinzu kommt, dass der überwiegende Teil der Bevölkerung sogar davon profitieren kann, der Klimabonus also höher als die geleisteten CO_2-Abgaben ausfällt. Ein solches Modell sollte auch in einer gegenüber Steuererhöhungen skeptischen Bevölkerung mehrheitlich auf Akzeptanz stoßen, wenn der Klimabonus in geeigneter Weise kommuniziert wird und Vertrauen in den Mechanismus der Rückzahlung besteht (37).

Abbildung V.2a Rechtsschiefe Verteilung von CO_2-Emissionen der Bevölkerung

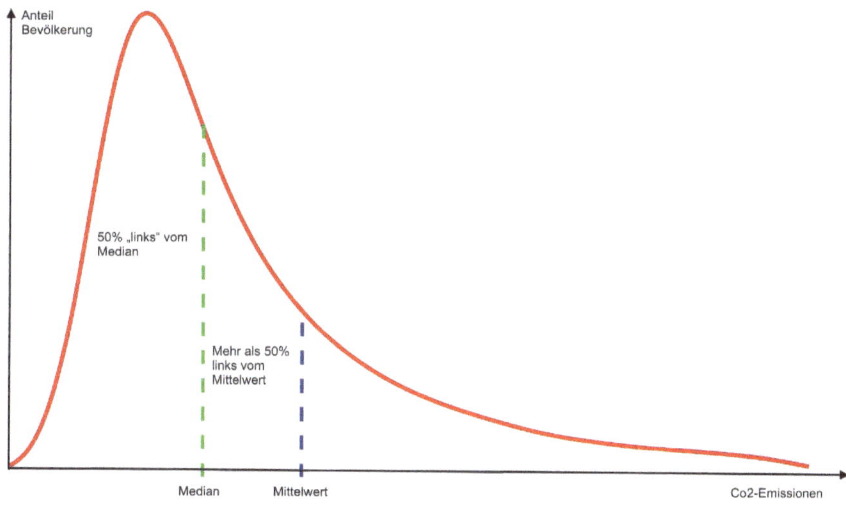

Abbildung V.2b Verteilung der CO_2-Emissionen

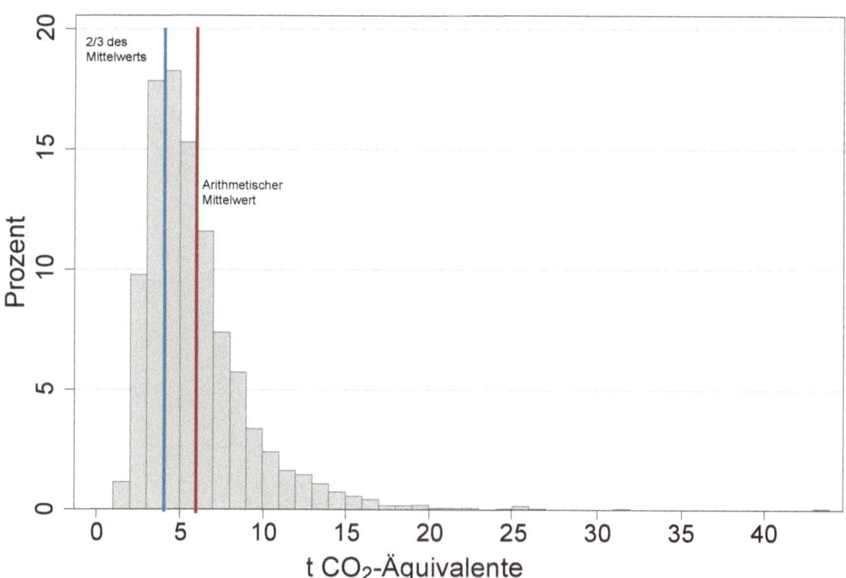

Quelle: Grafik V.2b ist Diekmann, Andreas, Heidi Bruderer Enzler, 2019. Eine CO2-Abgabe mit Rückerstattung hilft dem Klimaschutz und ist sozial gerecht. GAIA 28/3: 271–274 entnommen.

VI Staat: Ordnungsrecht und Infrastruktur

Kaum ein Verbraucher wird von der Ökodesign-Richtlinie der EU gehört haben, die seit rund zwei Jahrzehnten einen Großteil der Haushaltsgeräte von EU-Bürgerinnen und Bürgern tiefgreifend reguliert. Hinzu kommen eine Unmenge von Regelungen auf nationaler, Landes- und kommunaler Ebene. Umwelt-Ordnungsrecht begegnet uns in allen Lebensbereichen. Es fragt sich, welche Wirkungen und Nebenwirkungen die Institutionen des Ordnungsrechts im Vergleich zu marktwirtschaftlichen Institutionen haben. Sind die Gebote und Verbote im Kampf gegen den Klimawandel hilfreich, notwendig und marktwirtschaftlichen Instrumenten überlegen oder unterlegen?

Ordnungsrecht. Gebote und Verbote

Man stelle sich vor, die EU-Kommission würde im Sinne einer Suffizienzstrategie (Kapitel. I) vorschreiben, dass für private Autos nur noch eine Fahrleistung von 10.000 km pro Jahr erlaubt sei. Das würde zweifellos als unzulässiger Eingriff in die Freiheitsrechte der Bürgerinnen und Bürger gewertet und einen Sturm der Entrüstung hervorrufen. Die EU hat allerdings bei zahlreichen Produkten Vorschriften erlassen, die weitgehend geräuschlos von den Mitgliedsländern in nationales Recht umgesetzt wurden. Allenfalls das Verbot von Glühbirnen hat größere Aufmerksamkeit erhalten. Grundlage dafür und für viele weitere Regulierungen von Produktanforderungen ist die Ökodesign-Richtlinie. Sie wurde 2005 eingeführt und 2009 generell auf „energieverbrauchsrelevante" Produkte ausgeweitet, sei es, dass diese direkt Energie verbrauchen oder dass sie indirekt den Energieverbrauch beeinflussen wie z.B. ein wassersparender Duschkopf. 2022 wurde ein Vorschlag vorgelegt, der die Richtlinie auch auf Reparaturanforderungen von Geräten ausdehnen soll. Die Richtlinie bildet nur den Rahmen. Angewendet werden kann die Ökodesign-Richtlinie, wenn das Produkt mindestens 200.000 Mal verkauft wird, erhebliche Umweltauswirkungen hat und die Umweltbeeinträchtigung bei vergleichsweise geringen Kosten vermindert werden kann. Bevor es zu einer spezifischen Produktrichtlinie kommt, werden wissenschaftliche Expertisen und Stellungnahmen von Interessengruppen eingeholt und die Details der Vorschrift von einer Kommission ausgearbeitet. Eine Richtlinie für ein Produkt tritt in Kraft, wenn Europäisches Parlament und Europäischer Rat zustimmen oder keine Einwände dagegen erheben (1). Zudem gibt es die Möglichkeit der Selbstregulierung durch die Hersteller. Die Ökodesign-Richtlinie bezieht sich auf Energieeffizienz, Ressourceneffizienz, transparente Information für Verbraucher durch z.B. Energielabels u.a.m. Im Rahmen der Energieeffizienz werden Mindeststandards für Geräte, aus Gründen der Ressourceneffizienz, z.B. Vorschriften zur Reparaturfähigkeit von Geräten erlassen. Mit der Richtlinie wird die Beschaffenheit zahlreicher, insbesondere technischer und elektronischer Geräte – von der Espressomaschine bis zur Wärmepumpe – bis hinein in kleinste Details reguliert. Sie wird als Einstieg in die Kreislaufwirtschaft begrüßt (2), von Kritikern dagegen als bürokratisches Ungetüm gegeißelt (3).

Schauen wir uns ein Beispiel an. Nach der Verordnung 2023/826 der Kommission vom 17.April 2023 „zur Festlegung von Ökodesign-Anforderungen an den Energieverbrauch elektrischer und elektronischer Haushalts- und Bürogeräte im Aus-Zustand" dürfen diese Geräte, also z.B. eine Kaffeemaschine, im Bereitschaftszustand oder im Aus-Zustand eine Leistung von 0,5 Watt nicht überschreiten. Speziell bei Filter-Kaffeemaschinen im Haushalt mit isoliertem Behälter ist eine Stromsparfunktion vorgeschrieben, gemäß der nach maximal fünf Minuten in den Bereitschafts- oder Aus-Zustand gewechselt werden muss. Das Institut des Steuerzahlerbunds moniert in einer Stellungnahme über die „Bürokratisierung der EU", dass Haushalts-Staubsauger eine Leistung von 900 Watt nicht überschreiten dürfen (4).

In der Summe können ordnungsrechtliche Richtlinien für die zahlreichen Geräte im Haushalt zu einer nennenswerten Stromeinsparung führen. Das Freiburger Öko-Institut beziffert den Stromverbrauch von elektrischen Haushaltsgeräten in einem Zwei-Personen-Haushalt auf 3440 KWh pro Jahr. Das Einsparpotential durch technisch effiziente Geräte wird auf 67 % geschätzt, der Verbrauch läge dann bei nur mehr 1145 KWh. Erhebliche Einsparungen können durch die Begrenzung des Warmwasserdurchlaufs bei Duschen (z.B. durch einen Sparduschkopf) und automatische Steckerleisten, die den Standby-Verbrauch vermindern, erzielt werden. Für den Zwei-Personen-Haushalt sind dies geschätzte 495 KWh für das Sparen von Warmwasser und 484 KWh für die Steckerleiste (5). Das bringt also eine Ersparnis von fast 1.000 KWh im Jahr bei geringen Investitionskosten. Bei einem Preis von 30 Eurocent für die Kilowattstunde spart man 300 €, der Haushalt mit den effizienten Geräten spart sogar mehr als 600 €. Bei einer Reduktion von 2.295 KWh für die effizienten Geräte und dem europäischen Strommix von ca. 400 Gramm CO_2 pro KWh beläuft sich die CO_2-Einsparung auf 918 kg, fast eine Tonne weniger CO_2! Sind demnach die ordnungsrechtlichen Gebote und Verbote trotz aller Marktlogik nicht sinnvoll? Die Gegenposition zur Kritik an der EU-Bürokratie beziehen Katharina Bohnenberger und Leon Leuser in einem Forschungsbericht für die Grünen im EU-Parlament mit dem Titel „Freiheit zum Weniger - wie EU-Politik nachhaltiges Leben und Wirtschaften ermöglichen kann". Sie schreiben:

> «Viele Menschen würden gerne beim Einkaufen auf übermäßige Verpackungen verzichten, ihr Handy reparieren lassen (...) Das ist leichter gesagt als getan, wenn die Rahmenbedingungen nicht stimmen: Das Obst und Gemüse im Supermarkt ist eben verpackt, das Handy so gebaut, dass es kaum repariert werden kann und für die öffentlichen Verkehrsmittel braucht man für jede Strecke ein eigenes Ticket. Für viele dieser alltagsrelevanten Hindernisse könnte die EU mit intelligenten Regeln gute Lösungen finden, um es ihren Bürgerinnen und Bürgern einfacher zu machen, ein Leben mit weniger Ressourcenverbrauch zu führen – oft geht dies sogar mit mehr Komfort, Freiheit und Sicherheit einher» (6).

Mehr Freiheit durch Verordnungen einer zentralen Instanz erinnert an die klassische Schrift «Der Leviathan» von Thomas Hobbes. Der EU-Leviathan erlässt Gesetze, die die Freiheit einschränken und damit paradoxerweise Freiheit ermöglichen. Der Verbraucher wird gehindert, stark ineffiziente Geräte zu geringeren Preisen zu erwerben. Damit wird, so die Stellungnahme von Bohnenberger und Leuser, Freiheit und Sicherheit erhöht. Ein wirtschaftsliberales Gegenargument lautet, dass die paternalistische Politik der Ökodesign-Richtlinie die Präferenzen der Verbraucher verzerrt. Selbst wenn dies für einige Konsumenten so sein sollte, z.B. bei eingefleischten Anhängern der Glühbirne, senken Effizienzvorschriften die Informations- und Transaktionskosten, verringern Energiekosten, vermindern negative Externalitäten für das Klima und geben der Industrie einen Anreiz, sparsamere Geräte zu produzieren. Es ist schwer vorstellbar, dass dies allein mit einer CO_2-Steuer gelingen könnte.

Die Vielzahl kleiner Einsparungen bei der Unmenge elektrischer und elektronischer Haushaltsgeräte reduziert insgesamt den Strombezug in beträchtlichem Maße, wie die oben zitierte Studie des Öko-Instituts demonstriert. Wo die Effizienzvorschriften Spielräume lassen, dürfte es für den

Haushalt sinnvoll sein, Prioritäten zu setzen und vor allem an den Stellen zu sparen, an denen mit geringen Kosten viel zu erreichen ist. Die tief hängenden Früchte zuerst ernten, ist bekanntlich eine lohnenswerte Strategie. Außerdem sind Vorschriften zur raschen Information über die Produkte, z.B. die Sichtbarmachung von Effizienzklassen durch Ökolabels, sinnvoll, die auch die Markttransparenz erhöhen und die Industrie anspornen, energiesparende Geräte herzustellen. Immerhin machen Elektrogeräte und Beleuchtung 15 % der CO_2-Emissionen eines deutschen Haushalts im Bereich Wohnen aus!

Die größten Brocken im Bereich Wohnen sind aber das Heizen und generell bei Haushalten Art und Frequenz der Mobilität (7). Entsprechend hoch sind die Einsparmöglichkeiten, aber auch die Kosten von Haushalten, die die nötigen Investitionen tätigen. Und entsprechend groß ist gegenüber Eingriffen der Politik auch die Aufmerksamkeit und Kritik von Medien und Betroffenen, die sich in teilweise erhitzten Debatten entladen. In Deutschland hat man dem «Gebäudeenergiegesetz» die Zähne gezogen, das ursprünglich eine Austauschpflicht von nicht mehr reparierbaren Gasheizungen (mit vielen Ausnahmen) durch Heizungen mit einem hohen Anteil erneuerbarer Energie (65 %), in der Regel Wärmepumpen, vorgesehen hatte. Allerdings wurde zu wenig berücksichtigt, dass Wärmepumpen beim gegenwärtigen Stand der Technik in Bestandsbauten sehr hohe Investitionskosten verursachen können und nicht in allen Fällen die beste Alternative darstellen. Nun werden Gasheizungen nicht nur lange erhalten bleiben, sondern es wird auch in neue Gasheizungen investiert werden. Hier könnte die Marktlogik Wirkung entfalten. Eine höhere CO_2-Steuer könnte Fehlinvestitionen in fossile Energie durchaus bremsen, während der CO_2-Preis für die Effizienz kleiner Elektrogeräte vermutlich eine geringe Lenkungswirkung haben dürfte.

Beispiel Dänemark: Fossile Energie spielt beim Heizen heute eine geringe Rolle. Stattdessen wurde schon lange auf Fernwärme und Wärmepumpen und hohe Abgaben für fossile Heizstoffe gesetzt. Rund zwei Drittel der privaten Wohnungen werden mit Fernwärme versorgt. Seit 2013 sind Öl- und Gasheizungen in dänischen Neubauten verboten! Was Dänemark geduldig geschafft hat, müssen andere Länder jetzt in großer Eile nachholen (8). In Neubauten sind Wärmepumpen in der Regel im Eigeninteresse geboten; gemessen an den zu erwartenden Energiepreisen ist es die günstigste Lösung. Nur sind Neubauten der kleinere Teil; der Löwenanteil sind Bestandswohnungen. Diese in den «Gas- und Ölländern» mit nicht fossilen Heizungen auszustatten, ist eine enorme Herausforderung und ein riesiges

Akzeptanzproblem. Wie gut haben es die Dänen, die die Energiewende nicht verschlafen und frühzeitig damit begonnen hatten.

Neben nationalen Vorschriften hat die EU zwei tiefgreifende Regelungen in den Bereichen Gebäude und Verkehr geplant. Zum einen die «Europäische Gebäuderichtlinie». Kern der Richtlinie war, dass auch ältere Bestandsgebäude energetisch saniert werden müssen, so dass sie bis 2030 mindestens der Effizienzklasse E und bis 2033 der Effizienzklasse D entsprechen (heute gibt es die Klassen A bis H). Das Vorhaben wäre mit erheblichen Investitionskosten für Vermieter und möglichen Mehrbelastungen für Mieter verbunden; rechnet sich in vielen Fällen aber auch durch die verringerten Energiekosten. Die hohen Investitionskosten für die Sanierung von Altbauten haben allerdings die Richtlinie im Gesetzgebungsprozess der EU bereits zu Fall gebracht. Jetzt wird eine energetische Sanierung angestrebt, die Eigentümer von Immobilien nicht mehr zum «Klassenwechsel» verpflichtet. Vielmehr sind die Mitgliedsländer angehalten, Einsparungen der Emissionen im Gebäudebereich durch nationale Maßnahmen zu erzielen (9). Zum anderen ab 2035 das «Verbrenner-Aus», also das Verbot der Neuzulassung von Autos mit Dieselantrieb oder Benzinmotor (genauer das Verbot der Neuzulassung von Fahrzeugen ab 2035, die nicht mit erneuerbarer Energie angetrieben werden). Das heißt aber auch, dass man 2050 und danach auf Europas Straßen noch viele «Verbrenner» sehen wird. Auch der Umstieg auf E-Autos kostet in der Anschaffung, wobei auch hier die Mehrkosten durch verringerte Verbrauchskosten ganz oder teilweise kompensiert werden. Bei entsprechend hohen CO_2-Steuern, technischem Fortschritt bei der Batterieproduktion und steigenden Verkaufszahlen werden künftig elektrisch betriebene Fahrzeuge auch preislich die günstigere Alternative gegenüber Autos mit Verbrennungsmotor sein.

Ordnungsrecht oder Preispolitik?

Es geht hier nicht um einen vollständigen Überblick von Geboten und Verboten; ein kurzer Überblick zentraler Maßnahmen in Europa soll genügen. Die Frage ist, ob die Ordnungspolitik der richtige Weg ist. Oder soll man besser über Preise lenken wie im vorhergehenden Kapitel beschrieben? Marktlogik oder Staat ist die Frage, um es verkürzt auf eine Formel zu bringen.

> «Eine Steuerung über Gesetze ist unbeliebt, eine über Moral unwirksam. Übrig bleibt der Preis: ein politisches Instrument, aber eines, das nicht wie Politik wirken will und letztlich kaum wirkt ...»

schreibt Anita Blasberg in der Wochenzeitung «Die Zeit» mit Bezug auf den Autoverkehr (10). Dass Preise kaum wirken, ist allerdings ein Mythos (Kapitel V) und gesetzliche Regelungen sind auch nicht immer unbeliebt. Doch unter welchen Bedingungen ist Ordnungsrecht angemessen und wann ist eine CO_2-Steuer zweckmäßig?

Zunächst einmal ist bei der Diskussion über Verbote versus Preise die Wirksamkeit der Maßnahmen zu berücksichtigen. Auch Verbote sind nicht immer wirksam, besonders wenn es schwer ist, sie zu überwachen und Überschreitungen zu sanktionieren. Die Kosten des Monitoring und der Sanktionierung sind oft höher als bei der Lenkung durch Preise. Allerdings nicht immer. Bei einem Parkverbot gibt es Kosten für Monitoring und Sanktionierung genau wie bei Parkgebühren. Technologische Innovationen können die Transaktionskosten der Lenkung durch Preise drastisch reduzieren. Die «congestion charge» zur Fahrt mit dem Auto in die Londoner Innenstadt wird elektronisch erhoben und abgebucht. Gleiches gilt für eine Straßenmaut («road pricing»), die zudem dem Ausmaß der Straßennutzung und dem Fahrzeugtyp (z.B. nach Gewicht) angepasst werden kann.

Das Maß für die Wirksamkeit von Preisen ist, wie wir wissen, die Preiselastizität der Nachfrage. Nur wenn diese genügend hoch ist, gibt es überhaupt eine Lenkungswirkung. Wir haben in Kapitel V gesehen, dass die Energiewirtschaft sehr stark auf den Preis von CO_2-Emissionszertifikaten reagiert hat. Auch der Benzinpreis hat zumindest längerfristig eine relativ starke Lenkungswirkung. Möglich, dass CO_2-Steuern eine stärkere Lenkungswirkung bei Unternehmen haben (z.B. die Ersetzung von Kohlekraftwerken durch Gaskraftwerke) als in Haushalten. Wie hoch die Elastizität ist, muss durch empirische Untersuchungen ermittelt werden. Je stärker sie ausgeprägt ist, umso besser gelingt die Minderung negativer Externalitäten durch Preispolitik.

Wenn es um Gesundheit und Sicherheit geht, sind wir allerdings froh, dass gesetzliche Regeln existieren, die bestimmte, z.B. krebserregende Stoffe in Nahrungsmitteln verbieten oder vorschreiben, dass man bei der Nutzung elektrischer Geräte nicht gleich einen Stromschlag erleidet. Auch diese Regel gilt nur begrenzt, denn immerhin darf man sich mit z.B. Zigaretten oder Alkohol vergiften. Bei letzteren Genussmitteln kennt man allerdings die Gefahren, bei elektrischen Geräten und Nahrungsmitteln müssten wir erst aufwändig prüfen, ob sie unsicher sind oder gesundheitsschädliche Stoffe enthalten. Deshalb entlastet Ordnungsrecht hier den Verbraucher genau wie bei den Vorschriften über Mindeststandards bei ineffizienten Geräten.

Der «Wert der Zukunft» und die Lenkungswirkung von Preisen

Die Lenkungswirkung von Preisen ist allerdings eingeschränkt, wenn gegenwärtige Ausgaben überbewertet und zukünftige Erträge zu stark abgewertet werden. Viele Konsumentinnen und Konsumenten sind in dem Sinne irrational, dass sie die Zukunft gewissermaßen zu gering bewerten. Technisch gesprochen ist dies der Fall, wenn die personelle oder subjektive Diskontrate höher ist als der Marktzins, zu dem man einen Kredit erhalten würde. Dann unterbleiben energiesparende Investitionen wie z.B. der Einbau einer Wärmepumpe in einem Neubau oder die energetische Sanierung eines Hauses, obwohl sich eine kreditfinanzierte Anfangsinvestition auch finanziell lohnen würde. Ein Beispiel mit dem Schweizer Halbtaxabo (dem Vorläufer der Bahncard 50 in Deutschland) macht das Prinzip deutlich. Vor Jahren hatte man die Wahl zwischen einer einjährigen und einer zweijährigen Laufzeit. Für das Einjahresabo musste man 150 Schweizer Franken berappen, für zwei Jahre bekam man das Halbtaxabo für 222 Franken. Gezahlt wurde jeweils zu Beginn der Laufzeit. Nehmen wir an, dass man beabsichtigt, die Bahn für zwei Jahre zu nutzen. Dann spricht der zweimalige Kauf des Einjahresabos für eine sehr starke Gegenwartsorientierung. Die subjektive Diskontrate ist so hoch, dass man lieber 150 Franken erst nach einem Jahr zahlt als den Aufpreis von 72 Franken für das Zweijahresabo sofort. Daraus errechnet sich eine subjektive Diskontrate von 108 % - weit über dem Kreditzins, falls das Geld nicht sofort verfügbar ist. Dennoch haben 26 % der Abo-Kunden das Einjahresabo erstanden (11).

Ähnlich werden subjektive Diskontraten aus dem Kaufverhalten abgeleitet. So hat man durch den Vergleich billiger Geräte, die viel Energie verbrauchen, mit teureren energiesparenden Geräten die subjektiven Diskontraten beim Kauf von Kühlschränken, Gas-Zentralheizungen, Wasserboilern usw. in den USA geschätzt. Sie lagen bei z.B. Kühlschränken bei 59 %, bei Gasheizungen bei 45 % und bei elektrischen Wasserboilern bei 243 % (12).

Alternativ können subjektive Diskontraten mit Umfragestudien ermittelt werden. Das Frageformat entspricht dem Prinzip «Wie entscheiden Sie sich bei der Wahl zwischen 100 € sofort oder 120 € in einem Jahr?». Die Entscheidung für «100 € sofort» entspricht dann einer subjektiven Diskontrate von mindestens 20 %. In der Praxis ist die Fragetechnik ausgefeilter, zudem sollte eine Auszahlung mindestens per Lotterie erfolgen und glaubwürdig sein, z.B. indem ein datierter, einlösbarer Scheck verlost wird. Studien zeigen, dass die subjektiven Diskontraten in der Bevölkerung oft erstaunlich hoch sind. In einer Schweizer repräsentativen Bevölkerungsumfrage haben wir subjektive Diskontraten von etwa 27 % ermittelt (13).

Warum gibt es die gesetzliche Pflicht, Rentenbeiträge zu bezahlen? Weil bei zu hohen Gegenwartspräferenzen zu viele Personen nicht an das Alter denken und später mittellos dastünden. Ähnlich können gesetzliche Vorgaben beim Kauf energiesparender Geräte oder auch nur gesetzliche Mindestanforderungen an Geräte gerechtfertigt werden. Denn hohe Gegenwartspräferenzen führen in diesem Fall zu vermehrten Treibhausgasemissionen. Wenn selbst hohe CO_2-Steuern ineffiziente Geräte nicht aus dem Markt drängen, können ordnungsrechtliche Ge- und Verbote der bessere Weg sein.

Was spricht dann überhaupt für CO_2-Abgaben im Vergleich zum Ordnungsrecht?

Zentraler Vorteil von CO_2-Preisen ist, dass sie ohne komplexe Bürokratie, ohne zahlreiche Detailregelungen auf die dezentralen Entscheidungen von Haushalten und Firmen Einfluss nehmen. Umweltbehörden haben oft nur begrenzte Informationen. Ob im Unternehmen oder Haushalt Gerätetyp A dem Gerätetyp B aus Umwelt- und Kostengründen vorzuziehen ist, kann nicht immer sinnvoll zentral entschieden werden, wenn das Ergebnis von lokal stark variierenden Bedingungen abhängig ist. Eine Wärmepumpe macht sich in Neubauten fast immer bezahlt. In einigen Bestandsbauten und insbesondere schlecht gedämmten Altbauten kann es aber sinnvoll sein, in Dämmung, Fensterisolierung und die Renovierung von Heizkörpern zu investieren, bevor eine Wärmepumpe installiert wird. Auch hybride Systeme mit Gasheizung für die kalten Tage, Wärmepumpe und PV-Anlage oder Solarthermie sind denkbar. Welche Maßnahmen sinnvoll sind, dürfte auch von der Beschaffenheit des Gebäudes und der Art der Nutzung abhängen. Gut möglich, dass mit den Fortschritten bei der Wärmepumpentechnik und der Verbilligung bei höheren Produktionszahlen künftig der Einsatz von Wärmepumpen in allen Wohngebäuden die erste Wahl sein wird (14). Eine hohe CO_2-Steuer, die die negativen Externalitäten einbezieht, überlässt aber dem Haushalt die Wahl, der mit Hilfe von Energieberatung diese Kalkulation vor Ort machen kann.

Die CO_2-Bepreisung durch Steuern oder «cap-and-trade» hat im Vergleich zum Ordnungsrecht den weiteren Vorteil, dass ein Anreiz besteht, «besser» zu sein, als es Gebote oder Verbote vorschreiben. Beim Ordnungsrecht wird ein Unternehmen oder Haushalt versuchen, die Vorschriften gerade zu erfüllen, sofern Verstöße überwacht und geahndet werden. Bei hohen CO_2-Preisen wird man sich dagegen bemühen, weiteres Sparpotential aufzudecken, zu nutzen und somit über Mindestanforderungen hinauszugehen. Wenn die Gebäuderichtlinie der EU vorschreibt, dass alle Gebäude künftig einer bestimmten Effizienzklasse entsprechen müssen, könnte ein entsprechend hoher CO_2-Preis motivieren, über dieses Ziel hinauszugehen. Immobilieneigentümer von Altbauten werden bei einem hohen CO_2-Preis womöglich frühzeitig in die Gebäuderenovierung investieren, um höhere Effizienzklassen zu erreichen.

Ordnungsrecht und CO_2-Bepreisung schließen sich nicht aus

In vielen Fällen, etwa bei Elektrogeräten im Haushalt, sind gesetzliche Mindestanforderungen aus Gründen von Sicherheit und Energieeffizienz sinnvoll. Die Preiselastizität bezüglich CO_2-Steuern dürfte viel zu gering sein, um den Kauf einer energieeffizienten Kaffeemaschine zu motivieren. Bei hohen subjektiven Diskontraten, bei zu geringer Bewertung der Zukunft, können lenkende Eingriffe der sichtbaren Hand des Staates gerechtfertigt sein, genau wie bei der Altersversorgung für abhängig Beschäftigte eine verpflichtende Mindestabsicherung besteht.

Das oben bereits angesprochene Verbrennerverbot der EU ab 2035 ist ein drastischer Eingriff in den Markt. Ist das Verbot gerechtfertigt? Anders als bei Vorschriften zur Katalysatortechnik hat man von der Autoindustrie kaum Proteste gehört. Praktisch bedeutet das Verbot, dass ab 2035 nur noch E-Autos zugelassen werden. Auch mit einer hohen CO_2-Steuer hätte man vermutlich die Produktion und den Verkauf von E-Autos vorangetrieben, aber nicht so rasch und nicht so konsequent. Das Verbot gibt der Autoindustrie eine klare Orientierung. Der Schwerpunkt der Investitionen wird sich in Richtung E-Mobilität verlagern. Anders als beim ursprünglich geplanten deutschen Gebäudeenergiegesetz, das wenige Monate später bereits in Kraft treten sollte, gibt es eine lange Vorlaufzeit für die Umstellung. Ermöglicht wird zudem, dass ein neues Infrastruktursystem, der Ausbau eines Netzwerks von Ladestationen für E-Autos, zügig ausgebaut werden kann. Denn die Art des Antriebs ist eine Art «Netzwerkgut». Je mehr es von einer Sorte gibt, umso mehr lohnt der Ausbau der zugehörigen Infrastruktur. Je ausgebauter aber die Infrastruktur, umso mehr lohnt sich wiederum der Kauf eines E-Autos. Es ist auch klar, dass sich die gewohnten Tankstellen für Benzin auf den Ladesäulenbetrieb umstellen werden. Der Aufbau der neuen und der Abbau der alten Infrastruktur erhöht die Marktchancen für E-Autos. Noch ist ein E-Auto in der Anschaffung teurer als ein «Benziner». Aber die geringeren Verbrauchskosten (derzeit ca. 15 bis 20 KWh auf 100 km oder sogar noch günstiger von der Solaranlage auf dem Dach) und staatliche Förderungen (in Deutschland allerdings Ende 2023 eingestellt) setzen starke Anreize. Hinzu kommen sinkende Preise für E-Autos durch Wettbewerb und erhöhte Produktionszahlen sowie Verbesserungen der Qualität durch technische Innovationen, etwa bei Batterie und Reichweite. Hohe CO_2-Steuern (bei sozialem Ausgleich für Geringverdiener oder Rückerstattung gemäß dem Klimabonus-Modell) würden die Transformation im Verkehrssektor beschleunigen. Andernfalls könnte die Entscheidung, auf E-Autos umzustellen, weit in die Zukunft verschoben werden. Das marktwirtschaftliche Instrument des CO_2-Preises und das ordnungsrechtliche Verbrennerverbot sollten zusammenspielen, um die Energiewende im Verkehrsbereich voranzutreiben.

Ausbau der Infrastruktur

Voraussetzung der Energiewende ist ein massiver Ausbau der Infrastruktur. Staatliche Regulierung und Investitionen sind dafür unabdingbar. Im Telekommunikationsbereich hat staatliche Regulierung den Rahmen gesetzt, der Aufbau der Infrastruktur wurde von privaten Unternehmen betrieben. Von einer Digitalisierung, wie sie in Nachbarländern gang und gäbe ist, kann Deutschland aber nur träumen. In ganz Europa sind im Verkehrssektor erhebliche Investitionen des Staates erforderlich, um öffentlichen Verkehr gegenüber dem privaten Individualverkehr attraktiver zu gestalten. Der Ausbau des Bahnnetzes und günstiger, schneller, bequemer und verlässlicher Zugverkehr könnte in ganz Europa sowohl Flugverkehr als auch Autoverkehr zumindest teilweise ersetzen. Beim Individualverkehr benötigt man wiederum Investitionen von Staat, Kommunen und privaten Unternehmen, um ein dichtes Netz von Ladestationen für die E-Mobilität zu errichten.

Der Ausbau und die Produktion von Fernwärme durch erneuerbare Energie erfordert hohe Investitionen der Stadtwerke. Heizung mit Wärmepumpen und E-Mobilität werden den Strombedarf enorm in die Höhe treiben. Dieser soll natürlich nicht mit fossiler Energie gedeckt werden. Die Folge ist, dass Windkraft an Land und auf See und Anlagen zur Produktion von Solarenergie massiv ausgebaut werden müssen. Ausgebaut werden müssen zudem die Leitungsnetze, denn die Standorte für die Stromerzeugung und die industrielle Nutzung des Stroms fallen auseinander.

Die Elektrifizierung des Energieverbrauchs ist eine gewaltige Herausforderung. Mit dem geplanten Anstieg der erneuerbaren Energie, Solar an erster, Windkraft an Land an zweiter und Windkraft auf See an dritter Stelle muss das Stromnetz und die installierte Leistung zur Erzeugung erneuerbarer Energie in erheblichem Umfang ausgebaut werden. Hinzu kommen Reservekraftwerke, falls die Sonne nicht scheint oder Flaute herrscht oder beides («Dunkelflaute»). Umgekehrt braucht man Speicher, wenn Sonne und Wind überschüssigen Strom produzieren. Immerhin hat Europa das größte verbundene Stromnetz der Welt (in den USA gibt es drei regionale Netze). Das erleichtert den Ausgleich von Norwegen bis zur italienischen Stiefelspitze, wenn in einer Region die Nachfrage das Angebot übertrifft, in der anderen Region mehr Strom erzeugt als gebraucht wird.

In Deutschland wird der Windstrom im Norden produziert und im Süden genutzt; nur kommt der Leitungsausbau viel zu langsam voran. «Südlink» soll als Gleichstrom-Erdkabel den Norden mit dem Süden der Republik verbinden. Für 2022 war die Fertigstellung geplant; jetzt wird 2028 anvisiert (15). Das liegt natürlich auch an Einsprüchen von Betroffenen. Die Trasse wurde danach vollständig in den Untergrund verlegt, was die Kosten beträchtlich erhöht. Die Kostensteigerung geht zu Lasten der Netzentgelte, die wiederum den Strompreis erhöhen.

Vor allem aber kommt der Ausbau der Windkraft im Süden nicht voran. Die Akzeptanz fehlt; NIMBY – «not in my backyard» lautet die bekannte Parole. Die finanzielle Beteiligung der Anwohner an den Anlagen kann die Stimmung aber drehen. Wenn diese von der lokalen Windkraft profitieren, sei es bei der Stromrechnung oder den Erträgen, wird die Akzeptanz rasch steigen. Solche Modelle sollten viel häufiger praktiziert werden. Oft wird das «Zuviel» an Strom im Norden an windreichen Tagen einfach verschwendet. Hochgelegene Stauseen wie in der Schweiz, die als Stromspeicher dienen, sind im Norden Deutschlands nun mal nicht vorhanden. Man reibt sich die Augen: Die Dynamik der Stromerzeugung produziert an einigen Tagen im Jahr Überschüsse, die zu negativen Preisen «verkauft» werden. Innovative Speicherlösungen, auch E-Autos könnten dazu beitragen, sind erst in der Entwicklung.

Paradox ist, dass im Norden Deutschlands die höchsten Strompreise zu bezahlen sind, obwohl hier der meiste Windstrom erzeugt wird. Grund ist, dass die Haushalte für den Netzausbau zahlen. Etwa ein Viertel des Strompreises für Haushalte entfällt in Deutschland auf die Netzentgelte. Zu überlegen wäre, den Strompreis auf geringerem Niveau zu belassen und den Ausbau der Netzinfrastruktur wie z.B. die hohen Investitionen in «Südlink» sowie andere Infrastrukturleistungen aus dem öffentlichen Haushalt mit zu finanzieren und die Stromsteuer zu senken. Die Preise für «grünen» Strom müssen fairer gestaltet werden. Günstigere Strompreise für alle, aber nicht selektive Subventionen für ausgewählte Industrien, würden die Energiewende voranbringen. Denn geringere Strompreise erleichtern den Umstieg auf E-Mobilität und das Heizen mit Wärmepumpen. Langfristig wird der Ausbau von Solar- und Windenergie die Strompreise verbilligen. Das Licht am Ende des Tunnels wird durch erneuerbare Energie erzeugt werden.

Die Herausforderungen sind enorm, wenn man sich weiter das Beispiel Deutschland anhand von Zahlen vergegenwärtigt. 65 % Reduktion der Treibhausgase, 15 Millionen E-Autos, bis zu 6 Millionen Wärmepumpen, 80 % der Stromproduktion aus erneuerbarer Energie, alles bis 2030, sind Ziele der Bundesregierung. Für E-Autos, Wärmepumpen, dazu Elektrolyseure zur Wasserstoffgewinnung und die Herstellung von Batterien wird zusätzlicher Strom benötigt: ca. 70 TWh (1 Terawattstunde = 1 Milliarde Kilowattstunden) für Straßenverkehr (44 TWh für E-PKW, 24 TWh für Nutzfahrzeuge, der Rest für Busse und Zweiräder), 16 TWh für Schienenverkehr, 45 TWh für Wärmepumpen und Fernwärme, 20 TWh für Elektrolyse im Inland und 13 TWh für Batterieproduktion und Rechenzentren laut einer Prognos-Studie. Hinzu kommt ein enorm wachsender Anteil für die Industrie. Der geschätzte Strombedarf 2030 wurde mittlerweile von der Bundesregierung auf 750 TWh nach oben korrigiert. Im Vergleich zu 2022 muss die (Brutto)Stromproduktion um rund ein Drittel ansteigen; noch stärker die Produktion erneuerbarer Energie, um den 80 % - Anteil zu erreichen (1922 46 %). Um Klimaneutralität 2045 zu erzielen, müsste dann gemäß Netzplanungsstudie die Stromerzeugung nochmals bis 2037 auf etwa 1.000 TWh anwachsen, davon 90 % regenerativ. Dies sind die Prognosen (16). Ob die Etappen erreicht werden, die Produktion insbesondere für industrielle Prozesse ausreichen wird und wie weit technische Innovationen die Ziele näher rücken lassen, dürfte heute nur schwer abzuschätzen sein.

Dabei wird es sicher auch von der politischen Gestaltungskraft und dem Engagement der Bürgerinnen und Bürger abhängen, ob die Energiewende in einer relativ kurzen Zeitspanne gelingen wird.

Im Flugverkehr ist elektrischer Antrieb erst im Versuchsstadium und voraussichtlich nur bei kurzen Distanzen möglich. Ein CO_2-freier Flugverkehr wird auf Wasserstoff basieren, der als grüner Wasserstoff mit Elektrolyseuren gewonnen wird. Dazu wird Strom benötigt, ebenso wie für die Herstellung von Wasserstoff zur Produktion von «grünem» Stahl. Ein Wasserstoffantrieb via Brennstoffzelle oder wasserstoffbasierter Treibstoffe ist im Vergleich zum Elektroantrieb mit Batterie äußerst ineffizient. Nur rund ein Viertel der Energie geht am Ende in den Antrieb. Deshalb sollte die teure Wasserstoffproduktion vorrangig für die Treib- und Brennstoffe eingesetzt werden, die nicht auf andere Weise substituierbar sind. Wasserstoff und daraus hergestellte Treibstoffe für Autos («E-Fuels») oder Wasserstoff in Gasleitungen für die Beheizung von Wohnungen («Wasserstoff ready Gasheizungen») sind ein Irrweg; grüne «E-Fuels» taugen allenfalls als teures Nischenprodukt für Oldtimer.

Die Gesellschaft der Zukunft wird «elektrisch» sein (17). Die Erzeugung von Wärme, Mobilität auf Schiene und Straße und die industrielle Produktion werden auf grünem Strom basieren. Die Umstellung weltweit wird allerdings Jahrzehnte andauern und in Industrieländern schneller voranschreiten als im globalen Süden, wo ein Großteil der Bevölkerung nicht an Stromnetze angeschlossen ist. Photovoltaik ermöglicht dann aber dezentrale Lösungen der Stromversorgung, auch eine große Chance für den ländlichen Raum in Entwicklungsländern. Solare Anlagen und Windstrom werden zu Hauptquellen der Stromerzeugung werden. Nach den Prognosen der Internationalen Energieagentur wird ihr Anteil an der globalen Stromerzeugung von 10 % im Jahr 2021 auf 40 % im Jahr 2030 und 70 % im Jahr 2050 ansteigen (18). Die Preise für erneuerbare Energie sind drastisch gefallen (Kapitel I). Allein zwischen 2010 und 2019 ging der durchschnittliche Preis von Solarenergie von 38 US Cent pro KWh auf 7 Cent zurück. Bei Windkraft auf Land verbilligte sich die Herstellung von 8,6 auf 5,3 Cent bei Windkraftanlagen auf See von 16 auf 12 Cent, Produktionskosten und Investitionskosten der Anlagen eingerechnet. Bei Kohle dagegen blieben die Preis konstant mit 11 US Cent im Jahr 2010 und 2019. Bei Nuklearenergie ist sogar ein Anstieg von 9,6 auf 15,5 Cent zu verzeichnen (19). Bei den erneuerbaren Energien zeigt sich, dass der Preis pro KWh mit steigenden Produktionsmengen zurückgeht. Bei fossiler Energie ist das nicht der Fall. Hier sind die «Lernkurven» ausgereizt, während bei der erneuerbaren Energie technologische Lernkurven die Herstellung enorm verbilligt haben (20). Erneuerbare Energie ist heute schon günstiger als fossile Energie. Der Preistrend nach unten wird sich künftig fortsetzen, so dass sich erneuerbare Energie langfristig schon aufgrund des Preisvorteils durchsetzen wird. Langfristig ist aber zu lang, um die Klimaziele noch zu erreichen. Deshalb müssen Staat und Private die Infrastruktur der erneuerbaren Energieerzeugung beschleunigt ausbauen und den Preis für fossile Energie durch CO_2-Steuern erhöhen. Sie sind gerechtfertigt, weil sie die negativen Folgen für das Klima (die negativen Externalitäten) einpreisen.

Stattdessen wird fossile Energie in vielen Ländern der Welt noch offen oder versteckt subventioniert. Flugbenzin wird nicht versteuert, In Deutschland wird Dieselkraftstoff gegenüber Benzin verbilligt, Dienstwagen und die sogenannte Pendlerpauschale sichern steuerliche Vorteile beim Verbrauch fossiler Energie. Ein «Tankrabatt», kurzfristig für einige Monate eingeführt, entsprach gewissermaßen einer negativen CO_2-Steuer. Wer mit fossiler Energie fährt, wird noch belohnt. Diese Subventionen müssen abgeschafft werden.

Dass sich scheinbar klimafreundliche Subventionen als umweltpolitische Rohrkrepierer erweisen können, führt eine Studie des Zentrums für Europäische Wirtschaftsforschung vor Augen (21). 2016 wurde in Deutschland die Förderung auch von Plugin-hybriden Fahrzeugen mit Zuschüssen von bis zu 6.750 € gefördert, sofern diese laut Herstellerangaben 50g CO_2-Emissionen pro km nicht überschreiten. Die Folge war, dass sich der Absatz von Plugin-SUVs stark erhöhte, die auch noch an Gewicht, Motorstärke und Volumen zulegten. Die 50g Emissionen standen nur auf dem Papier; denn die Autos wurden zumeist mit Benzin oder Diesel betankt – um den Faktor 3,4 mal so viel wie offiziell angegeben. Gleichzeitig trugen die Verkäufe dazu bei, dass die fiktiven Emissionsminderungen den Flottengrenzwerten der Autoindustrie zu Gute kamen, die aus Steuergeldern gefördert die SUV-Verkaufszahlen erhöhen konnten. Ein Subventionsprogramm der Autoindustrie unter dem Deckmantel der Umweltpolitik! 2023 wurde das Programm von der Ampelkoalition eingestellt. Die Studie schätzt, dass die Aufhebung der Förderung einer Einsparung von mehr als 160.000 Tonnen CO_2 pro Jahr entspricht. Anders formuliert: Die als Förderung von E-Autos proklamierte Maßnahme hat tatsächlich zu einer erheblichen Steigerung von CO_2-Emissionen beigetragen!

Eine wichtige Infrastrukturaufgabe des Staates, auch im Rahmen der Klimapolitik, ist die Sorge für ein gutes Angebot im öffentlichen Nah- und Fernverkehr. In vielen Ländern ist seit einigen Jahrzehnten eine Renaissance der Schiene zu beobachten. Dass der Schienenverkehr ökologisch und klimagerechter ist als der Individualverkehr, muss nicht extra betont werden. China hat in wenigen Jahren ein Hochgeschwindigkeitsnetz errichtet. Mit den Shinkansen-Zügen, die seit Mitte der 1960er Jahre in Dienst gestellt wurden, war Japan weltweit Pionier. In Europa wurden die Schienennetze für High-Speed-Trains in den 1970er Jahren zuerst in Frankreich aufgebaut, wo das Schienennetz wie in Japan exklusiv für die Hochgeschwindigkeitszüge ausgelegt ist. Anders beim deutschen Nachbarn. Jahre später folgte Deutschland mit dem Inter-City-Express ICE. Spanien hat mittlerweile ein gut ausgebautes Netz von Hochgeschwindigkeitszügen, allerdings mit Wartezeiten und Gepäckkontrollen wie an Flughäfen. Die Fahrzeiten zwischen den Metropolen haben sich stark verkürzt. Der Eurostar von Paris nach London benötigt 2 ¼ Stunden von City zu City, konkurrenzlos gegenüber dem Flugzeug. Die Fahrtzeit Frankfurt-Paris beträgt weniger als vier Stunden, Zürich – Köln fünf Stunden, Kopenhagen – Stockholm 5 ½ Stunden, Madrid – Barcelona unter drei Stunden. Auf der Schiene kann man vom Norden Skandinaviens bis zur italienischen Stiefelspitze, von Schottland bis in die baltischen Staaten reisen. Auf den mittleren Distanzen ist das Flugzeug, gerechnet von City zu City, der Bahn auch zeitlich nicht überlegen. Aber jede und jeder Bahnreisende weiß, dass noch vieles im Argen liegt. In Deutschland wurde die Instandhaltung des Schienennetzes gröblich vernachlässigt. Das Schienennetz ist zudem seit den 1990er Jahren geschrumpft, statt es in der Fläche auszubauen. Denn es geht nicht nur um Hochgeschwindigkeitszüge, sondern auch um den Ausbau des Schienenverkehrs in der Region. Im Fernverkehr sind Zugtickets meist teurer als Flugtickets der Billigairlines. Das war früher umgekehrt und sollte es auch wieder werden. Fliegen muss teurer und Bahnfahren billiger werden. Durch Aktionen wie das «Deutschlandticket» oder 49-Euro-Ticket wechseln zahlreiche Autopendler zur Bahn; solche Angebote sollten europaweit angeboten werden. Zwischen den größeren Städten sollten Züge im Halbstundentakt fahren. Auf längeren Strecken kehren die Nachtzüge zurück, nachdem die Deutsche Bahn ihre Nachtzüge eingestellt hatte. Nachtzüge sind auch auf längeren Strecken eine bequeme Alternative zum Flugzeug.

Das Potential zur Einsparung von Treibhausgasemissionen durch Schienenverkehr, der mit grünem Strom angetrieben wird, ist im Vergleich zum fossilen Individual- und zum Flugverkehr enorm. Das gilt natürlich auch für die Verlagerung von Güterverkehr auf die Schiene. Die Schweiz hat es vorgemacht. Mit der NEAT, der neuen Alpentransversale, wurde alpenquerender Güterverkehr auf die Schiene verlagert; gleichzeitig wird der Güterverkehr auf der Straße mit einer «leistungsabhängigen Schwerverkehrsabgabe» (LSVA) belastet, deren Höhe vom Gewicht, den gefahrenen Kilometern und der Emissionsstufe abhängig ist.

Ein verlässlicher, pünktlicher und bequemer Schienenverkehr kostet Geld. Am meisten investieren Luxemburg (575 €), die Alpenländer und Norwegen (Schweiz 450 €, Norwegen 345 €, Österreich 319 €) in den Schienenverkehr (Investitionen in die Schieneninfrastruktur pro Kopf auf Bundesebene) (22). Natürlich liegt das auch an der Topologie der Landschaft; ein Kilometer Schiene wird in den Schweizer Alpen teurer sein als in der norddeutschen Tiefebene (23). Aber das allein erklärt die Unterschiede nicht. Deutschland liegt mit 114 € im europäischen Vergleich weit abgeschlagen; die Bahn und ihr Netz wurden geradezu ausgeblutet. Immerhin ist der deutsche Bahnverkehr trotz aller Verspätungen flexibel. Es gibt keine verpflichtende Reservierung für Fernzüge wie z.B. in Frankreich oder Spanien.

Beim privaten und gewerblichen Individualverkehr wird der Anteil der E-Autos stark anwachsen. Derzeit sind es 338 Millionen PKWs, die auf europäischen Straßen zugelassen sind (24). Aber auch E-Autos brauchen Platz und der wird in den Städten knapp. Zudem gibt es einen Trend, dass Autos immer schwerer und größer werden. Knapper Raum in den Städten muss zugunsten von Fußgängern und Radfahrern umverteilt werden. Der Prozess des Aushandelns von Raum verläuft nicht ohne Konflikte, wie man in Berlin und vielen anderen Städten beobachten kann. Lösungen für den Umbau zu Fahrradstädten kann man in Kopenhagen oder den Niederlanden besichtigen. In den 1960er Jahren hat man noch von der autogerechten Stadt geträumt. Vierspurige Radialstraßen führten immer mehr Verkehr in die vollgeparkten Städte, Tramlinien – heute ein ideales städtisches Beförderungsmittel – galten als Verkehrshindernis und wurden von kurzsichtigen Kommunalpolitikern beseitigt. Einer der Pioniere, die mit dieser Praxis brachen, war der Münchner Oberbürgermeister Hans-Jochen Vogel. Angeregt durch Jane Jacobs (1961) Buch über «Tod und Leben amerikanischer Städte» hat er frühzeitig die autogerechte Stadt als Irrweg gesehen und Stadtentwicklung, Fußgängerzonen und den Ausbau des öffentlichen Nahverkehrs befördert (25). Heute ist die Vision, autofreie Städte zu schaffen oder zumindest die Einschränkung des automobilen Individualverkehrs zu erreichen. Auch wenn es vielen nicht gefällt: Tempo 30 oder weniger in Innenstädten und hohe Parkplatzgebühren bei einem gleichzeitig gut ausgebauten öffentlichen Nahverkehr sind Mittel der Wahl.

In Städten, die nicht flach wie Kopenhagen sind, eignen sich E-Bikes als ideale Verkehrsmittel (26). Barcelonas Eixample Bezirk hat traditionell eine Blockstruktur. Diese «Superilles» werden verkehrsberuhigt und begrünt. Aus früher vielbefahrenen Straßenkreuzungen werden grüne Ruhezonen. Verkehr findet an den Rändern der «Superblöcke» statt; innerhalb der Blöcke gibt es schmale Autospuren mit einem Tempolimit von 10 Km/h. Schon jetzt zeigt das Pilotprojekt im Quartier Sant Antoni, wie stark die Umweltqualität der Stadt durch diese Maßnahmen gewinnt. Leider gibt es eine starke Lobby gegen den weiteren Ausbau, so dass noch nicht absehbar ist, ob das Projekt weiter ausgebaut wird.

Paris hat mit dem Konzept der «15-Minuten-Stadt» geworben. Alle wichtigen Einrichtungen der Nahversorgung sollen fußläufig binnen 15 Minuten erreichbar sein. Dass dadurch Verkehr, Lärm und Luftverschmutzung verringert werden, liegt auf der Hand. Für überdimensionierte Fahrzeuge werden drastisch gestiegenen Parkgebühren erhoben. Auch in einigen deutschen Städten versucht man noch sehr zögerlich in diese Richtung zu gehen. In der Praxis sehen dagegen viele Städte öde aus mit Betonkübeln in der Fußgängerzone, Telefonläden, Ein-Euro-Geschäften, Spielhallen und leerstehenden Läden in den Innenstädten. Onlinehandel und Einkaufszentren auf der grünen Wiese, nur mit dem Auto erreichbar, haben dazu beigetragen.

Natürlich ist das reiche und teure Zürich nicht mit deutschen Mittelstädten vergleichbar. Aber die kluge Kommunalpolitik lässt doch aufhorchen. Immerhin ist ein Viertel der Wohnungen in der Hand der Kommune oder von Genossenschaften. Im innerstädtischen Niederdorf findet man eine bunte Mischung kleiner Läden, Galerien und Gastronomie. Die Stadt reduziert die Mieten für die kleinen Geschäfte, verlangt dagegen höhere Mieten von den großen Shoppingzentren (27). Das eng getaktete Nahverkehrsnetz mit Trams, Trolly-Bussen, Zahnradbahnen und S-Bahn ist legendär. Der ÖV ist preislich relativ günstig, Parkplätze dagegen sind teuer. Kein Wunder, dass dadurch der automobile Individualverkehr in der City deutlich vermindert wurde.

In vielen Städten findet man ganz unterschiedliche Modellprojekte, von denen kommunale Politik lernen kann. Die Umsetzbarkeit hängt sicher von vielen Faktoren ab wie der örtlichen Beschaffenheit, vorhandener Infrastruktur, Bauweise, Topologie, Kultur, Gewohnheiten und nicht zuletzt den Finanzen. Die Kommunalpolitik ist aber auf jeden Fall gut beraten, diese Modellprojekte in Europa und anderen Teilen der Welt genauer zu studieren und zu überlegen, was vor Ort sinnvoll realisiert werden kann.

Ein höchst willkommener Nebeneffekt kommunaler Klimapolitik ist die Lärmreduktion und Verbesserung der Luftqualität in den Städten. Lärm macht krank, stört den Nachtschlaf, steigert den Blutdruck und erhöht das Risiko kardiovaskulärer Erkrankungen. Und der Lärm ist oft unfair verteilt und belastet untere Sozialschichten in stärkerem Maße als wohlhabende Familien. Sei es, dass einkommensstarke Haushalte in ruhigeren Wohngebieten leben oder aber bessere Möglichkeiten haben, sich gegen Lärm in urbanen Quartieren zu schützen, z.B. durch hofseitige Wohnungen oder schallisolierende Fenster. Die EU hat seit langem Lärmschutzpläne in den Städten gefordert; aber immer noch erleidet ein Großteil der Bevölkerung Lärm über den Grenzwerten der Weltgesundheitsorganisation (WHO). Nach Untersuchungen unseres Forschungsteams sind es in Bern 37 %, in Mainz 38 %, in Zürich 47 % und in Hannover sogar 54 % der Bevölkerung, die Straßenlärm über dem WHO-Limit von 53 Dezibel ertragen müssen (28).

Infrastrukturpolitik in den Städten muss sich zudem mit den Folgen der Klimaerwärmung befassen. Schon jetzt erleben wir eine Zunahme von Tagen, an denen extreme Hitze herrscht. Staat und Kommunen müssen umdenken und für grüne Städte sorgen, die die Hitze abmildern. Flächen müssen entsiegelt und in den Städten kanalisierte Bäche renaturiert werden. Auch private Steingärten, von einigen «Gärten des Schreckens genannt», haben ihren Anteil an der Versiegelung in Städten und Vorstädten. Das kulturelle Diktat englischer Rasenpflege vertreibt Insekten und Kleinlebewesen und ist Gift für Biodiversität (29). Grün und Wasser in den Städten erhöht die Umweltqualität und das Wohlbefinden der City-Bewohner. Das Stichwort «Schwammstadt» macht die Runde, um Überschwemmungen durch Starkregen zu begegnen (30). Alles dies sind schon Maßnahmen, um Klimafolgen abzumildern.

Für die zahlreichen Projekte, die hier nur angerissen wurden, werden erhebliche Investitionen des Staates und auch privates Kapital benötigt. Bund, Länder und Kommunen müssen die öffentliche Infrastruktur klimagerecht ausbauen und Rahmenbedingungen setzen, damit zusätzlich private Mittel in den Infrastrukturausbau fließen. In der Corona-Pandemie ist in einer kurzen Zeitspanne ein gemeinsamer Kraftakt von Zivilgesellschaft und staatlichen Hilfen in nie gekanntem Ausmaß gelungen. Solche Anstrengungen werden auch zur Bewältigung der Klimakrise nötig sein. Infrastrukturpolitik ist in vielen Bereichen zudem Umverteilung von oben nach unten. Von Parks, grünen Städten, der Verbesserung der Luftqualität und einem gut ausgebauten öffentlichen Nahverkehr profitieren insbesondere untere Einkommensschichten.

Der Markt allein wird es nicht richten. Der Großteil der Infrastruktur ist ein öffentliches Gut. Infrastrukturpolitik des Staates, Ordnungsrecht wo nötig und die Logik des Marktes, sprich hohe CO_2-Bepreisung bei gleichzeitiger Kompensation einkommensarmer Haushalte, müssen zusammenspielen, wenn die Klimaziele auch nur annähernd noch erreicht werden sollen.

VII Ökologisches Handeln: Weiche Anreize

Als Mitte der 1990er Jahre in der Schweiz hohe Ozon-Werte bedrohliche Ausmaße angenommen hatten, wurde die Politik zum Handeln gezwungen. Was macht man gegen den Sommersmog, wenn man niemanden verärgern möchte? Die Einschränkung des Autoverkehrs ist unpopulär, stattdessen wurden Kampagnen finanziert, um Autofahrer zu bewegen, öffentliche Verkehrsmittel zu nutzen. Das tat niemandem weh! Mit Werbeplakaten wurde an die Bevölkerung appelliert: „Dicke Luft. Danke, dass Sie auch heute Bahn, Tram, Bus fahren", wurde in Zürich plakatiert. „Alles atmet auf. Wir machen uns bessere Luft. Ozon ersparen wir uns", hieß es in Bern. In der eidgenössischen Hauptstadt wurden zudem Faltblätter in Geschäften ausgelegt; lokale Radiosender unterstützten die sechswöchige Kampagne mit Informationen. In Bern wurde die Reaktion des Autoverkehrs auf die Maßnahmen untersucht. Auf den Zufahrten über die Aare-Brücken in die Altstadt wird die Zahl der Autos elektronisch gemessen. Die Daten ergeben eine Zeitreihe mit täglichen Messungen der Verkehrsfrequenz vor, während und nach der Intervention. Tatsächlich zeigte sich eine Reduktion des Verkehrs nach der Maßnahme; leider aber nicht als Folge der Maßnahme. Denn der Vergleich mit dem Vorjahr ergab eine ebenso starke Reduktion des Verkehrs in der Ferienzeit, in die genau die sechswöchige Kampagne fiel (1).

Moralische Appelle fruchten selten. Andere psychologische und nichtmonetäre Anreize wie Informationen über Rückwirkungen des Verhaltens („Informations-Feedback"), Einstellungen, soziale Normen und Voreinstellungen in einem Entscheidungsmenü („Defaults") können aber durchaus verhaltenslenkende Wirkung ausüben. Dazu liegen hunderte - teilweise aber auch bezüglich der Ergebnisse nicht immer eindeutige - Experimente aus Psychologie, Sozialpsychologie, Verhaltensökonomie und Soziologie vor. Im Unterschied zu monetären Anreizen der Ökonomie können wir von nicht-monetären oder „weichen" Anreizen sprechen. Einen Schub hat die Forschung über nicht-monetäre Anreize in Forschung, Politik und Öffentlichkeit durch die Debatte über „Nudging" erhalten. Unter „Nudging" wird ein kleiner Schubser verstanden, der das Verhalten in diese oder jene Richtung lenken kann. Unter diesem Titel wurden von Richard H. Thaler und Cass R. Sunstein sozialpsychologische Erkenntnisse zusammengetragen, die u.a. in den Bereichen Konsum, Gesundheit, und Umwelt Verhaltensänderungen hervorrufen können (2). Nudging heißt bei ihnen, die „Entscheidungsarchitektur“ ohne Einsatz finanzieller Anreize so zu arrangieren, dass z.B. Gesundheit oder ökologisches Verhalten gefördert wird. Ein einfaches Beispiel ist ein Büfett, das vegetarische Angebote in den Vordergrund rückt. Berühmt wurde die „Fliege“ im Urinal der Flughafentoiletten von Amsterdam-Schiphol. Männlicher Spieltrieb nimmt sie zum Ziel mit dem Effekt, dass angeblich die Spritzer auf Böden und Kacheln um 80 % reduziert wurden. Seither hat sich die „Fake-Fly“ in den Urinalen der Welt verbreitet (3).

Auf Nudging wurde auch die Politik aufmerksam. In Großbritannien, den USA und anderen Ländern wurden Kommissionen für Nudging-Projekte etabliert. Kritiker sprechen von Manipulation; andere begrüßen wirksame und kostensparende Nudging-Maßnahmen im Dienste von Gesundheit und Umwelt und rechtfertigen sie als „libertären Paternalismus“, der niemandem die Entscheidung raubt, ohne monetären Kostenaufwand auch anders handeln zu können. Zudem hat Nudging, auch wenn dieser Begriff erst neuen Datums ist, eine lange Tradition. Jeder Supermarkt verwendet Methoden, z.B. durch das Design der Laufwege und die Anordnung der Waren, um Kaufanreize mit psychologischen Anreizen zu verstärken. Wäre es da nicht viel sinnvoller, diese Methoden auch für Umwelt und Energiesparen einzusetzen? Dazu sollte man aber wissen, ob, in welcher Stärke und unter welchen Bedingungen weiche Anreize überhaupt effektiv sind. Eine Vielzahl von Untersuchungen kann heute darüber Aufschluss geben.

Informations-Feedback: Der kleine Eisbär

Die Firma Amphiro verkaufte für einen erschwinglichen zweistelligen Betrag ein Messgerät mit einem Display, das einfach an der Dusche installiert wird. Es misst nicht nur den Wasserdurchlauf und damit bei Warmduschern vor allem die Energie zur Erwärmung des Duschwassers, sondern zeigt auch den Verbrauch in Form einer schmelzenden Eisscholle an, auf der sich ein kleiner Eisbär befindet. Bei längeren Duschzeiten fällt der Eisbär ins Wasser. Positive Kommentare von Eltern bei dem Versandhändler, der das Amphiro-Gerät vertrieben hat, ließen erkennen, dass ihre Sprösslinge nun plötzlich darauf achteten, die Duschzeit drastisch zu verringern (4). Auch bei Erwachsenen reduzierte das unmittelbare Feedback der Information über den Wasserverbrauch die Verweilzeiten unter der Dusche.

Eine experimentelle Studie zeigt sehr deutlich, dass eine Versuchsgruppe mit installiertem „Eisbär“ im Durchschnitt 22 % weniger Wasser und Energie verbraucht als eine Kontrollgruppe ohne Installation des Messgeräts. Bei dem Feldexperiment mit Erwachsenen wurden die mehr als 600 Haushalte der Kontroll- oder der Versuchsgruppe zufällig zugewiesen und die Daten von ca. 70 Duschen pro Haushalt ausgewertet (5). Allerdings ist bei solchen Studien immer zu fragen, wie lange die Wirkung anhält. Denn der spielerische Spaß wird womöglich auf längere Sicht abebben; die Studien sind aber nur auf relativ kurze Zeiträume hin angelegt.

Direkte Rückmeldungen über den Stromverbrauch können heute mit der Installation von Smartmetern erfolgen. Auch hier zeigt ein Experiment, dass sich der Verbrauch dadurch vermindern lässt. Gespart wurden im Schnitt 0,2 KWh pro Tag; das entspricht 3,2 % der täglichen Verbrauchsmenge. Motiviert wird die Ersparnis durch die Tarifstruktur: In den Nachtstunden verbilligt sich der Strom. Am Tag wird Strom gespart; verschiebbare oder programmierbare Stromverbräuche werden in die Nachtstunden verschoben (6).

Generell wird Informations-Feedback eher dann eine dauerhafte Wirkung haben, wenn dadurch Sparmöglichkeiten bei der Abrechnung von Strom- und Heizkosten bestehen und Verhaltensalternativen existieren, um die Energie- oder Kostenersparnis ohne allzu große Einbußen an Bequemlichkeit realisieren zu können.

Soziale Normen

Menschen orientieren sich stark an ihren sozialen Bezugsgruppen und an Beobachtungen über das Verhalten anderer Personen. Soziale Normen über das, was man tut oder unterlassen sollte, werden erlernt und von der Norm abweichendes Verhalten wird mit einer gewissen Wahrscheinlichkeit missbilligt oder auf vielfältige Weise sanktioniert. Bei internalisierten Normen sanktionieren wir uns selbst durch ein schlechtes Gewissen. Wie stark das Verhalten anderer unser eigenes Verhalten beeinflusst, zeigen Alltagsbeispiele ebenso wie wissenschaftliche Feldexperimente. Die Beobachtung, dass andere bei „rot“ die Straße überqueren, erhöht die Wahrscheinlichkeit, dass wir ebenfalls die Norm übertreten. Wenn Leute Abfall auf die Straße werfen, ahmen es andere Leute nach. Aber halt, ganz so einfach ist es nicht. Die „Fokus-Theorie“ sozialer Normen unterscheidet „injunktive“ und „deskriptive“ soziale Normen (7). „Injunktiv“ bezieht sich auf das, was man in einer Situation tun soll, „deskriptiv“ auf die beobachtbare Häufigkeit der tatsächlichen Einhaltung einer Norm. Die Stärke deskriptiver Normen hängt zudem von der Salienz einer Norm ab, d.h. ob Personen normrelevantes Verhalten wahrnehmen. Das demonstriert ein Feldexperiment zur Entsorgung von Abfall. In einer vermüllten Umgebung sehen die Versuchspersonen, dass eine andere Person ihren Abfall wegwirft (tatsächlich eine von der Versuchsleitung beauftragte Person). Die Wahrscheinlichkeit erhöht sich stark, dass auch die Versuchspersonen ihren Abfall wegwerfen. In einer sauberen Umgebung sehen die Versuchspersonen das gleiche. Was passiert nun - werden die Versuchspersonen wieder mehr Abfall wegwerfen? Das Gegenteil tritt ein. Nun sinkt (!) die Wahrscheinlichkeit, dass die Versuchspersonen „Littering“ betreiben (8). In der sauberen Situation hat die Person, die Abfall wegwirft, die Salienz der deskriptiven Norm erhöht. In der vermüllten Situation hat sie die Aufmerksamkeit verstärkt, dass diese Norm gerade nicht befolgt wird. Je nach Situation kann die Beobachtung normabweichenden Verhaltens das eigene Umweltverhalten bestärken oder vermindern.

Wie stark die Beobachtung des Verhaltens anderer soziales Handeln beeinflusst, zeigt auch der „Cross-Norm-Effekt“. Wenn wir beobachten, dass viele Menschen Norm A verletzen, sind wir auch eher bereit, eine ähnliche Norm B zu verletzen. In einem der Experimente wurden Werbeflyer an Fahrräder gehängt. An der Wand, vor der die Räder abgestellt wurden, war deutlich sichtbar ein Graffiti-Verbot zu sehen, das das Forschungsteam angebracht hatte. In der Kontrollsituation waren keine „Wandmalereien“ zu sehen. In der Versuchsbedingung war sichtbar, dass gegen das Verbot verstoßen wurde (von der Forschungsgruppe mit abwaschbarer Farbe inszeniert). Kamen die Besitzer der Fahrräder zurück, warfen sie sehr viel häufiger die Werbeflyer auf die Straße als in der Kontrollbedingung, in der das Graffiti-Verbot eingehalten wurde (9). Die Beobachtung der Einhaltung von Norm A (des Graffiti-Verbots) hat offenbar einen Einfluss auf die Einhaltung der Norm B: die „Anti-Littering“ Norm, Abfall nicht einfach auf der Straße zu entsorgen.

Die Erkenntnisse aus sozialpsychologischer und soziologischer Forschung können womöglich auch bei Ressourcennutzung und Energiesparverhalten gute Dienste leisten. Aber Vorsicht! Man muss hier auch nach der Stärke, Dauerhaftigkeit und Reproduzierbarkeit von Ergebnissen fragen.

Eine vielzitierte Studie hat den Einfluss deskriptiver sozialer Normen auf die Bereitschaft zu umweltfreundlichem Verhalten von Hotelgästen untersucht (10). In der Standardbedingung erhielten die Hotelgäste einen

Flyer mit der Aufschrift: „Hilf die Umwelt zu schützen" sowie Hinweisen auf den Respekt vor der Natur und der Bitte, Handtücher mehrfach zu nutzen. Die Hotelgäste der Versuchsgruppe bekamen dagegen den Aufruf, sich den „fellow guests" beim Schutz der Umwelt anzuschließen und der Information über die deskriptive Norm, dass fast 75 % der Gäste, die gebeten wurden beim Umweltschutzprogram mitzumachen, ihre Handtücher mehr als einmal gebrauchen. Der Artikel über das Experiment enthält eine beeindruckende Grafik mit zwei Säulen: Die Säule für die deskriptive Botschaft ist wesentlich höher als die Säule der Standard-Botschaft. Wer genauer hinschaut merkt allerdings, dass die Achse der Prozentzahlen (die Ordinate) nicht bei null beginnt. Tatsächlich beteiligen sich 35 % bei der Standard-Botschaft und 44 % bei der deskriptiven Norm-Botschaft. Das ist immer noch ein beachtlicher Unterschied von neun Prozentpunkten, aber doch ein geringerer Effekt als die Grafik optisch suggeriert. Nun sollte man sich auf einzelne Studien nie verlassen. Dies gilt besonders in einer wissenschaftlichen Welt, in der gefundene Effekte, die trotz Signifikanz auch mal zufällig entstanden sein könnten, mit größerer Wahrscheinlichkeit in Fachzeitschriften publiziert werden als „Null-Effekte". Man bezeichnet das als „Publikationsbias". Deshalb ist die Wiederholung, die Replikation von Studien, so wichtig, um robuste Resultate zu erzielen. Tatsächlich wurde das Hotel-Experiment mehrfach repliziert. Die Ergebnisse sind widersprüchlich. So finden Bohner und Schlüter (2014) in ihrer Studie in zwei deutschen Hotels keinen Unterschied zwischen der Standard-Botschaft und dem Hinweis auf die deskriptive Norm. Allerdings führen die unterschiedlichen Aufrufe insgesamt zu einer höheren Wiederverwendung der Handtücher als in einer Kontrollgruppe, die keinen Hinweis erhielt (11).

Eine der umfangreichsten Studien zum Einfluss von deskriptiven und injunktiven Normen auf das Energiesparverhalten wurde von Allcott (2011) vorgelegt (12). Mit dem sogenannten OPOWER-Projekt wurden in den USA ca. 600.000 Haushalte zufällig auf eine Kontrollgruppe und Versuchsgruppen aufgeteilt. In den Versuchsgruppen erhielten die Haushalte regelmäßig Mitteilungen („Home Energy Report Letters") über ihren eigenen Stromverbrauch, den Stromverbrauch der Nachbarn und den Stromverbrauch von erfolgreich energiesparenden Nachbarn. Die Mitteilungen erhielten zudem Tipps zum Energiesparen. Die Haushalte in der Kontrollgruppe erhielten keine Mitteilungen. Erwartet wurde, dass die deskriptive Norm auf das Verhalten abfärbt. Haushalte, die mehr als die Nachbarn verbrauchen, sollten den Verbrauch zurückschrauben. Doch was machen Haushalte, die bereits vorbildlich Energie sparen und unter dem Durchschnitt liegen? Hier besteht die Gefahr des „Bumerang-Effekts“, dass diese Haushalte ihren Verbrauch nach oben anpassen. Um das zu verhindern, wurde eine injunktive Normbotschaft eingesetzt, die das Sparverhalten auf einer verbalen Notenskala bewertet. Energieeffiziente Haushalte wurden mit dem Lob „großartig“ und freundlichen Smileys belohnt. Das Hauptresultat des „Randomized Controlled Trials“ (man nennt das eine RCT-Studie) ist ein durchschnittlicher Spareffekt von 2 % in den Versuchsgruppen gegenüber der Kontrollgruppe. Das entspricht einer Reduktion von 0,62 KWh pro Tag. Um diesen Effekt durch Preisanreize zu erreichen, müsste der Strompreis um 5,2 % ansteigen. Die Versendung der Mitteilungen ist kostengünstig und eine Einsparwirkung von 2 % ist nicht zu vernachlässigen.

Nur gibt es bei der Studie einen Haken. RCT-Studien sind eigentlich der Goldstandard, doch auch bei diesem Design können Irrtümer auftreten. Allein die Tatsache, dass Personen bei einer Studie mitmachen, kann dazu führen, dass sie ihr Verhalten ändern. Das ist der berühmte „Hawthorne-Effekt“, benannt nach Studien mit Angestellten der „Hawthorne-Werke“ in den USA in den 1920er Jahren. Wie auch jeweils die Arrangements in den Arbeitsgruppen variiert wurden, ergab sich immer wieder eine Änderung im Arbeitsverhalten. Eine Forschungsgruppe hat einen möglichen Hawthorne-Effekt bei Energiesparprogrammen untersucht (13). Wie in der Kontrollgruppe des OPOWER-Projekts erhielt ein Teil der Haushalte kein Mitteilungsblatt. Die andere Gruppe der zufällig aufgeteilten rund 5.600 Haushalte erhielt mehrere Postkarten, durch die die Haushalte erinnert wurden, dass sie an einer Untersuchung über Elektrizitätsverbrauch teilnehmen; aber ohne jeden Aufruf zum Energiesparen. In dieser Gruppe mit neutralen Mitteilungen sank der Energieverbrauch um 2,6 %! Die OPOWER-Studie hat versäumt, eine zweite Kontrollgruppe zu bilden mit neutralen Botschaften an die Haushalte. Möglicherweise hätte man dann festgestellt, dass gar kein Unterschied bestünde zwischen den deskriptiven sozialen Vergleichen und der schlichten Tatsache, dass die Stromkunden in der Versuchsgruppe schon allein deshalb Strom sparten, weil sie unter der Beobachtung der Forschungsgruppe standen. Zumindest könnte der tatsächliche kausale Effekt der deskriptiven Norm faktisch geringer ausgefallen sein als in der OPOWER-Studie vorgefunden. Damit wird nicht ausgeschlossen, dass deskriptive Normen einen Spareffekt haben können. Ob und unter welchen Bedingungen dieser aber mehr als geringfügig und dauerhaft ausfällt, wäre noch genauer nachzuweisen.

Umweltbewusstsein und Verhalten. Tun Umweltbewusste mehr für die Umwelt?

Intrinsische, verinnerlichte Normen umweltgerechten Handelns sind eng verknüpft mit dem Konzept des „Umweltbewusstseins". In der Sozialforschung wird das Umweltbewusstsein meist mit einer Fragebatterie gemessen. Aus mehreren Einzelfragen wird ein Summenindex für den Grad der Zustimmung gebildet. So werden Aussagen wie z.B. „Wenn wir so weiter machen wie bisher, steuern wir auf eine Umweltkatastrophe zu» oder «Zugunsten der Umwelt sollten wir alle bereit sein, unseren derzeitigen Lebensstandard einzuschränken» vorgelegt, die auf einer mehrstufigen Skala von „stimme stark zu" bis „lehne stark ab" beantwortet werden sollen (14). Mit statistischen, skalentheoretischen Methoden können diese Skalen auf Reliabilität (die Genauigkeit bei einer Messwiederholung) und Validität (die inhaltliche Gültigkeit der Messung) geprüft werden (15). Dabei kann man drei Dimensionen des Umweltbewusstseins unterscheiden: erstens die affektive Dimension, die gefühlsmäßige Einstellung zur Umwelt, zweitens die kognitive Dimension, die wissensmäßig, rationale Einstellung und drittens die konative Dimension, die sich auf die Absicht bezieht, Veränderungen herbeizuführen (16). Die häufig untersuchte Frage lautet nun, wie stark das Umweltbewusstsein das Verhalten beeinflusst. Lohnt sich Umweltpädagogik, um das Umweltbewusstsein zu schärfen?

Zahlreiche Forschungen haben immer wieder eine Lücke zwischen Umweltbewusstsein und Verhalten thematisiert. Bis heute ist der Fingerzeig darauf auch ein beliebtes Medienthema. Wenn aber die Qualität der Umwelt ein öffentliches Gut ist, könnte man auch umgekehrt argumentieren: Erstaunlich ist dann, dass Personen im Konflikt zwischen Eigeninteresse und der Beitragsleistung zum öffentlichen Gut überhaupt umweltgerecht handeln. Relativ viele Personen handeln zumindest bei den kleinen Dingen und zumindest gelegentlich umweltgerecht, auch wenn es einfacher wäre, dies nicht zu tun. Die Menschen entsprechen nicht der Figur des Homo oeconomicus, der nur eigennützig kalkuliert. Die meisten Menschen sind begrenzt altruistisch und kooperationsbereit, wenn die Kosten dafür nicht zu hoch sind. Die „Vertrauenskassen" bei Verkaufsständen von Honig oder anderen landwirtschaftlichen Produkten von Bauernhöfen sind ein gutes Beispiel für das Menschenbild des begrenzten Altruismus. Erwartet wird, dass die meisten Menschen, die am (unbesetzten) Stand etwas kaufen, dafür auch den Gegenwert in die Kasse legen. Die Kasse allerdings ist gesichert, damit sie nicht gestohlen werden kann (17).

Eine Vielzahl von Forschungen hat den Zusammenhang von Umweltbewusstsein und Umweltverhalten analysiert. Meta-Studien kommen zu dem Ergebnis, dass eine moderate Korrelation besteht, die aber oft voreilig kausal gedeutet wird: Wer umweltbewusst ist, verhält sich demnach auch mit höherer Wahrscheinlichkeit umweltgerecht (18). Mit der sogenannten Low-Cost-Hypothese wurde der Zusammenhang modifiziert. Sie besagt, dass der Effekt des Umweltbewusstseins auf das individuelle Verhalten begrenzt ist, wenn das ökologische Handeln großen Aufwand, Verzicht und Kosten erfordert. Ein stärkerer Effekt des Umweltbewusstseins auf das Verhalten zeigt sich nur, wenn umweltverantwortliches Verhalten mit geringen Kosten und Unbequemlichkeiten verbunden ist (19). Die zahlreichen Studien zu einem Einfluss des Umweltbewusstseins auf das Verhalten haben allerdings systematische Mängel, die die Aussagekraft stark einschränken. Es handelt sich überwiegend um Querschnittsstudien, die das Umweltbewusstsein durch verschiedene Einstellungsfragen und das Umweltverhalten im gleichen Fragebogen erheben. Man benötigt aber Längsschnittdaten, genauer: Messungen von Umweltbewusstsein und Umweltverhalten zu verschiedenen Zeitpunkten bei den gleichen Personen („Paneldaten"), um kausalen Einflüssen auf die Spur zu kommen. Ein weiterer Mangel vieler sozialpsychologischer und soziologischer Studien besteht darin, dass nicht Einflüsse auf die CO2-Bilanz untersucht werden. Vielmehr werden verschiedene Aktivitäten wie Recycling, Ausmaß des Autofahrens, Nutzung öffentlichen Verkehrs, Einkauf im Bioladen usw. zu einem Index zusammengefasst, der den guten Willen widerspiegeln mag, aber nicht unbedingt das Ausmaß der verursachten oder eingesparten Emissionen. Man kann hier von „intentions-orientiertem" Verhalten sprechen (20). Und schließlich wird das Verhalten in den Umweltsurveys auch noch von den Befragten selbst berichtet. Da mögen dann einige Antworten schönfärberisch zu positiv ausfallen, um im guten Lichte dazustehen. Wer zu Beginn der Befragung den hohen Stellenwert der Umwelt betont, möchte am Ende nicht als Umweltsünder dastehen. Nach der psychologischen Theorie kognitiver Dissonanz ist zu erwarten, dass Verhaltensberichte in Richtung des Umweltbewusstseins angepasst werden, um kognitive Dissonanz zu reduzieren (21).

Eine neuere Studie von Andersen und Mayerl (2022) verwendet Paneldaten, um den Zusammenhang zwischen Umweltbewusstsein und dem Verhalten genauer zu klären. Dabei kommen statistische Verfahren zum Einsatz, die Störeffekte ausblenden und zumindest Hinweise auf kausale Effekte des Umweltbewusstseins geben können (22). Die Autoren richten ihr Interesse auf das Konsumverhalten, Mobilität und die generelle Bereitschaft, höhere Steuern oder Preise zu zahlen, wenn dies der Umwelt zugutekommt. Die empirische Studie findet keinen kausalen Zusammenhang zwischen dem Umweltbewusstsein und dem Konsum- oder Mobilitätsverhalten. Ein Einfluss lässt sich aber für die Bereitschaft nachweisen, höhere Steuern oder Preise zu zahlen. Diese Studie nährt den Verdacht, dass der Einfluss des Umweltbewusstseins auf das individuelle Umweltverhalten gering oder gar nicht vorhanden ist. Dagegen zeigt sich aber ein kausaler Einfluss auf die Akzeptanz umweltpolitischer Maßnahmen. Man muss also klar und deutlich unterscheiden: Individuelles Umweltverhalten und die Akzeptanz von Maßnahmen, die indirekt einen Einfluss auf das Verhalten ausüben. Um die eingangs gestellte Frage nach dem Wert der Umweltpädagogik zu beantworten: Sie lohnt sich, weniger um das individuelle Verhalten zu ändern, aber umso mehr, um Maßnahmen zu ermöglichen, die zum kollektiven Gut einer lebenswerten Umwelt beitragen. Je umweltbewusster die Menschen in einem Land, desto eher werden sie einer Politik zustimmen, die darauf abzielt, ein auf fossiler Energie basierendes Wirtschaftssystem in ein klimaneutrales Wirtschaftssystem zu transformieren.

Voreinstellung im Menü: Der Default-Effekt

Die Entscheidungsarchitektur sieht ein Menü mit den Alternativen A, B, C, ... vor. Eine der Alternativen ist voreingestellt, z.B. Alternative A. Wer sich nicht entscheidet, entscheidet sich damit automatisch für Alternative A, die „Default"-Alternative. Die Zustimmungs- oder Widerspruchslösung bei post mortem Organspenden ist ein klassisches Beispiel. Abadie und Gay (2006) konnten zeigen, dass Länder mit Widerspruchslösung 25 bis 30 % höhere Organspenderaten aufweisen (23). Default ist hier die Zustimmung zur Organspende. Bei einem weniger schwerwiegenden Problem, dem Sparen von Druckerpapier durch doppelseitigen Ausdruck, konnte die Default-Wirkung im Vergleich zu einem moralischen Appell sehr deutlich demonstriert werden. War der Duplex-Druck voreingestellt, wurde im Unterschied zum voreingestellten einseitigen Druck 15 % Papier gespart. Der moralische Aufruf, Papier zu sparen, hatte dagegen überhaupt keine Wirkung (24).

Es gibt mehrere Gründe dafür, dass Default-Effekte relativ starke Wirkungen entfalten können. Personen ersparen sich die lästigen Entscheidungskosten, so wie man einfach das Tagesmenü bestellt. Zudem könnte angenommen werden, dass die voreingestellte Alternative die Norm darstellt und empfohlen wird. Natürlich wird die Default-Wirkung auch davon abhängen wie groß die Kostendifferenz zwischen den Alternativen ist. Wenn die anderen Alternativen wesentlich attraktiver und preisgünstiger sind, ist zu erwarten, dass der Default-Effekt sehr viel schwächer ausfallen wird.

Wenn der Default-Effekt bei Organspenden, der Auswahl an einem Büffet und in vielen anderen Situationen wirkt, könnte dieser „weiche", nicht-monetäre Anreiz auch beim Energiesparen helfen. Eine Studie von Ebeling und Lotz (2015) erbringt dafür einen deutlichen Nachweis (25). Die Kunden eines Energieversorgers konnten zwischen „grünem" Strom aus erneuerbaren Quellen oder konventionellem Strom wählen. Dabei war der grüne Strom teurer als der Strom mit fossilen Anteilen. Dennoch stieg der Anteil der Grünstrombestellung im Vergleich zum Default „Graustrom" sehr stark an, wenn der grüne Strom als Default vorgegeben war.

In Zusammenarbeit mit zwei Schweizer Elektrizitätswerken hat unser Forschungsteam die Umstellung vom Default „Graustrom" auf den Default „Grünstrom" bei einer großen Anzahl von Haushalten und kleineren Betrieben über einen mehrjährigen Zeitraum untersucht (26). Dabei war die Kostendifferenz zwischen den Alternativen durchaus spürbar. Sie lag zwischen 3,6 bis 8,3 % für Haushalte und 5,8 bis 14,3 % für die Unternehmen. Trotz der Kostendifferenz blieben 80 bis 90 % der mehr als 200.000 Haushalte beim Default „Grünstrom"; bei den mehr als 8.000 Betrieben waren es 70 bis 80 %. Erstaunlich, dass auch die kleineren Wirtschaftsunternehmen dem grünen Default den Vorzug gaben, obwohl sie ökonomisch-rational mit Graustrom Kosten hätten sparen können. Es handelte sich auch nicht nur um eine irrtümliche Entscheidung im ersten Jahr nach der Umstellung auf grüne Defaults. Vielmehr blieb die Nachfrage über mehrere Jahre relativ stabil auf dem hohen Niveau und schwächte sich nur sehr leicht ab. 80 % der Haushalte und 71 % der Betriebe bestellten noch fünf Jahre nach der Umstellung den teureren Strom aus erneuerbaren Quellen (27).

Was bringen die weichen Anreize?

Psychologische und sozialpsychologische Umweltforschung macht gerne auf die Bedeutung von subtilen, nicht-ökonomischen Anreizen aufmerksam (28). Abgesehen von den ethischen Problemen des libertären Paternalismus sind aber auch die Effekte oft gering und häufig nicht von Dauer. Während deskriptive Normen nur unter bestimmten Bedingungen Einfluss auf die

Einsparung von Energie ausüben, verhält es sich bei den Defaults allerdings anders. Hier stellen zahlreiche Studien in verschiedenen Bereichen wie Gesundheit, Ressourcenschonung, Bezug von Strom aus erneuerbaren Quellen, relativ starke Effekte fest. In einer Übersicht hat unser Forschungsteam verschiedene Nudging-Methoden und deren Wirkung gesichtet. Nur bei Defaults konnte die Wirksamkeit in allen Fällen nachgewiesen werden (29). Wenn Strom aus regenerativer Energie auch die preislich günstigste Alternative darstellt oder Strom ohnehin aus regenerativen Quellen stammt, wird das Default-Nudging für grünen Strom allerdings ausgedient haben.

Insgesamt wird Nudging wohl überschätzt. Die Nudging-Methoden können in bestimmten Bereichen hilfreich sein. Sie können umweltfreundliches Verhalten unterstützen; das Klimaproblem wird aber durch verfeinerte psychologische Methoden allein sicher nicht gelöst werden. Zudem ist auch noch an den in Kapitel V erläuterten „Wasserbetteffekt" zu denken. Wurden die Emissionen, die durch das ökologische Handeln vermindert werden, bereits durch den Emissionshandel gedeckelt, kommt es nur zu einer Verlagerung des Ausstoßes von Treibhausgasen (30).

Wohl zu Recht kritisieren die früheren Nudging-Verfechter Charter und Loewenstein (2022) die Stoßrichtung der Methoden (31). Sie bringen vor, dass die weichen Anreize zu stark auf das individuelle Umwelt- und Konsumverhalten abzielen. Sie nennen diesen Zusammenhang „i-frame"; das „i" steht für das individuelle Verhalten. Priorität sollte dagegen der Veränderung des institutionellen Rahmens zukommen; des Systems von Regulierung, Gesetzen, ökonomischen Anreizen überhaupt, die klimafreundliches Verhalten zu häufig noch bestrafen („s-frame", „s" für System).

Man sollte daraus aber u.E. nicht den Schluss ziehen, dass psychologische Anreize zu individuellen Änderungen von Konsum- und Umweltverhalten überflüssig wären. Das eine schließt das andere nicht aus und, wo sinnvoll, kann eine Art „i und s Doppelstrategie" angebracht sein. Warum z.B. sollte man in Kantinen nicht Veggie-Gerichte im Vordergrund platzieren; weniger Fleischkonsum hilft schließlich der Umwelt und der Gesundheit. Zudem verhelfen persönliche Erfahrungen mit umweltbewussten Verhaltensweisen, z.B. der Umstieg aufs Rad oder die Änderung von Ernährungsgewohnheiten gleichzeitig zu einer stärker positiven Einstellung gegenüber der s-Strategie und damit auch zur Stärkung der Politikunterstützung für eine effektive Klimapolitik. Wer sein individuelles Verhalten klimafreundlicher gestaltet, wird auch eher geneigt sein, klimafreundliche Politik zu unterstützen. Nur wurden in der Vergangenheit in Psychologie und Sozialpsychologie die individuellen Änderungsstrategien überbetont, so dass die strukturellen Bedingungen und deren Änderung aus dem Blick gerieten.

Wir haben bereits mehrfach in die Richtung argumentiert, dass nicht das individuelle Verhalten, nicht die „ökologische Verhaltenstherapie", in den Mittelpunkt der Umweltpolitik rücken sollte, sondern der Umbau der Institutionen. Die Erhöhung einer CO_2-Steuer und der Ausbau klimafreundlicher Infrastruktur ist sicher wirksamer zur Erreichung von Klimaneutralität als noch so elaborierte psychologische Anreize zur individuellen Verhaltensänderung. Nur ist der Umbau des s-frames, die große Transformation, aufwändig und erfordert, dass Wählerinnen und Wähler dieser Politik mehrheitlich zustimmen. Auch wenn man sagen kann, dass von der Energiewende am Ende (fast) alle profitieren werden, wird es zunächst einmal Gewinner und Verlierer geben. Wer seinen Wohlstand am Benzinpreis bemisst, wird sich zu den Verlierern zählen. Wenn aber Regierungen, die den Klimaschutz voranbringen, gar nicht erst gewählt oder einmal im Amt, rasch wieder abgewählt werden, ist dem Klimaschutz nicht gedient. Daraus folgt ein zentrales Problem: die Akzeptanz der Klimapolitik in der Bevölkerung.

VIII Die Reaktion der Gesellschaft: Akzeptanz und Protest

Die Transformation zu einer klimaneutralen Wirtschaft kann nur gelingen, wenn die überwiegende Mehrheit der Bevölkerung den Systemwechsel unterstützt. Auch lautstarke Minderheiten können Klimapolitik blockieren. Proteste für und gegen Klimapolitik werden die Transformation begleiten. Akzeptanz einer fairen, auf Ausgleich bedachten Klimapolitik ist daher Voraussetzung für die Energiewende. Aber wovon hängen Akzeptanz und die Bereitschaft zu Protesten ab, welche Faktoren spielen dabei eine Rolle? Und welche Wirkungen haben Proteste auf die Politik? Die Sozialwissenschaften können mit Surveydaten, experimentellen Untersuchungen und Feldstudien dazu beitragen, diese Fragen zu klären.

Umweltbewusstsein und Akzeptanz von Umweltpolitik

Wir haben bereits gesehen, dass Umweltbewusstsein weniger bedeutsam ist, um individuelles, ressourcenschonendes Verhalten zu verändern. Zwar mag es gelegentlich und in besonders engagierten Gruppen eine Rolle spielen. Wichtiger ist jedoch der Einfluss des Umweltbewusstseins auf kollektive Lösungen, auf Umweltpolitik und Maßnahmen, die das System von Gesellschaft und Wirtschaftsweise verändern. Umweltbewusstsein hat einen Effekt auf den „s-frame", um Charter und Loewensteins Konzept aufzugreifen (Kapitel VII).

Zahlreiche empirische Studien belegen, dass Personen mit ausgeprägtem Umweltbewusstsein auch eine starke Tendenz aufweisen, Maßnahmen der Umwelt- und Klimapolitik zu unterstützen (1). Ob CO_2-Steuern, die Beseitigung von Plastikmüll, Tempolimits, Förderung von E-Autos, Ausbau von Radwegen und öffentlichem Verkehr oder die Umstellung der Stromproduktion auf erneuerbare Energie; in der Regel werden diese Projekte auf höhere Zustimmung stoßen, wenn die Bürgerinnen und Bürger umweltbewusst sind. Das gilt natürlich auch für das Wahl- und Abstimmungsverhalten. Als ein Beispiel für viele kann die Abstimmung über das „Klimagesetz" in der Schweiz im Juni 2023 herangezogen werden. Nach der Abstimmung wurden bei ungefähr 3.000 Wählerinnen und Wählern u.a. die Einstellung zur Umwelt, Alter, Bildung, Geschlecht und Wahlverhalten erhoben. Solche

Befragungen nach einer Abstimmung sind in der Regel genauer als die üblichen Meinungsumfragen. Etwa neun von zehn Wählerinnen und Wählern, die sehr hohes Vertrauen in Umweltverbände (94 %), Klimaforschung (89 %) und Klimaaktivisten (97 %) setzen und dem Umweltschutz Priorität vor dem wirtschaftlichen Wohlstand (86 %) einräumen, haben ein „Ja" für das Klimagesetz in die Urne gelegt. Wer dagegen wenig Vertrauen hatte, stimmte weitaus seltener dafür. Eine höhere Tendenz der Zustimmung findet man auch bei Frauen im Vergleich zu Männern und einen sehr starken Effekt der Bildung auf die Annahme des Klimagesetzes (2).

Aber nicht nur in den europäischen Staaten ist das Umweltbewusstsein stark ausgeprägt. Eine kürzlich publizierte international vergleichende Studie in 125 Ländern lässt in der großen Mehrheit der Staaten ein hohes Umweltbewusstsein erkennen (3). 86 % der Befragten stimmten dafür, dass ihre Regierung mehr für den Klimaschutz tun sollte. In 119 Staaten unterstützten mehr als zwei Drittel diese Einstellung. In 114 Staaten waren mehr als die Hälfte der Teilnehmenden bereit, monatlich 1 % des Haushaltseinkommens für den Klimaschutz zu zahlen. Erwartungsgemäß steigt der Anteil, je wohlhabender ein Land ist. Dabei zeigt sich auch ein Zusammenhang mit der in einem Land herrschenden Durchschnittstemperatur. Je wärmer, desto mehr Menschen sind bereit, mit 1 % des Haushaltseinkommens zum Klimaschutz beizutragen. Allerdings ist der Zusammenhang wesentlich schwächer ausgeprägt als die Korrelation mit dem Wohlstand eines Landes. Unterschätzt wird die Bereitschaft anderer zum Klimaschutz beizutragen. Die systematische Fehleinschätzung hat Folgen. Gemäß der Theorie konditionaler Kooperation, sind Menschen mit höherer Wahrscheinlichkeit zur Kooperation bereit, wenn sie glauben, dass auch ihre Mitmenschen kooperieren. Entsprechend verhalten sich die Befragten. Je größer die Fehleinschätzung der Mitmenschen ist (und diese ist in allen Ländern zu beobachten), desto geringer ist die Bereitschaft selbst einen Beitrag zu leisten. Aufklärung über die Fehleinschätzung ist gemäß der Studie ein Mittel, um noch mehr Unterstützung für den Klimaschutz zu gewinnen.

Akzeptanzprobleme bei effektiven Maßnahmen

Dass Menschen Maßnahmen der Klimapolitik allgemein für gut befinden, bei eigener Betroffenheit aber davor zurückschrecken, wurde oft dokumentiert. In einer neueren Umweltbefragung stellen wir – nicht überraschend – fest, dass gerne dem Ausbau der Windkraft zugestimmt wird. Schwächer fällt dagegen die Zustimmung für die Aufstellung von Windkraftanlagen in der eigenen Wohngegend aus (4). Dies bekannte „NIMBY"-Prinzip („not in my backyard") kann aber auch durchbrochen werden. Bürgerbeteiligung bei der Planung, Beteiligung der Gemeinde an den Einnahmen oder direkte Beteiligung von Bürgerinnen und Bürgern als Anteilseigner am Stromerzeuger wird die Zustimmungsraten erhöhen. Ein Schlüsselwort ist Partizipation. Von der Beteiligung der Bürgerinnen und Bürger sollte auf kommunaler Ebene viel mehr Gebrauch gemacht werden (5). Allerdings muss es dabei auch Vorkehrungen geben, dass Verfahren nicht durch eigennützige und nicht gerechtfertigte Interessen einer kleinen Minderheit blockiert werden können.

Auch bei internationalen Klimaverhandlungen erhöht die Partizipation der Zivilgesellschaft die Legitimation. Darauf deuten experimentelle Surveyergebnisse hin, bei denen Delegationen mit und ohne Beteiligte der Zivilgesellschaft bezüglich Transparenz, Repräsentation und Kompetenz bewertet wurden. Bei allen drei Dimensionen fiel die Bewertung günstiger unter Einschluss der Zivilgesellschaft aus (6).

Ein sehr ernstes Problem ist, dass gerade die weniger effektiven Maßnahmen der Klimapolitik populär sind, effektive Maßnahmen dagegen weniger Zustimmung erhalten. Studien des „Ariadne-Teams" zur Verkehrspolitik unterscheiden „Pull"- und „Push"-Maßnahmen. Pull-Maßnahmen erweitern Möglichkeiten umweltgerechten Verhaltens wie z.B. der Ausbau von Radwegen oder ein Nulltarif im öffentlichen Personennahverkehr. Push-Maßnahmen sind eher restriktiv wie z.B. die Einführung einer Straßenmaut für PKW („road pricing") oder eine CO_2-Steuer für Benzin. Von Fachleuten werden aber gerade die Push-Maßnahmen als effektiv im Sinne der CO_2-Einsparung bewertet (Tabelle VIII.1) (7). Ähnliche Ergebnisse zur Akzeptanz der Maßnahmen finden wir auch in unserer Umfrage. Auch hier gehörten CO_2-Steuer und Verbrennerverbot 2035 zu den unpopulärsten Maßnahmen (8). Natürlich sind viele der Pull-Maßnahmen ebenfalls wichtig, nicht immer nur aus Gründen der CO_2-Reduktion. Außerdem variiert die Einschätzung der Wirksamkeit der Maßnahmen auch unter den Fachleuten (9). Für die Energiewende sind aber Push-Maßnahmen wie eine CO_2-Steuer (oder die Bepreisung über Emissionszertifikate) von zentraler Bedeutung, denn Pull-Maßnahmen allein werden nicht ausreichen, um die Klimaziele zu erreichen. Es wird nicht leicht sein, das Spannungsverhältnis zwischen populären, aber weniger Klima-effektiven Maßnahmen auf der einen Seite, und effektiven, aber als restriktiv und belastend empfundenen Push-Maßnahmen andererseits aufzulösen.

Tabelle VIII.1 Zustimmung zu Maßnahmen der Klimapolitik im Verkehrsbereich

Rang	CO_2 Emissionsminderung nach Expertenschätzung	Akzeptanz der Maßnahmen in der Bevölkerung
1	Verschärfung der EU-CO_2-Flottengrenzwerte für PKW	Güterverkehr auf die Schiene
2	Höherer CO_2-Preis auf Kraftstoffe	Ausbau des ÖPNV
3	Fahrleistungsabhängige Maut	Gebührenfreier ÖPNV
4	Zugangsbeschränkungen für Verbrenner in Innenstädten	Ausbau der Fahrradinfrastruktur
5	Gebührenfreier ÖPNV	Flugverkehrssteuer
6	Güterverkehr auf die Schiene	Verschärfung der EU-CO_2-Flottengrenzwerte für PKW
7	Kaufprämie für Elektroautos	Bonus-Malus-System für die KFZ-Steuer
8	Abschaffung Dieselprivileg	Abschaffung Dieselprivileg
9	Tempolimit 120 km/h	Tempolimit 120 km/h
10	Umverteilung Parkraum	Kaufprämie für Elektroautos
11	Ausbau der Fahrradinfrastruktur	Zugangsbeschränkungen für Verbrenner in Innenstädten
12	Ausbau des ÖPNV	Umverteilung Parkraum
13	Bonus-Malus-System für die KFZ-Steuer	Höherer CO_2-Preis auf Kraftstoffe
14	Flugverkehrssteuer	Fahrleistungsabhängige Maut

Tabelle nach den Angaben der Studie von Levi et al. (2021). Siehe Anmerkung (7).

Faktoren, die die Akzeptanz von Klimapolitik erhöhen

Vom Umweltbewusstsein war schon die Rede. Auch soziodemographische Merkmale wie insbesondere Geschlecht und Bildung spielen eine Rolle, wobei Frauen und Personen mit höherem Ausbildungsniveau eher Maßnahmen der Klimapolitik befürworten als Männer und Personen mit geringer Bildung. Diese Zusammenhänge zeigten sich auch, wie weiter oben erwähnt, bei der Abstimmung über das Klimagesetz in der Schweiz. Zwei weitere wichtige Merkmale, die Klimapolitik berücksichtigen sollte, sind Vertrauen und Fairness.

In einer Studie von Fairbrother (2016) lautet die Ausgangsfrage, warum die Öffentlichkeit so stark negativ auf die Einführung einer CO_2-Steuer reagiert. Dabei handele es sich doch um die Umsetzung des Verursacherprinzips, dass Umweltverschmutzer für den Schaden haften sollten („polluters pay") (10). Eine Analyse der Daten aus zahlreichen Ländern ergibt, dass das Vertrauen in Politik und Regierung besonders wichtig ist und die Zustimmungsraten für die Bereitschaft, aus Umweltgründen höhere Preise und Steuern zu zahlen, stark anwachsen lässt. In einer Folgestudie wird auf das Zusammenspiel der Faktoren „Einstellung zum Klimawandel" (d.h. die Stärke der Auffassung, dass der Klimawandel existiert und menschengemacht ist) und Vertrauen in Politik und Institutionen aufgezeigt (11). Das Klimabewusstsein wirkt sich dabei stärker in Ländern mit starkem Institutionen-Vertrauen aus als in Ländern mit geringem Vertrauen. Hohe Vertrauenswerte findet man in den skandinavischen Ländern, den Niederlanden und der Schweiz, mittlere Werte z.B. in Deutschland und Österreich und geringe Werte in Italien, Polen, Spanien und Frankreich. CO_2-Steuern haben damit einen günstigeren Nährboden in Ländern wie Schweden oder der Schweiz, während mehr Überzeugungsarbeit dafür in Ländern mit geringerem Vertrauen in Regierung und Institutionen zu leisten ist (12).

Ein weiterer wichtiger Gesichtspunkt ist die Fairness von Klimamaßnahmen. Dabei sind zwei Dimensionen zu unterscheiden: Prozedurale Fairness und die Fairness der Ergebnisse von Maßnahmen („distributive Fairness"). Prozedurale Fairness ist die Fairness des Verfahrens, die Setzung fairer Regeln für die Mitwirkung von Betroffenen. Distributive Fairness betrifft die Fairness der Belastungen und Gewinne für die verschiedenen Bevölkerungsgruppen. Von einer neuen Trasse einer Hochspannungsleitung oder Bahnlinie können sehr viele Menschen profitieren, aber wenige, in deren Nähe gebaut wird, tragen die Lasten. Ausgleichsmaßnahmen wie Lärmschutz oder die Verlegung der Hochspannungsleitung in den Untergrund (bei entsprechend höheren Kosten für alle) können womöglich den Konflikt entschärfen und für mehr Gerechtigkeit sorgen. Empirische Studien zeigen, dass beide Dimensionen von Fairness mit der Zustimmung zu Maßnahmen der Klimapolitik korrelieren (13).

CO_2-Steuern können als unfair gelten, weil sie eine „regressive" Wirkung haben, d.h. untere Einkommensgruppen relativ stärker belasten als obere Einkommensschichten. Der Grund ist, dass Haushalte mit geringem Einkommen anteilsmäßig höhere Ausgaben für Konsum, Heizung und Mobilität aufbringen müssen als wohlhabende Haushalte. Das Konzept der Rückerstattung von CO_2-Steuern als „Klimageld" oder „Klimabonus" könnte für mehr Akzeptanz sorgen. Wie ausführlich in Kapitel V dargelegt, hat eine CO_2-Steuer mit Rückerstattung eine „progressive" Steuerwirkung; untere Einkommensgruppen zahlen auch anteilsmäßig weniger Steuern als reiche Haushalte oder profitieren sogar netto von der Steuer. Wer weniger CO_2-lastige Produkte oder Dienstleistungen als der Durchschnitt konsumiert, bekommt netto mehr Geld zurück als sie oder er CO_2-Steuern bezahlt hat. In der Schweiz wird das Klimageld über die Krankenversicherung ausgezahlt. In Deutschland könnte dies über die Steuernummer gelingen, wenn das versprochene Projekt der Bundesregierung, die Steuernummer mit den Kontoinformationen zu verbinden, endlich umgesetzt werden würde. Es dient auch nicht dem Vertrauen in Regierungshandeln, wenn das Klimageld weiterhin verzögert wird. Womöglich ist es Regierungen aber auch nicht besonders daran gelegen, die CO_2-Steuer an die Bevölkerung zurückzugeben. Denn die Einnahmen sind längst anderweitig verplant. So aber verspielt man das Vertrauen in die Klimapolitik!

Man stelle sich vor, die geplante CO_2-Steuer von 65 € wird als Klimageld rückerstattet. Gehen wir einmal davon aus, dass im Durchschnitt zweieinhalb Tonnen CO_2-Emissionen auf das Konto von Heizen und Mobilität gehen, also Heiz- und Treibstoffe. Diese unterliegen der Steuer, so dass die Rückzahlung 162,50 € pro Kopf betragen würde. Ein Vierpersonen-Haushalt mit zwei Kindern zum Beispiel würde 650 € erhalten. Stiege die Steuer auf 200 € pro Tonne CO_2, wären es 2.000 € für den Vierpersonen-Haushalt. Ein hübsches Sümmchen, das motivieren könnte, CO_2-Steuern stärker zu unterstützen. Allerdings werden auch Mittel für den Ausbau der Infrastruktur zur Klimaprävention und zur Abmilderung von Klimafolgen benötigt. CO_2-Abgaben können diese Mittel generieren. Ein Kompromiss wäre das Schweizer Modell der Brennstoffabgabe. Zwei Drittel werden rückerstattet, ein Drittel kommt in den Klimafonds. Rückerstattung und Klimafonds wachsen mit dem CO_2-Preis. Gleichzeitig wächst die Lenkungswirkung. Außerdem ist nicht zu vergessen, dass auch der EU-Emissionshandel der industriellen Unternehmen erhebliche Summen aus dem Kauf von Zertifikaten in den EU-Klimatopf spült, an dem die nationalen Regierungen partizipieren. Höhere CO_2-Preise und günstigere Strompreise würden die Energiewende vorantreiben. Dann wird sichtbar, dass sich Investitionen in E-Mobilität und Heizung mit erneuerbarer Energie wirklich lohnen!

In der Bevölkerung ist das Umweltbewusstsein hoch, aber die Vorbehalte sind auch groß, wenn es um das eigene Portemonnaie geht. Regierungen könnten mutiger sein und auf dem hohen Umweltbewusstsein aufbauen. Vom Klimageld, dessen Nutzen und der fairen Verteilungswirkung ist gegenwärtig kaum die Rede. Wenn es wirklich gewollt wird, kann Aufklärung die Akzeptanz erhöhen. Surveyexperimente, mit denen der kausale Einfluss unterschiedlicher Gestaltung und Beschreibung von Maßnahmen erforscht wird, zeigen eine wachsende Zustimmung zu CO_2-Steuern, wenn die Steuer rückerstattet wird. In solchen Experimenten werden die Befragten zufällig in Gruppen aufgeteilt, den einzelnen Gruppen werden verschiedene Maßnahmen vorgelegt und es wird die Akzeptanz erfragt. Mit dieser Methode finden Beiser-McGrath und Bernauer (2019) bei Umfragen in den USA und in Deutschland zunächst und nicht überraschend, dass die Zustimmung mit steigendem CO_2-Preis abnimmt (14). Die Preise variieren in der Studie von 10 US $ bis 70 US $ pro Tonne CO_2. Es zeigt sich aber auch, dass die Zustimmung bei den hohen CO_2-Preisen wächst, wenn die Steuer rückerstattet wird. Auch andere Faktoren spielen bei der Zustimmung eine Rolle, z.B. der Ausgleich unfairer Wettbewerbsbedingungen. Wenn auch andere industrialisierte Länder CO_2-Steuern einführen, steigt die Zustimmung ebenso wie bei der Besteuerung von energieintensiven Importen. Das Klimaclub-Konzept erhöht demnach auch die Zustimmung in der Bevölkerung.

Protestbewegungen

Wenn Politik auf mangelnde Akzeptanz stößt, steigt die Wahrscheinlichkeit von Protesten. Besonders fürchtet sich die Politik vor den Gelbwesten-Protesten, die in Frankreich vor einigen Jahren (2018/19) das Land lahmgelegt hatten. Der Zorn entzündete sich an der Erhöhung der Benzin- und Dieselpreise, eigentlich eine sinnvolle Maßnahme der Klimapolitik. Doch wurden von der französischen Politik gerade die sozialen Verteilungswirkungen ignoriert, zumal zuvor auch noch die Vermögensteuer abgeschafft wurde. Eine Rückerstattung wurde nicht angestrebt; die Erhöhung hätte untere Einkommensgruppen relativ stärker als reiche Haushalte belastet. Außerdem wären die zusätzlichen Einnahmen in den allgemeinen Staatshaushalt geflossen. Zwar sollten auch Klimamaßnahmen aus dem Haushalt finanziert werden, aber die Gelbwesten hatten Grund zu propagieren, dass die Erhöhung nicht der Klimapolitik zu Gute kommt (15). Die Gelbwesten-proteste demonstrieren, wie Klimapolitik nicht gemacht werden sollte. Sie demonstrieren auch, wie nötig es ist, auf die Vereinbarkeit von Klimapolitik und sozialer Gerechtigkeit zu achten.

Proteste gegen die Klima- und Umweltpolitik sehen wir in vielen Ländern. In den Niederlanden demonstrierten die Bauern gegen härtere Gesetze zur Begrenzung des Stickstoffeintrags. In Deutschland wurde die „Heizungsdebatte" um das „Gebäudeenergiegesetz" zum Aufreger und natürlich machen sich auch rechtspopulistische Parteien zum Anwalt der Klimaskeptiker. Auf der anderen Seite stehen die Klimaaktivisten. Aus dem „Skolstrejk för Klimatet" der damals 15-jährigen Schülerin Greta Thunberg im August 2018 vor dem schwedischen Reichstag in Stockholm hat sich mit „Fridays for Future" (FFF) eine weltweite Bewegung entwickelt. Radikalere Bewegungen kämpfen für Maßnahmen gegen die Klimakrise mit zivilem Ungehorsam und passivem Widerstand wie z.B. Verkehrsblockaden. Dazu zählen Gruppen wie „Letzte Generation", „Ende Gelände" oder „Extinction Rebellion".

Politik und Regierungen in demokratischen Staaten sind durchaus hellhörig bei Protestbewegungen, die die Aufmerksamkeit der Medien gewinnen und zudem populär sind. Der französische Präsident ist den Gelbwesten-Forderungen weitgehend entgegengekommen. Die Fridays-for-Future Bewegung hatte nicht nur Wirkung auf die Politik, sondern wohl auch auf die Justiz (16). In Deutschland wurde vom Verfassungsgericht das wegweisende Urteil gefällt, dass das deutsche Klimaschutzgesetz nicht ausreichend festlegt, wie hoch die CO_2-Einsparungen nach 2030 ausfallen müssen, um das angestrebte Ziel der Klimaneutralität zu erreichen. Damit, so die Richter, könnte es zu übermäßigen und unfairen Belastungen der jungen Generation kommen, wenn Belastungen einfach auf die ferne Zukunft verschoben werden. Das Urteil hat zur Revision des Klimaschutzgesetzes geführt. Heftige Proteste hinterlassen Eindruck in der Politik und sind eine wichtige Kraft, um Bewegung in die Klimapolitik zu bringen.

Fridays-for-Future, Umweltorganisationen wie Greenpeace und radikalere Gruppen wie «Extinction Rebellion» kämpfen gegen die zögerliche Politik der Regierungen und für ein Mehr an Klimapolitik. Die Forderungen von FFF bleiben im Rahmen der Vorschläge von Expertenkomitees wie z.B. höhere CO_2-Steuern oder verbilligte ÖV-Abos. Zentral ist die Forderung nach Einhaltung des Pariser Klimaziels von 1,5 Grad. Für die großen

Protestdemonstrationen von FFF vor der Corona-Pandemie im Frühjahr 2019 liegen gemeinsame Untersuchungen von Universitäten in 13 europäischen Ländern vor (17). Dabei wurde methodisch darauf geachtet, dass die interviewten Personen zufällig ausgewählt wurden. Erwartungsgemäß waren die jüngeren Altersgruppen 14 – 19 sehr stark vertreten (Anteil 45 %). Das Durchschnittsalter (Median) lag bei 21 Jahren, wobei es erhebliche Unterschiede zwischen den Städten gab (in Amsterdam 16, in Brüssel 40 Jahre). Auffallend war die weibliche Mehrheit; in der protestierenden Schülerschaft betrug sie sogar zwei Drittel. Überwiegend demonstrieren Schülerinnen und Schüler aus Familien mit höherer Bildung und Erwachsene, die höhere Bildungsabschlüsse haben. Soziale Netzwerke spielen eine Rolle. Rekrutiert wurden die Schüler vor allem durch ihre Freunde. In der Einschätzung, ob eine freiwillige Änderung des Lebensstils den Klimawandel aufhalten kann, gibt es eine bemerkenswerte Diskrepanz zwischen erwachsenen Protestierenden und den Schülerinnen und Schülern. Die Erwachsenen sind wesentlich skeptischer bezüglich des Effekts einer freiwilligen Änderung des Lebensstils als die Schüler; besonders stark ausgeprägt war die idealistische Haltung in der Schweiz (Lausanne und Genf) mit fast 90 % Zustimmung in der Schülerschaft zu dem Statement über die Änderung des Lebensstils.

Es wäre aber ein Mythos anzunehmen, dass die jüngere Generation generell oder besonders die als «Generation Z» betitelten Altersgruppen (geboren zwischen 1995 und 2010), aufgewachsen als «digital natives», sämtlich die Klimaproteste unterstützen. Abgesehen von der Frage, ob sich die Generationen X, Y, Z usw. mehr oder minder als Erfindung der Marktforschung entpuppen werden, sind es immer nur Minderheiten, die sich an Protesten beteiligen. Nicht anders war es bei der 1968er Generation. Bei dem oben erwähnten Referendum über das Schweizer Klimaschutzgesetz im Juni 2023 zeigte sich sogar, dass die jüngeren Altersgruppen mit etwa 60 % Zustimmung gerade mal wie der Durchschnitt der Wählerinnen und Wähler abgestimmt haben (18).

FFF und «Klimakleber»: Die «Radical Flank» Hypothese

Klimaaktivisten der «Letzten Generation» haben weltweit mediale Aufmerksamkeit für ihre Aktionen in Kunstmuseen erhalten. Kartoffelbrei für ein Gemälde Claude Monets im Museum Barberini in Potsdam, Öl verschmiert auf dem (verglasten) Kunstwerk «Tod und Leben» von Gustav

Klimt im Wiener Leopold-Museum, eine Attacke auf die Sonnenblumen von Van Gogh in der Londoner National Gallery haben zwar ein großes Medienecho, aber wenig Verständnis in den Kommentarspalten erzielt. Nach den «Kunstaktionen» im Herbst 2022 folgten die Klimaklebeaktionen auf Straßen und Flughäfen. Ziviler Ungehorsam, Sachbeschädigungen und Blockaden sind nicht gerade populär. Schaden die radikalen Aktionen der Klimabewegung insgesamt?

Die Fragestellung lautet, ob ein radikaler Flügel der gemäßigten Bewegung schadet oder – ganz im Gegenteil – der gemäßigten Bewegung sogar nützt? Um dieser Fragestellung nachzugehen, haben Simpson, Willer und Feinberg (2022) zwei Experimente durchgeführt; eines bezogen auf die Klimabewegung, das andere auf Proteste für Tierrechte (19). Die Vorgehensweise und Ergebnisse seien hier für die Klimabewegung erläutert. Dabei unterscheiden die Forscher zwischen der Radikalität des Programms und der Radikalität der Taktik, also der Art der Durchführung der Aktionen. Es sind demnach zwei Fragestellungen: wie wirkt sich die Radikalität der Ziele und wie wirkt sich die Radikalität der Taktik auf die moderate Bewegung aus?

Das Experiment wurde online auf AmazonTurk durchgeführt. AmazonTurk ist eine Internet-Plattform, auf der Personen in aller Welt für online durchzuführende Aufgaben gegen Bezahlung angeheuert werden können. Die Plattform wird oft auch für sozialwissenschaftliche Experimente genutzt.

Simpson et al. wählen das in Tabelle VIII.1 gezeigte Design mit vier Versuchsgruppen. Das gemäßigte Programm sieht ein Verbot fossiler Heiz- und Treibstoffe in 15 Jahren vor, das radikale Programm plant dafür ein Jahr. Die gemäßigte Taktik sind friedliche Demonstrationen, die radikalen Aktionen sind gewaltsam gegen das Eigentum von Mineralölkonzernen gerichtet. 1656 Versuchspersonen aus den USA werden jeweils einer der vier Kombinationen von Programm und Taktik zugewiesen und sollten diese bewerten. In einem zweiten Schritt wurde nach der Unterstützung der moderaten Bewegung gefragt.

Die eingangs gestellte Frage wird klar beantwortet. Bei beiden Experimenten, dem Tierrechte-Protest und bei der Klimabewegung, ist die Unterstützung der moderaten Bewegung größer, wenn die Versuchspersonen vorher mit der Taktik des radikalen Flügels konfrontiert wurden im Vergleich zu den anderen Versuchsbedingungen. Es ist also weniger das Programm, sondern vielmehr die Form der Aktion, die einen Effekt auf die Unterstützung ausübt. Übertragen auf FFF und Letzte Generation heißt dies, dass die radikale Gruppe mit ihrer illegalen Taktik medienwirksamer Sachbeschädigung und Klebeaktionen der moderaten Bewegung nicht nur nicht schadet, sondern das Ausmaß der Unterstützung erhöht.

Tabelle VIII.2 Plan des Experiments von Simpson, Willer, Feinberg (2022)

	Moderat	**Radikal**
Programm	Verbot fossiler Heizstoffe und Treibstoffe nach einer Frist von 15 Jahren	Verbot fossiler Heizstoffe und Treibstoffe innerhalb eines Jahres
Taktik	Friedliche Demonstrationen, Aufklärungsaktionen	Aktivisten beschädigen Eigentum von Mineralölkonzernen und werfen Steine und Flaschen auf die Autos der Angestellten

Je ein Viertel der Befragten wird mit einem Text, der jeweils einer der vier Zellen entspricht, konfrontiert. Befragte werden zufällig auf die vier Versuchsbedingungen aufgeteilt. Im zweiten Schritt soll die „fokale", moderate Bewegung bewertet werden.

Doch muss man hier wie bei allen Experimenten zunächst vorsichtig sein. Die Aussagekraft eines einzelnen Experiments ist immer begrenzt. Erst Wiederholungen können zeigen, ob der Effekt stabil bleiben wird. Zweitens ist der Effekt zwar deutlich und signifikant nachweisbar, aber die Stärke ist geringer als andere Einflüsse. So spielen das Geschlecht – Frauen unterstützen eher die Klimabewegung als Männer – und besonders die Nähe zu einer Partei – Demokraten unterstützen die Klimabewegung stärker als Republikaner – eine wesentlich größere Rolle als die Vorabbewertung des radikalen Flügels. Moderate Bewegungen könnten von einer Abspaltung einer radikalen Fraktion profitieren; doch ist der positive Radical-Flank-Effekt auch wieder recht begrenzt im Vergleich zu anderen Quellen, aus denen sich die Unterstützung einer Bewegung speist.

Teilnahme an Protesten als Kollektivgutproblem

Bei der Radical-Flank-Hypothese geht es um die Sympathie gegenüber einer sozialen Bewegung in der Bevölkerung. Je mehr Menschen eine soziale Bewegung unterstützen, desto wahrscheinlicher ist auch, dass es zu aktiver Unterstützung bei Demonstrationen kommt. Allerdings ist die Sache etwas komplizierter, denn auch die Entscheidung der Teilnahme an Protesten ist mit dem Trittbrettfahrerproblem konfrontiert. Denn die Teilnahme ist in der Regel mit Kosten verbunden (Zeitaufwand, Fahrtkosten etc.). Selbst wenn man alle Ziele einer Protestveranstaltung teilt, kann eine Person räsonieren, dass es auf eine Person mehr oder minder nicht ankommt, um einem Protest zum Erfolg zu verhelfen. Die Protestveranstaltung ist ein Kollektivgut, dessen Wert mit der Anzahl der Teilnehmer wächst. Auch hier gilt, dass «selektive Anreize» das Trittbrettfahrerproblem mildern können. Die Aktivierung durch Freunde, die gemeinsame Teilnahme mit Freunden, die Identifikation mit den Protestierenden, die soziale Norm, einen Beitrag zum Protest für Klimaziele zu leisten und natürlich der Auftritt populärer Rockbands bei Demonstrationen können als Beispiele für soziale Anreize gelten, die zur Teilnahme am Protest motivieren. «Politische Unternehmer», die Proteste organisieren, sind gut beraten, selektive Anreize zu nutzen und zu verstärken (20).

IX Ausblick auf ein heißes Jahrhundert

Können wir den Klimawandel noch begrenzen? Wie wir wissen beträgt die Erwärmung im weltweiten Durchschnitt bereits 1,1 Grad Celsius im Vergleich zur Referenzperiode 1850 bis 1900; in Europa sind es sogar 2,2 Grad. Wenig wahrscheinlich ist, dass die Erwärmung unterhalb des 1,5-Grad-Ziels der Pariser Klimakonferenz bleiben wird. Die bislang eingegangenen Verpflichtungen der Vertragsstaaten genügen auch nicht, zumindest das 2-Grad-Ziel zu erreichen (1). Und dabei ist noch keineswegs sicher, dass alle Staaten, die dem „Klimavertrag" zugestimmt haben, ihre Verpflichtungen auch einhalten werden.

Viele Jahrzehnte hat die Weltgemeinschaft, haben die Staaten und ihre Regierungen geschlafwandelt und die Warnungen der Wissenschaft ignoriert. Spätestens seit der Konferenz von Rio 1992, also vor mehr als dreißig Jahren, wurden sie unüberhörbar. Aber Politik und auch viele Bürgerinnen und Bürger können mit einem so langfristigen, schleichenden und damals mit unserem Sensorium kaum merkbaren Wandel schwer umgehen. Das Experiment zum kollektiven Risikodilemma (Kapitel III) illustriert prägnant, dass erst bei einem sehr hohen Verlustrisiko gehandelt wird, wenn quasi das Wasser bis zum Hals steht, und auch dann gelang es nicht allen Gruppen, die Katastrophe abzuwenden. Jetzt befinden wir uns in der Klimakrise; jede und jeder erfährt bereits die Folgen, teils am eigenen Leib wie Hitzerekorde und Starkregen, teils durch Medien die Häufung von Waldbränden, Dürren, Überflutungen, sofern man selbst nicht schon direkt betroffen ist. Anders in der Covid-Pandemie. Hier haben die meisten Menschen und die Regierungen relativ schnell die Gefahren erkannt. Die Politik hat in kurzer Frist enorme Summen für die Prävention und Milderung der wirtschaftlichen Folgen mobilisiert. Politisches Handeln ist dagegen sehr viel träger und zögerlicher in der Klimakrise, die uns noch viel länger beschäftigen wird.

Hätte man früher gehandelt, wäre Klimaprävention wesentlich billiger zu haben gewesen. Heute müssen weit mehr Ressourcen für die doppelte Zielsetzung der Milderung des Klimawandels (Prävention) und der Milderung von Klimafolgen („Mitigation") aufgebracht werden. In einer Welt kriegerischer Konflikte und Spannungen zwischen den Großmächten ist Klimapolitik nicht einfacher geworden. Dabei sind internationale Kooperationen im gemeinsamen Interesse immer dringlicher. Sie sind auch möglich. Zahlreiche andere internationale Abkommen sind in Zeiten großer Spannungen abgeschlossen worden, wenn gemeinsame Interessen überwogen hatten. Das erfolgreiche Ozon-Abkommen ist noch in der Zeit des „Kalten Krieges" zustande gekommen.

Die Szenarien des Weltklimarats IPCC

Im Synthesebericht des IPCC „Climate Change 2023" werden fünf Szenarien und deren Folgen aufgezeigt (2). Keines der Szenarien geht davon aus, dass die Erwärmung dauerhaft unter 1,5 Grad bleibt. Das günstigste Szenario, das auf einem sofortigen Rückgang weltweit ausgestoßener Klimagase basiert, kalkuliert bereits einen geringen oder stärkeren „overshoot" ein, d.h. die Erwärmung übertrifft 1,5 Grad, geht danach aber auf oder unter 1,5 Grad zurück. Zur Realisierung dieser Szenarien sind drastische politische Interventionen erforderlich. Klimaneutralität muss dabei bis 2050 erreicht werden. Das nächste Szenario sieht einen flacheren Rückgang der Emissionen vor; die Klimafolgen werden auf 2 bis 2,5 Grad geschätzt. Im mittleren Szenario steigen die Emissionen noch etwa zehn bis fünfzehn Jahre und sinken danach ab. Die Klimafolgen sind je nach Maßnahmen bis zu 3 Grad Anstieg der globalen Temperatur. Bei den beiden extremeren Szenarien, die aber keineswegs unrealistisch sind, werden weltweit in wachsendem Maße Treibhausgase emittiert. Die Klimaerwärmung erreicht oder überschreitet 4 Grad Celsius. Im extremen Szenario können es auch fast 5 Grad werden.

Mit den beiden extremen Szenarien würden wir der jüngeren Generation und nachfolgenden Generationen einen Planeten hinterlassen, der nicht wiederzuerkennen wäre. Aber auch beim mittleren Szenario wären die Klimafolgen verheerend und Kipppunkte, die Rückkoppelungsschleifen in Gang setzen, würden mutmaßlich überschritten werden.

„Jede Tonne CO_2 trägt zur globalen Erwärmung bei", lautet die Botschaft im Klimawandelbericht 2023 (3). Noch haben wir die Wahl, mit erneuerbaren Energien und großen Anstrengungen ein neues Gleichgewicht mit einer Einhegung der Erwärmung im Bereich von 1,5 bis 2 Grad zu erreichen. Was also können wir noch tun, um den Klimawandel und die Folgen zu begrenzen und abzumildern?

Die drei wichtigsten Maßnahmen der Klimapolitik

Drei Maßnahmen stehen oben auf der Prioritätenliste: der Ausbau der Infrastruktur, CO_2-Abgaben mit Rückerstattung und internationale Klimaabkommen. CO_2-Abgaben und Infrastruktur sind miteinander verknüpft, denn je teurer fossile und je billiger regenerative Energie ist, umso eher gelingt der Ausbau von Infrastruktur für die Energiewende und umso günstiger wird erneuerbare Energie produziert, transportiert und genutzt werden können.

Infrastruktur

Die soziale Diffusion von Innovationen, die auf erneuerbarer Energie basieren, steht erst am Anfang. Die Dynamik der Nachfrage folgt typischerweise einer S-förmigen Kurve sozialer Diffusion. Am Anfang ist sie gering, steigt dann aber stark an und flacht schließlich wieder ab, wenn ein Sättigungspunkt erreicht ist. Der charakteristische Verlauf ist z.B. bei E-Autos oder Wärmepumpen zu erwarten. Dieser Prozess ist selbstverstärkend, denn mit der Zunahme von elektrisch betriebenen Autos wächst auch der Ausbau der Infrastruktur, was gleichzeitig Nutzen und Nachfrage von E-Mobilität erhöht. Nicht allein CO_2- und Strompreis sind entscheidend, sondern auch die Dichte des Netzes von Ladestationen. Je größer der CO_2-Preis, je günstiger die Strompreise und je besser der Ausbau der Infrastruktur, umso mehr lohnt sich die Anschaffung eines elektrisch betriebenen Fahrzeugs. Anfangs mögen auch Förderungen gerechtfertigt sein, um den Umstieg zu beschleunigen. Mit der Massenproduktion aber werden die Preise fallen und die Qualität der E-Autos wird sich verbessern. Dringend nötig ist, dass bezahlbare Elektromobilität entsteht und diese nicht nur im Luxussegment vorangetrieben wird. In den Städten aber werden, neben Fußgängern, öffentlicher Verkehr und (E-)Fahrräder dominieren, denn auch E-Autos beanspruchen Platz, verursachen Staus und hinterlassen Feinstaub aus Reifenabrieb. Förderungen von E-Autos sollten besser geringe Schwellenwerte für den Kaufpreis setzen, bis zu dem eine Förderung erfolgt. Dafür könnte die Förderung umso kräftiger ausfallen. Die Industrie hat dann auch einen Anreiz, kleinere Fahrzeuge zu „elektrifizieren". Außerdem würde ein solcher Förderungsansatz auch der Umverteilung von unten nach oben entgegenwirken.

Wärmepumpen in Neubauten (und oftmals auch in älteren Gebäuden) amortisieren sich heute schon im Vergleich zu Gas- und insbesondere

Ölheizungen. Aber warum sollte nur auf individuelle Lösungen vertraut werden? Länder wie z.B. Dänemark setzen stark auf Fernwärme mit nicht fossilen Heizstoffen. Dafür ist kommunale Infrastruktur von Fernwärmenetzen nötig. Auch genossenschaftliche Lösungen sind denkbar; für Immobilienbesitzer oder Mieter reduzieren sich damit die Investitionen in moderne Heizanlagen.

Der Ausbau von Infrastruktur bezieht sich auf zahlreiche Bereiche, der Nachholbedarf ist oft riesig. Dazu zählen öffentlicher Nahverkehr, Bahn, Digitalisierung, Fernwärme, kommunale Infrastruktur mit dem Ziel der Entsiegelung von Flächen und der Schaffung von Grün- und „Schwammstädten". Vor allem aber zählt dazu der Ausbau von Solar- und Windenergie und ein massiver und beschleunigter Ausbau der Stromnetze. Wenn Mobilität, Wärme und industrielle Produktion elektrifiziert werden, wird nicht nur „grüner" Strom benötigt, sondern dieser muss auch dort verfügbar sein, wo er gebraucht wird. An sonnigen Tagen, an denen sich zugleich die Windräder drehen, können Batteriespeicher, in die künftig massiv investiert werden muss, die überschüssige Energie aufnehmen. Bleiben dagegen Wind und Sonne in der „Dunkelflaute" aus, müssen Reservekraftwerke bereitstehen. Das sind Gaskraftwerke oder Kraftwerke, die zum Teil mit Wasserstoff betrieben werden, der aber auch erst einmal mit Elektrolyseuren erzeugt werden muss. Alles dies erfordert enorm viel Kapital, teils von privater Seite, insbesondere aber auch durch den Staat. Die Szenarien für Deutschland besagen: In den vor uns liegenden zwei Jahrzehnten muss dafür die Stromproduktion verdoppelt und fossile Energiequellen müssen durch regenerative ersetzt werden. Das ist zweifellos ein ehrgeiziges Programm! Verdoppelung in 20 Jahren heißt ca. 3,5 % Zuwachs pro Jahr, eine gewaltige Kraftanstrengung im Vergleich zu den Zuwachsraten der Vergangenheit. Bis 2030 wird ein Anstieg der (Brutto)Stromproduktion um mehr als ein Drittel erwartet (auf 750 TWh pro Jahr im Vergleich zu 549 im Jahr 2022), davon 80 % (600 TWh) aus erneuerbarer Energie. Ob diese Ziele erreicht werden, wird sich weisen. Insgesamt bestehen nach dem Bericht des Expertenrats für Klimafragen beim bisherigen Tempo der Klimapolitik erhebliche Zweifel, ob das Ziel einer Reduktion von 65 % Reduktion der Treibhausgase bis 2030 erfüllt werden kann (4).

Anders als konsumtive Staatsausgaben lohnt sich der Ausbau der Infrastruktur und kommt insbesondere auch jüngeren und nachfolgenden Generationen zugute. Investition in Energiewende-Infrastruktur ist Zukunftsinvestition! Diese nötigen und zeitlich dringenden Investitionen sollten nicht durch Schuldenbremsen verzögert oder gar verhindert werden. In der Finanzkrise, der nachfolgenden Staatsschuldenkrise und in der Covid-Pandemie ist es gelungen, enorme Summen bereitzustellen („whatever it takes"). In der Klimakrise besinnt sich der Staat dagegen allzu dogmatisch auf die Schuldenbremse. Darüber hinaus gibt es alternative Möglichkeiten der Finanzierung: von einer Reform der Erbschaftssteuer bis hin zu einem Solidaritätszuschlag für hohe Einkommen. Das Zeitfenster der Gelegenheiten ist kurz, um die Erderwärmung noch zu begrenzen. Je später gehandelt wird, umso teurer werden Klimaprävention und Folgekosten der Klimakrise.

CO_2-Preis

Der Ausbau von Erzeugung und Verteilung von Strom ist die eine Seite. Auf der anderen Seite müssen genügend starke Anreize bestehen, um die Nachfrage nach der Elektrifizierung von Mobilität und Wärme zu stimulieren. Die Vorteile höherer CO_2-Preise haben wir ausführlich in Kapitel V behandelt. Der Preis ist nicht alles; der CO_2-Preis ist nicht die eine Silberkugel, um rasch die Wende zur Dekarbonisierung zu schaffen. Ohne Ausbau der Infrastruktur verpuffen höhere CO_2-Preise. Auch sind ordnungsrechtliche Regelungen dort nötig, wo CO_2-Abgaben kaum Lenkungswirkung haben; ein Beispiel ist die Umstellung von Glühbirnen auf LED-Leuchten. Aber Preise sind für die Kernbereiche der Energiewende, in der Industrie, bei Wärme und Mobilität, doch ein mächtiger Hebel. Fakt ist, dass die CO_2-Bepreisung der fossilen Mobilität bislang in homöopathischen Dosen verordnet wurde. Die Wirkung auf die Benzinpreise z.B. liegt unterhalb täglicher Schwankungen und ist kaum spürbar. Jetzt ziehen die Preise langsam an; bleiben aber auch mit dem angepeilten Maximalziel von 65 € immer noch im unteren Bereich und auch unter dem CO_2-Preis, den industrielle Unternehmen noch in der ersten Jahreshälfte 2023 im europäischen Emissionshandel berappen mussten. Interessant ist die Absicht der deutschen Regierung, die Straßenmaut derart zu erhöhen, dass ein CO_2-Preis von 200 € pro Tonne resultiert. Das Umweltbundesamt hat schon vor Jahren die negativen Externalitäten von CO_2-Emissionen auf etwa 200 € taxiert (Kapitel V). Die schrittweise Erhöhung der CO_2-Abgaben auf 200 € würde zweifellos eine starke Lenkungswirkung entfalten. Die Abgabe würde damit Benzin- und Dieselpreise um rund 50 Eurocent pro Liter und Heizen mit Erdgas und Erdöl um 4 bzw. 5 Cent pro KWh belasten (hinzu kommen noch 19 % MWSt., Kapitel V, Tabelle 1). Gleichzeitig sollten Steuern und Abgaben auf Strom aus erneuerbarer Energie gesenkt und alle Subventionen fossiler Energie beseitigt werden. Da es zweifelhaft ist, ob in Deutschland das gesetzlich verankerte Etappenziel der Senkung der CO_2-Emissionen um 65 % bis 2030 mit den bisher vorgesehenen Maßnahmen erreicht werden kann, sollte die Politik nachbessern.

E-Autos und Wärmepumpen, Solaranlagen, energiesparende Maßnahmen in Gebäuden und viele Maßnahmen mehr zur Einsparung oder Ersetzung fossiler Energie würden sich bei einem spürbaren Anstieg der CO_2-Preise weit mehr lohnen als bisher. Vielfach tun sie das auch jetzt, aber der Anreiz würde sich erheblich verstärken. Die Haushalte, Unternehmen, Kommunen usw. wissen am besten, wo sich die Ersetzung fossiler Energie besonders lohnt und würden entsprechend handeln. Das Instrument hoher CO_2-Abgaben ist eine zentrale Maßnahme, die millionenfache dezentrale Handlungen und erfinderische Kreativität in Gang setzen wird, um Energie einzusparen und fossile Energie durch erneuerbare zu ersetzen.

Die Politik ist aus mehreren Gründen zurückhaltend. Erstens fürchtet man Proteste wie diejenigen der „Gelbwesten" in Frankreich. Zweitens möchte man sich die zahlreichen Förderinstrumente zugunsten einer einheitlich wirksamen Maßnahme nicht gerne aus der Hand nehmen lassen. Drittens ist man zögerlich, wenn man bereits Einnahmen aus Emissionshandel und CO_2-Steuer hat, diese zurückzuerstatten. Denn gerne verfügt die Politik selbst über diese Summen. Populistischen Protesten könnte aber insbesondere durch die Rückerstattung der CO_2-Abgaben an Haushalte und Wirtschaft die Spitze gebrochen werden.

Es gibt aber ein Problem, wenn die Politik vollmundig Mengenziele für die kommenden Jahre und Jahrzehnte verkündet oder langfristig CO2-Preispfade festlegt. Das ist gut für die Kalkulierbarkeit durch Haushalte und Unternehmen, aber ist die Verpflichtung auch glaubwürdig? Was passiert, wenn infolge der Reduktion der Menge im Rahmen des Green Deals der EU der CO_2-Preis in die Höhe schießt und es von allen Seiten Proteste hagelt? Schon beim Übergang in das EU Handelssystem für Heizen und Treibstoff (ETS II) kann genau diese Situation eintreten. Nach einer Studie der Agora Energiewende wird mit Durchschnittspreisen von 150 € und in der Spitze von 200 € pro Tonne CO_2 gerechnet (Kapitel V). Auch beim CO2-Preispfad in Deutschland haben wir sowohl eine Absenkung als auch Erhöhungen des Preises gesehen. Kalkulierbare Preispfade sehen anders aus. Die EU-Klimapolitik sieht vor, dass ab 2035 keine neuen Fahrzeuge mit Benzin- oder Dieselmotor zugelassen werden. Doch wird das Verbrennerverbot auch beibehalten, wenn das Jahr näher rückt? Bei allen langfristigen

Festlegungen politischer Instanzen stellt sich demnach ein Glaubwürdigkeits- oder „Commitment-Problem“. Früher haben Staaten nach Gusto Geld gedruckt, um Haushaltsprobleme zu lösen. Die Folge war eine galoppierende Inflation. Die Erfindung unabhängig entscheidender Zentralbanken hat die Macht der Politik zur Manipulation der Geldmenge beschränkt. Wäre nicht die Schaffung einer ähnlich gearteten Institution zweckmäßig, die Einrichtung einer Art CO2-Bank, die den Pfad der CO_2-Bepreisung oder die Reduktion der Menge überwacht und steuert?

Rückerstattung von „Klimageld“

Ohne Kompensation ist die CO_2-Steuer, wie die meisten indirekten Steuern, regressiv (Kapitel V). Das heißt, Haushalte mit geringem Einkommen zahlen *relativ* mehr Steuern als wohlhabende Haushalte. Absolut gesehen ist der Steuerbeitrag der reichen Haushalte allerdings höher als derjenige ärmerer Haushalte, weil die CO_2-Emissionen von Haushalten mit dem Einkommen ansteigen. In einer Studie mit Schweizer Daten hatten wir ermittelt, dass bezüglich der CO_2-Emissionen die oberen 10 Prozent der Haushalte etwa sechs Mal so viel CO_2 ausstoßen wie die 10 Prozent der Haushalte mit den geringsten CO_2-Emissionen (5). Die Haushalte mit den höchsten Emissionen hätten dann auch sechs Mal so hohe CO_2-Abgaben zu zahlen wie die CO_2-sparsamen Haushalte. Dennoch: Relativ in Bezug auf das Einkommen sinkt die Belastung, wenn das Einkommen ansteigt.

Neben der Verteilung der CO_2-Emissionen geben Studien über die CO_2-Emissionen nach Einkommensgruppen Auskunft. In Deutschland konnte mit Daten der Einkommens- und Verbrauchsstichprobe (von 2013) ermittelt werden, dass Personen mit geringen Verdiensten (unter 900 €) 5,4 t CO_2 emittieren, bei hohen Einkommen (10.000 bis 18.000 €) waren es 14,8 t CO_2 (6). Aufsehen hat die Oxfam-Studie, durchgeführt vom Stockholm Environment Institute, erregt. Danach verursachen global die oberen 10 % der Einkommensverteilung 50 % aller CO_2-Emissionen. Für das oberste reiche Einkommensprozent errechnen sich 15,9 % der globalen Emissionen, während es bei den unteren 50 % gerade einmal 7,7 % sind (7).

Bei einer Pro-Kopf-Rückerstattung der CO_2 Abgaben steigt nicht nur die absolute, sondern auch die relative Belastung mit dem Einkommen. Bei vollständiger Rückerstattung würden alle Haushalte profitieren, deren Emissionen unter dem Mittelwert der besteuerten CO_2-Emissionen liegen. Netto wären sie die Gewinner, da sie eine höhere Rückerstattung erhalten, als sie an CO_2-Abgaben gezahlt haben. Wie in Kapitel V gezeigt, kann man sich vorstellen, dass alle CO_2-Abgaben in einen Klimafonds eingezahlt werden. Was sich am Ende des Jahres in diesem „Topf" befindet, wird durch die Zahl der Köpfe – vom Säugling bis zum Greis – geteilt und den Haushalten zurückerstattet. Bei einer vierköpfigen Familie könnte sich die Rückerstattung insgesamt zu einem vierstelligen Betrag addieren. Eine CO_2-Steuer mit Rückerstattung wäre keine regressive, sondern eine „progressive" Steuer, die von unten nach oben umverteilt und durch die Lenkungswirkung gleichzeitig die Dekarbonisierung fördert. Bei vollständiger Rückerstattung könnte sogar die Mehrheit der Bevölkerung profitieren, da die Emissionsverteilung der Haushalte nicht symmetrisch, sondern stark „rechtsschief" ist. Der Median einer solchen Verteilung ist geringer als der Mittelwert. Das heißt, dass mehr als 50 % der Haushalte netto von einer vollständigen Rückerstattung profitieren. Nach Schätzungen mit den Schweizer Daten waren es sogar rund zwei Drittel, die bei vollständiger Rückerstattung mehr Geld zurückerhalten hätten, als sie an Abgaben gezahlt haben (Kapitel V) (8).

Die Politik verspricht zwar gerne vollmundig ein „Klimageld" oder einen „Klimabonus", ist bei der Umsetzung dann aber sehr zögerlich. Denn ein gut gefüllter Steuertopf weckt Begehrlichkeiten. Tatsächlich sind, wie wir wissen, auch und gerade von Seiten des Staates enorme Infrastrukturleistungen zu finanzieren. Das „Schweizer Modell" bietet einen guten Kompromiss: Zwei Drittel der Einnahmen gehen an die Bürgerinnen und Bürger, ein Drittel wird in klimapolitische Infrastrukturmaßnahmen investiert. Außerdem stehen staatlicher Klimapolitik auch noch erhebliche Mittel aus dem EU-Emissionshandel zur Verfügung! CO_2-Abgaben aus der CO_2-Bepreisung von Heiz- und Treibstoffen und die Einnahmen aus dem europäischen Emissionshandel fließen in einen staatlichen Klimafonds. Die Mittel sind für die Förderung der Energiewende vorgesehen. Bei einem CO_2-Preis von 200 € ist ein Drittel des Klimafonds nicht weniger als der „Topf", aus dem derzeit sowohl Klimageld ausgezahlt als auch Infrastrukturinvestitionen getätigt werden sollen. Allerdings muss man berücksichtigen, dass die Lenkungswirkung höherer CO_2-Preise den Klimatopf schrumpfen lässt. Das ist ja gerade die beabsichtigte Folge des Hauptzwecks der Maßnahme.

In Umfragen sind CO_2-Abgaben immer noch ein rotes Tuch; die Mehrheit ist eher ablehnend. Wird die Rückerstattung erwähnt, steigt die Zustimmung um einige Prozentpunkte, wird aber in der Regel bei höheren CO_2-Steuern nur von einer Minderheit unterstützt. Bei relativ geringen CO_2-Preisen von z.B. 30 € in Deutschland 2023 wäre eine Rückerstattung auch im Portemonnaie kaum spürbar. Anders bei höheren Preisen von 200 € pro Tonne CO_2. Ein Klimabonus würde die Haushaltskasse vieler Familien merklich aufbessern.

Es gibt alternative Modelle der Rückerstattung und des sozialen Ausgleichs (9). Man kann fast sagen, dass seit dem verstärkten Engagement der Politik für die Energiewende die ökonomische Phantasie einen neuen Schub bekommen hat, Lösungsvorschläge für die Klimapolitik zu entwickeln. Diese sollten natürlich in Betracht gezogen werden, um bei Abwägung aller Aspekte eine optimale Lösung zu finden, die bei der Mehrheit der Bevölkerung auf Akzeptanz stoßen kann. Die Modellrechnungen von Kuhn und Schlattmann (2024) plädieren für die Kombination direkter Förderung von E-Autos und Wärmepumpen (generell „commitment goods“) mit einer progressiver gestalteten Einkommenssteuer. Die Modellrechnung zeigt, nicht ganz überraschend, dass eine direkte Förderung für die Nachfrage nach den geförderten Produkten wirksamer ist als die indirekte Förderung über den CO_2-Preis. Allerdings werden nicht die weiteren Wirkungen von CO_2-Preisen auf das Verhalten und andere emissionsrelevante Güter und Dienstleistungen berücksichtigt. Ein weiterer Vorschlag richtet sich auf die Rückerstattung durch Senkung von Stromsteuer und Netzentgelten. Der Anreizeffekt zum Umstieg auf erneuerbare Energie für Haushalte und Unternehmen könnte dadurch spürbar erhöht werden. Auch die Industrie würde günstigere Strompreise sehr willkommen heißen. Entsprechend lautete das Credo im „Masterplan für die Klimapolitik“ von Felbermayr, Fuest und Südekum (2021): CO_2-Bepreisung und Rückerstattung über die Verringerung der Strompreise oder aber voll umfänglich als „Klimaprämie“. Inzwischen hat es sich einer der Autoren anders überlegt. Zur Kompensation der CO2-Bepreisung plädieren Fuest und Sachs (2023) für die Erhöhung des Grundfreibetrags der Einkommenssteuer, Senkung der (Grenz)steuersätze und eine Erhöhung des Bürgergelds. Grund ist die negative Wirkung der CO_2-Abgabe auf die Arbeitsanreize, die durch die Verteuerung emissionshaltiger Güter verringert würden. Dieser Nebenwirkung soll durch die Reform der Einkommenssteuer begegnet werden. Aber wie hoch ist der negative „Arbeitsanreizeffekt“ und welche verteilungspolitischen Konsequenzen hat der Vorschlag? Erhöhung von Bürgergeld sorgt für mehr Gleichheit, Absenkung der Grenzsteuersätze bewirkt das Gegenteil.

Möglich, dass der eine oder andere Vorschlag Vorzüge gegenüber dem Modell der Pro-Kopf-Rückerstattung aufweist. Das wäre genauer auszuloten. Aber einen Vorteil hat das Modell „Klimageld“ neben der Lenkungs-

und Verteilungswirkung. Es ist sehr einfach, hat Vorbilder im Ausland und ist in klimapolitisch aktiven Kreisen relativ gut bekannt. Der ‚Charme' des Modells ist besonders die Einfachheit im Vergleich zu den komplexen Kompensationsmodellen, deren Wirkungen und Nebenwirkungen auch noch genauer aufgezeigt werden müssten.

Natürlich müssten beides, CO_2-Abgabe und Klimabonus, auch entsprechend kommuniziert werden. Klimapolitik muss offensiv für das Ziel einer gerechten und fairen Energiewende werben. Denn Verfahren, Zweck und Wirkung auf die Verteilung dürfte den meisten Menschen bislang kaum bekannt sein. Es soll auch nicht verschwiegen werden, dass es in der Übergangsphase auch in Teilen unterer Einkommensschichten Verlierer geben kann. Wer auf dem Land wohnt, mit dem alten Diesel zur Arbeit in die Stadt pendelt, ein schlecht gedämmtes Haus, beheizt mit Öl oder Gas, besitzt und über ein geringes Haushaltseinkommen verfügt, wird die erhöhten Preise für die fossile Energie kaum stemmen können. Hier sind Kompensationen und Zuschüsse für untere Einkommensgruppen, die überproportional hohe Belastungen durch die Energiewende tragen, unerlässlich (10).

„Die Gelbwesten", Trauma zögerlicher Umweltpolitik, hatten protestiert, weil die Steuern auf CO_2 nicht nur nicht zurückerstattet wurden, sondern auch im allgemeinen Staatshaushalt verschwinden sollten und zudem kurz zuvor noch die Vermögensteuer abgeschafft wurde. Es war der Aufstand der kleinen Leute aus der Provinz im Zentralstaat Frankreich. Die Lehre daraus ist, dass die Akzeptanz von Klimapolitik immer im Auge behalten werden muss. Akzeptanz ist aber ein dynamischer Prozess. Was heute abgelehnt wird, wird morgen mehrheitlich unterstützt. Es liegt an der Politik in Verbindung mit Wissenschaft und Zivilgesellschaft, Maßnahmen der Klimapolitik zu kommunizieren, um Mehrheiten dafür zu gewinnen.

Internationale Klimaabkommen

Die kleineren und mittelgroßen Länder können behaupten, dass sie nur einen geringen Anteil an den weltweiten Emissionen haben. Für Deutschland sind es rund 2 %, der Anteil der Schweiz liegt im Promillebereich. Mit diesen Zahlen wird gerne Zurückhaltung und folglich Trittbrettfahren verteidigt. Wir alleine können die Welt nicht retten, heißt es dann. Das ist sicher richtig, aber genau aus diesem Grund versucht man, internationale Abkommen zu schließen. Wie bei anderen Kollektivgutproblemen, könnte ein sanktionsbewehrtes Abkommen, ein globaler Gesellschaftsvertrag, Trittbrettfahren verhindern und wechselseitige Kooperation begründen. Dabei sind zwei Voraussetzungen wichtig: Erstens muss die Summe der Verpflichtungen groß genug sein, um die Erwärmung gemäß den Paris-Zielen zu begrenzen. Zweitens müssen Vertragsverletzungen so geahndet werden können, dass die Vertragspartner keinen Anreiz haben, gegen die Regeln zu verstoßen. Beim Paris-Abkommen war beides nicht gegeben: Weder genügen die Verpflichtungen, um die postulierten Klimaziele zu erreichen, noch können Vertragsverletzungen sanktioniert werden. Dass die Summe der Verpflichtungen nicht dem 1,5- oder 2-Grad-Ziel entspricht, liegt daran, dass die Vertragsstaaten das von ihnen angestrebte Reduktionsziel selbst wählen konnten. In Kapitel III wurde der Paris-Vertrag mit der Einführung einer Geschwindigkeitsbeschränkung im Straßenverkehr verglichen, bei der es jedem Autofahrer überlassen wird, sein gewünschtes Tempolimit zu wählen. Natürlich würden dadurch die Unfallzahlen nicht zurückgehen, nicht einmal dann, wenn Überschreitungen der Geschwindigkeit bestraft werden (11).

Entsprechend ist auch, vor und nach Paris, bis zur mittlerweile 28. Klimakonferenz in Dubai der weltweite Ausstoß von Treibhausgasen angestiegen. Die Festlegung eines CO_2-Mindestpreises und ein Sanktionsmechanismus, ähnlich dem Welthandelsabkommen, würde diese Situation ändern, ist aber leider nicht in Sicht. Trittbrettfahrer profitieren, zumindest so lange fossile Energie billiger ist als erneuerbare Energie, von Ländern, die CO_2-Preise einführen. Diese müssen darauf hinwirken, dass Klimaabkommen nicht nur die Bepreisung von CO_2 vorsehen, sondern Trittbrettfahrern die Anreize für unkooperatives Verhalten genommen werden. Dafür gibt es Vorschläge. Axel Ockenfels und Christoph Schmidt z.B. plädieren für einen Sanktionsmechanismus, der sich am Prinzip der Reziprozität orientiert: Positive Reziprozität sieht Belohnung vor (z.B. Freihandelsabkommen), wenn sich Partnerstaaten kooperativ verhalten und Bestrafung (z.B. Zölle gemäß des Klimaclub-Konzepts), wenn Staaten von den vereinbarten Regeln abweichen (12).

China (mit weitem Abstand), die USA und die EU sind für rund die Hälfte der globalen CO_2-Emissionen verantwortlich. China hat dabei einen Nachholbedarf an Lebensstandard, sorgt für einen starken Ausbau der Sonnenenergie, investiert jedoch auch weiterhin in Kohlekraftwerke. USA und EU praktizieren immer noch eine hauptsächlich fossile Wirtschaftsweise; die fossile Energie ist aber zumindest rückläufig. Trotz der Spannungen zwischen USA und China sind die großen drei EU, USA, China zentrale

„Player" bei der Aushandlung effektiver Klimaabkommen. Entwicklungsländer, deren Pro-Kopf-Treibhausgasausstoß demgegenüber marginal ist, haben in der Vergangenheit kaum zum CO2-Anstieg beigetragen. Nun sind sie besonders stark von Klimafolgen betroffen, haben aber zu geringe Finanzmittel, um fossile Energie zu ersetzen und die Klimafolgen zu mildern (13). Im Paris-Vertrag wurde ihnen eine Finanzhilfe von 100 Mrd. US $ jährlich zugesagt, weitere Hilfen in den Folgekonferenzen. Der Bedarf ist noch wesentlich größer als die zugesagten Mittel. Diese Lücke muss geschlossen und die Versprechen der industrialisierten Welt für den globalen Süden müssen endlich eingelöst werden (14). Zudem können weltweit in vielen Regionen CO_2-Senken geschaffen werden; und zwar erstens durch die Verringerung von Abholzung und zweitens durch Aufforstung. Bei hohen CO_2-Preisen sollte es spiegelbildlich dafür entsprechend hohe CO_2-Kompensationen geben. Nach Daten aus Satellitenbeobachtung und Bodenerkundung könnte es weltweit ein Potential zur Aufnahme von 226 Gigatonnen CO_2 durch Aufforstungen geben, ohne dass Agrar- und urbane Flächen betroffen wären. Allerdings müssen dabei auch Nebenfolgen bedacht werden, z. B. wenn Monokulturen Biodiversität zerstören. Priorität sollten daher Maßnahmen gegen Abholzung, insbesondere der Schutz der Regenwälder, erhalten (15).

Wenn die internationalen Klimaabkommen nicht entscheidend vorankommen, könnte die Klimaclub-Idee einen Ausweg bieten? Die Vorstellung, dass die EU als Kern eines Klimaclubs Zölle in Höhe des Emissionspreises erhebt, sieht zunächst bestechend aus. Dadurch sollen Anreize geschaffen werden, dass sich der Klimaclub durch die Aufnahme weiterer Staaten ausdehnt und die Klubmitglieder keine Wettbewerbsnachteile erleiden. Die Zölle müssten dabei so hoch sein, dass sie Anreize bieten, dem Klimaclub beizutreten. Die Zölle sind allerdings auch mit bürokratischen Hürden verbunden und werden auf wenig Gegenliebe bei den betroffenen Staaten stoßen.

Game Changer könnte aber der stetig verbilligte Solar- und Windstrom sein. Anders als in der Vergangenheit, drehen sich die Preisverhältnisse um: es wird immer teurer, in fossile Energieproduktion zu investieren. Das Trittbrettfahrerproblem wird dadurch entschärft. Wenn Solar- und Windstrom günstiger sind als Strom aus fossilen Quellen, lohnt es sich im Eigeninteresse, in die Energiewende zu investieren. Erinnern wir uns an Cass Sunsteins Vergleich von Montreal und Kyoto (Kapitel IV). Beim Ozon-Problem hatten die USA ein Eigeninteresse, FCKW zu verbieten. Kyoto scheiterte dagegen am Trittbrettfahrerproblem. Dank der Verbilligung erneuerbarer Energie wird die Struktur des Klimaproblems dem Ozonproblem ähnlicher. Die Internationale Energieagentur (IEA) sagt den Höhepunkt des Verbrauchs fossiler Energie für 2030 voraus. Die Ausbeutung von Kohle wird danach stark zurückgehen, bei Gas und Öl verläuft der Rückgang allerdings sehr viel flacher. Gas und Öl werden noch auf Jahrzehnte weiter ausgebeutet und Firmen wie Chevron oder Exxon setzen darauf, Milliardenprofite mit der Gewinnung von Öl zu erzielen (Abbildung IX.1) (16). Die gute Nachricht ist, dass alle Prognosen darauf hinweisen, dass sich Solarenergie weltweit durchsetzen wird (17). Wer vorangeht, könnte besonders profitieren. Wie beim Ozonabkommen von Montreal würde ein Klimaabkommen zur CO_2-Reduktion zusätzliche Kooperationsgewinne generieren.

Abbildung IX.1 Prognostizierte Förderung von Kohle, Öl und Gas

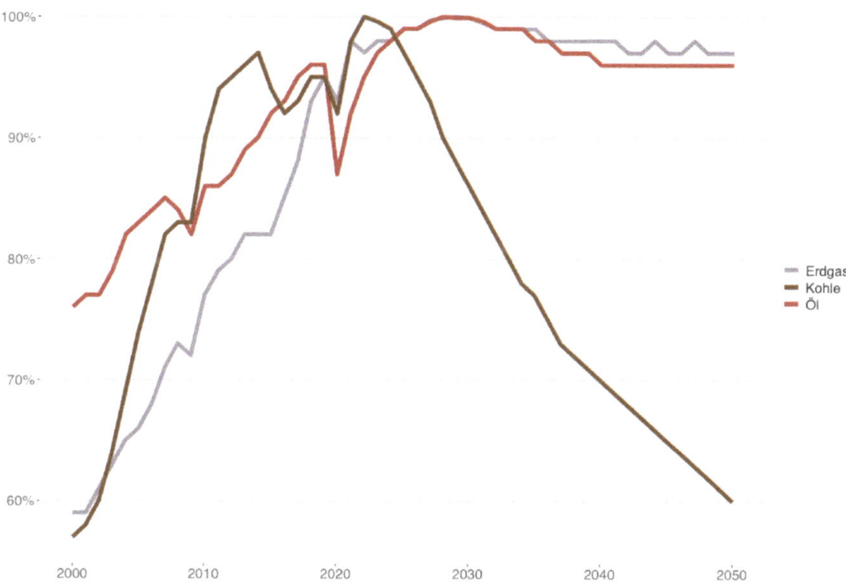

International Energy Agency (2023), World Energy Outlook (2023), IEA, Paris. All rights reserved. Siehe Anmerkung 10. Nachdruck mit freundlicher Genehmigung der IEA.

Enorme Anstrengungen sind nötig, um die Klimakrise zu meistern. Sie betreffen drei Maßnahmebündel: CO_2-Bepreisung mit Rückerstattung, Ausbau der Infrastruktur und mehr Engagement für effektive internationale

Klimaabkommen. Was ist dagegen die Alternative? Freiwillige Änderung von Lebensstilen? Das schaffen nur wenige. Lebensstile werden sich zudem ändern, weil fossile Energie teuer kommt. Angemessene Besteuerung von Ressourcenverzehr und Gesundheitsfolgen (Fleisch, Zucker) würden nachhaltigen Lebensstilen zu Gute kommen. Oder „De-Growth", Reduktion wirtschaftlichen Wachstums und Konsum? De-Growth im Sinne der Reduktion fossiler Energie und aller Güter, die davon abhängig sind, ist Programm der Klimapolitik. Hohe CO_2-Preise haben eine Hebelwirkung auf die Änderung von Lebensstilen und fossilen De-Growth. Regeln, die den Weg in die Kreislaufwirtschaft ebnen, würden den Ressourcenverzehr vermindern. In anderen Bereichen wird es dagegen Wachstum geben müssen: bei der Produktion und Nutzung grüner Energie, bei Dienstleistungen, öffentlichem Verkehr, Gesundheit, Stadtentwicklung usw. Abschaffung des Kapitalismus, der von fossiler Energie genährt wurde? Kapitalismus wird schon bei Marx definiert durch die Eigentumsordnung, nicht durch die dominante Form der Nutzung von Energie. Ein gebändigter Kapitalismus wird in Zukunft auf grüner Energie basieren müssen. Alles andere ist Traumtänzerei; der zur Verfügung stehende Zeithorizont ist kurz und Bestrebungen zur Abschaffung des Kapitalismus werden kaum eine ernsthafte Chance zur Realisierung haben. Dagegen wird es permanente Aufgabe von Staat, Wirtschaft und zivilgesellschaftlichen Organisationen sein, einen entfesselten, digitalen Kapitalismus einzuhegen. Staatlich finanzierte Forschung an Universitäten und Instituten und der Wettbewerb von Unternehmen bescheren uns zudem die technologischen Innovationen, die essentiell für eine grüne Zukunft sind. Vor uns liegen die entscheidenden zwei bis drei Jahrzehnte, in denen es noch gelingen kann, den Klimawandel abzubremsen und die Folgen zu mildern. Ob es auch gelingen wird, die Klimaziele von Paris zu erreichen, kann in dieser von kriegerischen Konflikten geprägten Zeit niemand mit Sicherheit vorhersagen (18). Es liegt in unserer Hand, welche Welt wir nachfolgenden Generationen hinterlassen werden.

Anmerkungen

Anmerkungen zur Einleitung

(1) Copernicus, 2024 Warmest January on record, 12 month average over 1.5° C above preindustrial. Monthly Climate Bulletin. 9.2.2024 https://climate.copernicus.eu/warmest-january-record-12-month-average-over-15degc-above-preindustrial (28.2.2024. Hier und im Folgenden Datum des Abrufs in Klammern). Das Klimaabkommen von Paris 2015 strebt an, die Erwärmung gegenüber vorindustriellen Zeiten bis Ende des Jahrhunderts auf 1,5 bis 2 Grad Celsius zu begrenzen. Dabei geht es nicht um die Temperatur eines Jahres, sondern um Messungen der globalen Temperatur für einen längeren Zeitraum. Einige Abschnitte der Einleitung sind meinem Gast-Editorial in der Zeitschrift für Soziologie entnommen. Siehe Diekmann, Andreas, 2024. Klimawandel. Kein Thema für die Soziologie? Zeitschrift für Soziologie 53 (1).

(2) Der Begriff wurde von Paul Crutzen geprägt. Siehe Crutzen, Paul J., 2006. The Anthropocene. In Eckart Ehlers, Thomas Krafft, Eds., Earth System Science in the Anthropocene. Emerging Issues and Problems. Berlin und Heidelberg, Springer: 13-18. Dazu auch Kapitel I. Die Erdwissenschaften haben sich bislang aber nicht dazu durchgerungen, diese Definition offiziell zu übernehmen.

(3) Siehe z.B. Diekmann, Andreas und Peter Preisendörfer, 1992: Persönliches Umweltverhalten. Diskrepanzen zwischen Anspruch und Wirklichkeit. Kölner Zeitschrift für Soziologie und Sozialpsychologie 44: 226-251. Siehe auch den Überblick in Kropp, Cordula und Marco Sonnberger, 2021. Umweltsoziologie. Baden-Baden: Nomos.

(4) Brecht, Bertold, 1963. Leben des Galilei. Frankfurt a.M.: Suhrkamp. Dass die Lösung der Klimakrise nicht im aufopfernden individuellen Umweltverhalten einzelner Bürgerinnen und Bürger besteht, machen auch die Kommentare von Samira El Quassil, Rhetorisches Greenwashing, Spiegel, 27.4. 2023 und von Anders Levermann, Bin ich ignorant, wenn ich nicht klimabewusst lebe? Spiegel, 4.3.2023 deutlich.

(5) Zu menschlichem Handeln und den Nebenfolgen siehe den heute noch immer instruktiven Artikel von Dietrich Dörner, 1993. Denken und Handeln in Unbestimmtheit und Komplexität. GAIA 2: 128-138.

(6) Beck, Ulrich, 2007. Weltrisikogesellschaft. Auf der Suche nach der verlorenen Sicherheit. Frankfurt: Suhrkamp. Der Begriff der Externalität stammt aus der Ökonomie. Auch die Soziologie hat den Begriff seit langem aufgegriffen. Z.B. Coleman, James S., 1990. Foundations of Social Theory. Cambridge, MA: Belknap Press, Kapitel 10. Siehe auch Fairbrother, Malcom, 2016. Externalities: why environmental sociology should bring them in. Environmental Sociology. Vol. 2: 375–384, http://dx.doi.org/10.1080/23251042.2016.1196636

(7) Diekmann, Andreas. 2016. Spieltheorie. Einführung, Beispiel, Experimente. Kapitel 6 Soziale Dilemmata. Reinbek, Rowohlt: 105-133.

(8) Sunstein, Cass R., 2007. Of Montreal and Kyoto. A Tale of Two Protocols. Harvard Environmental Law Review 31: 1-65.

(9) "Freedom in a commons brings ruin to all." Hardin, Garrett, 1968. The Tragedy of the Commons. Science 162: 1243-1248. Lloyd, William Forster, 1977 [1833]. On the Checks to Population, in: Garrett Hardin und John Baden, Hg., Managing the Commons. San Francisco: Freeman: 8-15.

(10) Strategien zum Management lokaler Allmenden hat Elinor Ostrom in einer klassischen Arbeit entwickelt: Ostrom, Elinor, 1990. Governing the Commons. The Evolution of Institutions for Collective Action, Cambridge, Mass.: Cambridge University Press (deutsch: Die Verfassung der Allmende, Tübingen: Mohr 1999).

(11) Dazu Kapitel III.

(12) Olson, Mancur, 1968. Die Logik des kollektiven Handelns. Tübingen: Mohr-Siebeck (Original «Logic of Collective Action", Cambridge, MA: Harvard University Press).

(13) Polanyi, Karl, 1973 [1944]. The Great Transformation. Politische und ökonomische Ursprünge von Gesellschaftssystemen. Frankfurt a.M.: Suhrkamp. Siehe auch Rolf Reißig, 2011. Die neue „Große Transformation". Der Übergang zu einem sozialökologischen und solidarischen Entwicklungspfad. Vorgänge 2011 (3): 15-22.

(14) Nijsse, Femke J. M. M., Jean-Francois Mercure, Nadia Ameli, Francesca Larosa , Sumit Kothari, Jamie Rickman, PimVercoulen, Hector Pollitt, 2023. The momentum of the solar energy transition. Nature Communications. https://doi.org/10.1038/s41467-023-41971-7

(15) Bergquist, Magnus; Nilsson, Andreas; Harring, Niklas; Jagers, Sverker C., 2022. Meta-analyses of fifteen determinants of public opinion about climate change taxes and laws. Nature Climate Change 12: 235–240.

(16) Welcher «Policy-Mix» von Maßnahmen und Finanzierung besonders effektiv und fair bezüglich der Verteilungswirkungen ist und zudem von einer Mehrheit unterstützt wird, ist eine Frage, die empirische Untersuchungen und darauf basierende Modellrechnungen beantworten können. Eine CO_2-Steuer allein muss nicht optimal sein, wenn bestimmte Technologien gefördert werden sollen. Dazu genauer Kapitel V und VI.

(17) Sunstein, Cass R., 2007. Of Montreal and Kyoto. A Tale of Two Protocols. Harvard Environmental Law Review 31: 1-65. Siehe auch Kapitel IV.

Anmerkungen zu Kapitel I

(1) Arrhenius, Gustaf, Karin Caldwell, Svante Wold, 2008. A Tribute to Svante Arrhenius. A Scientist Ahead of his Time. Royal Swedish Academy of Engineering Science: Stockholm.

(2) Siehe Kapitel II zur Entwicklung von Klima, dem Treibhauseffekt und grundlegenden Statistiken dazu.

(3) Crutzen, Paul J., 2006. The Anthropocene. In Eckart Ehlers, Thomas Krafft, Eds., Earth System Science in the Anthropocene. Emerging Issues and Problems. Berlin und Heidelberg, Springer: 13-18. Crutzen setzt den Beginn des Anthropozäns Mitte des 18. Jahrhunderts an. Für andere Forschungsgruppen beginnt das Anthropozän mit der «großen Beschleunigung» in den 1950er Jahren. Siehe dazu Steffens, Will, Wendy Broadgate, Lisa Deutsch, Owen Gaffney, Cornelia Ludwig, 2015. The Trajectory of the Anthropocene: The Great Acceleration. The Anthropocene Review 2: 81-98.

(4) Um 1900 lag die Lebenserwartung weltweit im Durchschnitt bei 32, in Europa bei 43, Amerika Nord und Süd 41 und Asien 28 Jahren. 2021 liegt die Lebenserwartung in allen Regionen, auch in Afrika, bei über 60 Jahren, weltweit bei 71 Jahren. Siehe Our World in Data. https://ourworldindata.org/life-expectancy#life-expectancy-has-improved-globally (25.4.2023).

(5) UN Milleniumsziele. https://www.un.org/millenniumgoals/ (25.4.2023).

(6) Der Soziologe Robert K. Merton hat insbesondere auf die nicht-intendierten bzw. nicht antizipierten Effekte aufmerksam gemacht: Merton, Robert K., 1936. The Unanticipated Consequences of Purposive Social Action. American Sociological Review 1: 894-904.

(7 Siehe auch Fairbrother, Malcom, 2016. Externalities: why environmental sociology should bring them in. Environmental Sociology. Vol. 2: 375–384, http://dx.doi.org/10.1080/23251042.2016.1196636

(8) Supran, Geoffrey, Stefan Rahmstorf, Naomi Oreskes, 2023. Assessing ExxonMobil's global warming projections. Science 379 (6628). DOI: 10.1126/science.abk0063.

(9) Our World in Data https://ourworldindata.org/grapher/global-energy-substitution; World Energy Balances https://www.iea.org/regions/europe; Umweltbundesamt https://www.umweltbundesamt.de/daten/energie/primaerenergieverbrauch

(10) Editorial, Nature Human Behaviour 6: 1441–1442. doi.org/10.1038/s41562-022-01490-9.

(11) Chater, Nick, George Loewenstein, 2023. The i-frame and the s-frame: How focusing on individual-level solutions has led behavioral public policy astray. Behavioral and Brain Sciences 46, e147: 1–84. doi:10.1017/S0140525X22002023

(12) Hedström, Peter, 2005: Dissecting the Social. On the Principles of Analytical Sociology. Cambridge: Cambridge University Press (dt. 2008, Die Anatomie des Sozialen. Prinzipien der analytischen Soziologie. Wiesbaden: VS Verlag). Gintis, H., 2007: A Framework for the Unification of the Behavioral Sciences. Behavioral and Brain Sciences 30: 1–61.

(13) Gigerenzer, Gerd & Reinhard Selten, Eds., 2001. Bounded Rationality. The Adaptive Toolbox. Cambridge, Mass.: MIT Press.

(14) Auspurg, Kathrin, Henning Best, Christiane Bozoyan, Andreas Diekmann, Claudia Schmiedehammer, 2023. The German Longitudinal Environmental Study. Antrag an die DFG. LMU München u.a.: Mimeo.

(15) Dörner, Dietrich,1992. Die Logik des Mißlingens. Strategisches Denken in komplexen Situationen, Reinbek: Rowohlt. Dörner, Dietrich, 1996. Der Umgang mit Unbestimmtheit und Komplexität und der Gebrauch von Computersimulationen, in: Andreas Diekmann und Carlo C. Jäger (Hg.), Umweltsoziologie, Sonderheft 36 der Kölner

Zeitschrift für Soziologie und Sozialpsychologie, Opladen: Westdeutscher Verlag, S. 489 - 515. Diekmann, Andreas und Peter Preisendörfer, 2001. Umweltsoziologie. Eine Einführung. Reinbek: Rowohlt.

(16) Als Einführung: Diekmann, Andreas, 2016. Spieltheorie. Einführung, Beispiele, Experimente. 4. Aufl. Reinbek: Rowohlt.

(17) Einen sehr guten Überblick findet man bei Eisenführ, F., M. Weber & T. Langer, 2010: Rationales Entscheiden. 5. Aufl., Heidelberg: Springer.

(18) Leape, Jonathan, 2006. The London Congestion Charge. Journal of Economic Perspectives 20:157–176.

(19) Pfister, Christian, Heinz Wanner, 2021. Klima und Gesellschaft in Europa. Die letzten 1000 Jahre. Bern: Haupt.

(20) Sind E-Autos wirklich klimafreundlicher als Autos mit Benzin- oder Dieselmotor? Buchal, Karl und Sinn (2019) kommen beim Vergleich eines Mercedes Diesel C220d mit einem Tesla 3 zu einem negativen Ergebnis. Der Diesel stößt nach ihren Berechnungen 141 g/km aus, der Tesla, den CO_2-Ausstoß bei der Produktion der Batterie eingerechnet, 156 bis 181 g/km. Angenommen wird der deutsche Strommix 2018 und eine Laufleistung von 150.000 km. Der deutsche Automobilclub (ADAC) kommt in einer neueren Studie zu einem ganz anderen Ergebnis. Die für den ADAC angefertigte Untersuchung der Joanneum Research Forschungsgesellschaft in Graz geht von einer Haltedauer von 16 Jahren, einer jährlichen Kilometerleistung von 15.000 und damit einer Laufleistung von 240.000 km aus. Verglichen werden Benziner, Diesel und E-Auto der Golfklasse. Das Fazit lautet: „Im Vergleich zu Benzin und Diesel kann das mit Strommix betriebene Elektroauto seine Vorteile nach circa 45.000 bis 60.000 Kilometern ausspielen. Die aufwendigere Produktion der Batterien, die einen größeren "Treibhausgas-Rucksack" mit sich bringt, kann über die Zeit der Fahrzeugnutzung somit relativ schnell amortisiert werden. Bei Nutzung von regenerativem Strom (Wind) erfolgt die Amortisation der höheren Treibhausgas-Emissionen aus der Produktion bereits nach circa 25.000 bis 30.000 Kilometern gegenüber Benziner bzw. Diesel“ (ADAC 2022). Anders als bei Buchal et al. (2019) wird berücksichtigt, dass sich der Strommix während der Haltedauer zunehmend in Richtung regenerativer Energie verbessert. Danach schlägt das E-Auto der Golfklasse eindeutig Autos mit konventionellem Benzin- oder Dieselantrieb. Technischer Fortschritt bei der Produktion der Batterien wird den Abstand künftig noch vergrößern.

Siehe Buchal, Christoph, Hans-Dieter Karl und Hans-Werner Sinn, 2019. Kohlemotoren, Windmotoren und Dieselmotoren: Was zeigt die CO_2-Bilanz? ifo Schnelldienst 25 (8): 40-54. https://www.econstor.eu/handle/10419/198746 (14.2.2024). ADAC 2022. https://www.adac.de/verkehr/tanken-kraftstoff-antrieb/alternative-antriebe/klimabilanz/ (14.2.2024).

(21) Zu den folgenden Ausführungen Roser, Max, 2020. Why did renewables become so cheap so fast? Our World in Data. https://ourworldindata.org/cheap-renewables-growth?utm_source=OWID+Newsletter&utm_campaign=fbf8f05baa-biweekly-digest-2023-05-05&utm_medium=email&utm_term=0_-eb78a3a726-%5BLIST_EMAIL_ID%5D (29.5.2023).

(22) Roser (2020). Die Preise wurden vergleichbar standardisiert und ohne Subventionen berechnet. Sie können von anderen Preisangaben abweichen. Aber es gibt auch eine dunkle Seite der fallenden Preise. Gelles, David, 2023. Solar power's China problem. New York Times, 1.8.2023. https://www.nytimes.com/2023/08/01/climate/solar-powers-china-problem.html Massenproduktion und staatliche Unterstützung in China haben dazu beigetragen, dass die Preise seit 2010 um 85 % gefallen sind. China kontrolliert heute 80 Prozent der grundlegenden Elemente der Solarproduktion und dieser Anteil wird nach Prognosen auf 95 % ansteigen. Aber nicht nur die Monopolstellung ist bedenklich. Die Produktion basiert zum Teil auf Zwangsarbeit der Uiguren in der Provin Xinjian. Der Ausbau der Solarenergie steht also in einem schweren Konflikt mit Menschenrechtsverletzungen durch ein diktatorisches Regime. Deshalb ist die Diversifizierung der Lieferketten dringend geboten.

(23) Christoph Brand in der Aargauer Zeitung vom 23.10.2021. https://www.aargauerzeitung.ch/wirtschaft/so-wird-das-nichts-ld.2204959 (8.2.2024).

(24) Popper, K. R., 1971. Das Elend des Historizismus. 3. verbesserte Aufl. Tübingen: Mohr-Siebeck.

(25) Dazu ausführlich in Kapitel VI. Siehe auch Thaler, Richard H., Georg Loewenstein, 1992. Intertemporal Choice. In Thaler, Richard H., The Winner's Curse. Paradoxes and Anomalies of Economic Life. Princeton, N.J.: Princeton University Press: 92-106. Siehe auch Bruderer-Enzler, Heidi, Diekmann, Andreas, Meyer, Reto, 2014. Subjective Discount Rates in the General Population and their Predictive Power for Energy Saving Behavior. Energy Policy 65: 524-540.

(26) Levi, S., I. Wolf, C. Flachsland, N. Koch, F. Koller, D. Edmonson, 2021. Ariadne-Analyse. Klimaschutz und Verkehr: Zielerreichung nur mit unbequemen Maßnahmen möglich. Kopernikus-Projekt Ariadne, Potsdam-Institut für Klimafolgenforschung (PIK).

(27) Simpson, Brent, Robb Willer, Matthew Feinberg, 2022. Radical flanks of social movements can increase support for moderate factions. PNAS Nexus: 1–11.

(28) Bergquist, Magnus; Nilsson, Andreas; Harring, Niklas; Jagers, Sverker C., 2022. Meta-analyses of fifteen determinants of public opinion about climate change taxes and laws. Nature Climate Change 12: 235–240.

(29) Die Szenarien finden sich im Climate Change 2023 Synthesis Report of the IPCC Sixth Assessment Report (AR 6). https://www.ipcc.ch/report/ar6/syr/downloads/report/IPCC_AR6_SYR_LongerReport.pdf (29.5.2023). Hier heißt es auch: "Risks are increasing with every increment of warming" (S.75) und "Every ton of CO2 adds to global warming" (S. 83).

Anmerkungen zu Kapitel II

(1) Copernicus. European State of the Climate 2022. https://climate.copernicus.eu/esotc/2022 (25.4.2023).

(2) Ballester, Joan et al., 2023. Heat-related mortality in Europe during the summer of 2022. Nature Medicine https://doi.org/10.1038/s41591-023-02419-z (12.7.2023).

(3) World Meteorlogical Organization, 2023a. State of the Global Climate 2022. WMO-No. 1316. https://library.wmo.int/doc_num.php?explnum_id=11593 (25.4.2023).

(4) Deutsche Akademie der Naturforscher Leopoldina, Hg., 2022. Zukunftsreport Wissenschaft. Erdsystemwissenschaft. Forschung für eine Erde im Wandel. https://www.leopoldina.org/fileadmin/redaktion/Publikationen/Zukunftsreport/2022_Zukunftsreport_Erdsystemwissenschaft_DE_web.pdf (29.5.2023).

(5) Synthesis Report of the IPCC Sixth Assessment Report (AR 6), 2023, S.33. https://www.ipcc.ch/report/ar6/syr/downloads/report/IPCC_AR6_SYR_LongerReport.pdf (29.5.2023). World Meteorlogical Organization, 2023b. Global Annual to Decadal Climate Update. https://hadleyserver.metoffice.gov.uk/wmolc/WMO_GADCU_2023-2027.pdf

(29.5.2023). Copernicus, 2024 Warmest January on record, 12 month average over 1.5° C above preindustrial. Monthly Climate Bulletin. 9.2.2024 https://climate.copernicus.eu/warmest-january-record-12-month-average-over-15degc-above-preindustrial

(6) Rahmstorf, Stefan, 2013. Ursachen und Folgen des Klimawandels – ein kurzer Überblick über den Wissensstand. Mauerwerk 17: 260-264. Deutsches Klimakonsortium et al., 2022. Was wir heute über das Klima wissen. https://www.deutsches-klima-konsortium.de/de/basisfakten.html (25.4.2023). Kleidon, Axel, 2020. Globale Erwärmung einfach und physikalisch nachgerechnet. Sonne oder Treibhauseffekt? Physik in unserer Zeit 51 (2): 79-85. https://onlinelibrary.wiley.com/doi/full/10.1002/piuz.202001560 (25.4.2023).

(7) Rodhe, Henning, Robert Charlson, Elisabeth Crawford, 1997. Svante Arrhenius and the Greenhouse Effect. Ambio 26: 2-5.

(8) Rahmstorf (2013)

(9) Arrhenius, Svante, 1896. Über den Einfluss des atmosphärischen Kohlensäuregehalts auf die Temperatur der Erdoberfläche. Stockholm. Siehe auch Arrhenius, Gustaf, Karin Caldwell, Svante Wold, 2008. A Tribute to Svante Arrhenius. A Scientist Ahead of his Time. Royal Swedish Academy of Engineering Science: Stockholm und und op. cit. Rodhe et al. 1997. Arrhenius hat 1903 den Nobelpreis für Chemie erhalten, allerdings nicht für seine Klimaberechnungen, sondern für Arbeiten über die Ionisation von Salzlösungen. Die Nobelpreis würdige Entdeckung hatte Arrhenius schon in der Doktorarbeit vorgelegt, für die er eine äußerst schlechte Bewertung erhielt, so dass die akademische Karriere zunächst fast aussichtslos erschien. Siehe zur Biografie op. cit. Arrhenius et al. 2008.

(10) Marotzke, Jochem, 2014. Klimamodelle und Globale Erwärmung. Physik in unserer Zeit 45 (3): 118-125. Zur Entwicklung der CO2-Anteile in der Atmosphäre: Global Carbon Project (GCP) 2023. https://globalcarbonbudget.org/carbonbudget2023/ (4.2.2024).

(11) Mäder, Claudia, 2008. Kippunkte im Klimasystem. Welche Gefahren drohen? Umweltbundesamt: Dessau. Armstrong McKay, David I. et al., 2022. Exceeding 1.5°C global warming could trigger multiple climate tipping points. Science 377. doi.org/10.1126/science.abn7950. In der Studie werden sechs Kipppunkte aufgeführt, bei denen das Risiko besteht, dass bereits bei einer Erwärmung von unter 2 Grad eine selbstverstärkende Dynamik ausgelöst wird.

(12) Report of the Environmental Pollution Panel. President's Science Advisory Committee, 1965. Restoring the Quality of our Environment. The White House. Washington D.C.

(13) Siehe hierzu und zum Folgenden: Weltklimakonferenzen - ein Rückblick. https://www.bundesregierung.de/breg-de/themen/klimaschutz/klimakonferenzen-rueckblick-1965144 und die Webseite des IPCC https://www.ipcc.ch/ (27.4.2023).

(14) 191 Vertragspartner des Paris-Abkommens haben ihre Reduktionspläne für die Konferenz in Glasgow 2021 eingereicht. Werden die Verpflichtungen umgesetzt, ergäbe sich – gemäß der IPCC-Schätzung – ein Anstieg der Temperatur von 2,7 Grad bis Ende des Jahrhunderts. Siehe United Nations, 2021. Nationally determined contributions under the Paris Agreement. Synthesis report by the secretariat: p.29, Abbildung 9. https://unfccc.int/sites/default/files/resource/cma2021_08_adv_1.pdf (14.10.2023). Laut Emission Gap Report 2023 sind es bei den unbedingten Verpflichtungen sogar 2,9 Grad. https://www.unep.org/resources/emissions-gap-report-2023 Warum der Paris-Vertrag das Kooperationsproblem nicht lösen konnte, wird in Kapitel III erläutert.

(15) Für 2022 handelt es sich um Projektionen. Global Carbon Project (GCP) (2022).

(16) Das geht aus Tabelle 2 hervor, wenn die Angaben in Spalte 5 mit den Angaben in Spalte 3 in Beziehung gesetzt werden. Siehe zu einer Analyse der Differenzen auch Franzen, Axel, Mader, Sebastian, 2018. Consumption-Based Versus Production-based Accounting of CO2 Emissions: Is there Evidence for Carbon Leakage? Environmental Science & Policy 84: 34-40.

(17) Lamboll, Robin D. , Zebedee R. J. Nicholls, Christopher J. Smith, Jarmo S. Kikstra, Edward Byers, Joeri Rogelj. 2023. Assessing the size and uncertainty of remaining carbon budgets, 2023. Nature Climate Change. https://doi.org/10.1038/s41558-023-01848-5 (9.11.2023). IPCC ARG SYR Longer Report: 46. https://report.ipcc.ch/ar6syr/pdf/IPCC_AR6_SYR_LongerReport.pdf (5.6.2023). Global Carbon Project 2023. https://globalcarbonbudget.org/carbonbudget2023/ (4.2.2024). Berichtet werden die Schätzungen des Global Carbon Projects 2023.

(18) Die Kuznets-Kurve wurde von Grossman und Krueger (1991) auf eine Untersuchung der Luftverschmutzung in urbanen Regionen von 42 Ländern angewandt. Sie zeigen mit ihrer Untersuchung auf, dass

Handelsabkommen unter bestimmten Bedingungen zu einer Verbesserung der Luftqualität führen können. Konkret ging es in ihrer Studie um das NAFTA-Abkommen mit Mexico. Siehe Grossman, Gene M. und Krueger, Alan B., 1991, Environmental Impact of a North-American Free Trade Agreement. NBER working paper No. 3914, Cambridge, MA. https://www.nber.org/system/files/working_papers/w3914/w3914.pdf (3.6.2023)

(19) Siehe den Überblick von Stern, David E., 2017. The Environmental Kuznets Curve after 25 Years. Journal of Bioeconomics 19: 7-28.

(20) Munasinghe, Mohan, 1999. Is environmental degradation an inevitable consequence of economic growth: tunneling through the environmental Kuznets curve. Ecological Economics 29: 89–109. Culas, Richard J., 2012. REDD and forest transition: Tunneling through the environmental Kuznets curve. Ecological Economics 79: 44-51.

(21) Nijsse, Femke J. M. M., Jean-Francois Mercure, Nadia Ameli, Francesca Larosa , Sumit Kothari, Jamie Rickman, PimVercoulen, Hector Pollitt, 2023. The momentum of the solar energy transition. Nature Communications. https://doi.org/10.1038/s41467-023-41971-7 (11.11.2023).

(22) World Development Report 1992, Development and the Environment. Washington, DC: World Bank.

(23) Rockström, Johan et al., 2023. Safe and Just Earth Systems Boundaries. Nature. https://www.nature.com/articles/s41586-023-06083-8 (3.6.2023). Siehe auch das Buch von Rockström, Johan und Owen Gaffney, 2021. Breaking Boundaries. The Science of Our Planet. London: Penguin Random House.

(24) Zitiert nach Rockström, Gaffney (2021), S. 62 (übersetzt vom Verfasser).

Anmerkungen zu Kapitel III

(1) Die Abschnitte zur Einleitung des Kapitels, Struktur der Allmende und lokale Allmende wurden aus Diekmann, Andreas, Preisendörfer, Peter, 2001. Umweltsoziologie. Eine Einführung. Reinbek: Rowohlt aus dem Kapitel III, Umweltprobleme als Allmendedilemma, übernommen und überarbeitet. In dem Kapitel findet man weitere Beispiele und Literatur zu experimentellen Studien mit dem Allmendedilemma.

(2) Cipolla, Carlo M., 1976. Before the Industrial Revolution, London: Methuen.

(3) Ostrom, Elinor (1990): Governing the Commons. The Evolution of Institutions for Collective Action, Cambridge, Mass.: Cambridge University Press (deutsch: Die Verfassung der Allmende, Tübingen: Mohr 1999).

(4) Vgl. Ostrom, Elinor (1977): Collective Action and the Tragedy of the Commons, in: Garrett Hardin und John Baden (Hg.), Managing the Commons, San Francisco: Freeman, S. 173-181.

(5) "Why are the cattle on a common so puny and stunted? Why is the common itself so bare-worn, and cropped so differently from the adjoining inclosures?" Lloyd, William Forster (1977 [1833]): On the Checks to Population, in: Garrett Hardin und John Baden (Hg.), Managing the Commons, San Francisco: Freeman, S. 11.

(6) Zu den Details der Befragung und genaueren Analysen siehe Diekmann, Andreas und Peter Preisendörfer, 1991. Umweltbewusstsein, ökonomische Anreize und Umweltverhalten. Empirische Befunde aus der Berner und Münchner Umweltbefragung, Schweizerische Zeitschrift für Soziologie: 207-231.

(7) Rapoport, Anatol, 1998. Decision Theory and Decision Behaviour. London: Macmillan.

(8) Zu den Begriffen Nash-Gleichgewicht und Pareto-Optimum siehe einführende Lehrbücher der Entscheidungs- und Spieltheorie, z.B. Diekmann, Andreas, 2016. Spieltheorie. Einführung, Beispiele, Experimente. 4. Aufl. Reinbek: Rowohlt. Ein Pareto-Optimum liegt vor, wenn es keine alternative Situation gibt, in der sich mindestens ein Akteur verbessern kann, ohne dass sich andere Akteure verschlechtern. Bei den folgenden Auszahlungspaaren an zwei Akteure (1,1), (4,1), (1,4), (3,3) sind alle Auszahlungspaare außer (1,1) Pareto-optimal. (1,1) ist Pareto-inferior.

(9) In der ursprünglichen Anekdote werden zwei Gefangene eines leichten und eines schweren Verbrechens angeklagt. Der Staatsanwalt hat nur für das leichte Verbrechen Beweise; für das schwere Verbrechen benötigt er einen der Gefangenen als Kronzeugen. Die Gefangenen können sich nicht absprechen. Schweigen beide, erhalten Sie 1 Jahr Gefängnis. Gesteht einer der beiden, so wird der Geständige freigesprochen, der andere Gefangene wird zu 10 Jahren Haft verurteilt. Gestehen beide, kommen sie für 5 Jahre hinter Gittern. «Beide gestehen» ist ein Nash-Gleichgewicht, das aber nicht Pareto-optimal

ist. Würden die beiden «schweigen», also jeweils die kooperative Strategie wählen, würde ihnen nur 1 Jahr aufgebrummt werden. Das Gefangenendilemma illustriert den Konflikt zwischen individueller und kollektiver Rationalität.

(10) Das Konzept des Ökobonus wurde bereits von dem Schweizer Ökonomen Hans-Christoph Binswanger vorgeschlagen.

(11) MacKay, David J. C., Peter Cramton, Axel Ockenfels, Steven Stoft, 2015. Price carbon. I will if you will. Nature 526: 315–316. https://doi.org/10.1038/526315a

(12) Homann, Karl, Andreas Suchanek, 2000. Ökonomik. Eine Einführung. Tübingen, Mohr-Siebeck: 139ff.

(13) Ostrom (1990)

(14) Ostrom (1990), S. 117f.

(15) Nordhaus, William, 2020. The Climate Club. How to Fix a Failing Global Effort. Foreign Affairs 99 (3): 10-17. Ullmann-Margalit, Edna, 1977. The Emergence of Norms. Oxford: Clarendon Press.

(16) Ostrom, Elinor, 2010. Polycentric systems for coping with collective action and global environmental change. Global Environmental Change 20: 550–557.

(17) Milinski, Manfred; Sommerfeld, Ralf D.; Krambeck, Hans-Jürgen; Reed, Floyd A.; Marotzke, Jochem, 2008. The collective-risk social dilemma and the prevention of simulated dangerous climate change. In: Proceedings of the National Academy of Sciences (PNAS) 105: 2291–2294.

(18) Der Wert der Gelderwartung ist bei 10 Prozent Risiko und vollständigem Trittbrettfahren 0,9 · 40 = 36. Zahlen alle jeweils 2 GE pro Runde in den Klimafonds ein, erhalten sie (mit Sicherheit) je 20 GE. Theoretisch könnte bei Risikoaversität auch die Wahl der Sicherheitsstrategie als „rational“ gelten, doch müsste dann der Grad der Aversivität relativ stark ausgeprägt sein.

(19) Zu einem Literaturüberblick über Allmendeexperimente siehe Diekmann und Preisendörfer (2001).

Anmerkungen zu Kapitel IV

(1) Expertenrat für Klimafragen. Stellungnahme zum Entwurf des Klimaschutzprogramms 2023. https://expertenrat-klima.de/content/upl

oads/2023/09/ERK2023_Stellungnahme-zum-Entwurf-des-Klimaschutzprogramms-2023.pdf

(2) Nordhaus, William, 2020. The Climate Club. How to Fix a Failing Global Effort. Foreign Affairs 99 (3): 10-17.

(3) Sunstein, Cass R., 2007. Of Montreal and Kyoto. A Tale of Two Protocols. Harvard Environmental Law Review 31: 1-65.

(4) Velders, Guus J. M., Stephen O. Andersen, John S. Daniel, David W. Fahey, Mack McFarland, 2007. The importance of the Montreal Protocol in protecting climate. 4814–4819. Proceeding National Academy of Science 104: 4814–4819.

(5) Sunstein (2007).

(6) Sunstein (2007). Olson, Mancur, 1968. Die Logik des kollektiven Handelns. Tübingen: Mohr-Siebeck (Original «Logic of Collective Action", Cambridge, MA: Harvard University Press).

(7) Roser, Max, 2020. Why did renewables become so cheap so fast? Our World in Data. https://ourworldindata.org/cheap-renewables-growth (30.7.2023).

(8) Siehe zu dem Modell in Abbildung IV.2a Mackie, Gerry, 1996. Ending Footbinding and Infibulation: A Convention Account. American Sociological Review 61: 999-1017. Figure 2, S. 1011.

(9) Zu einer der ersten soziologischen Studien zur Diffusion von Innovationen siehe Coleman, J., E. Katz, H. Menzel, 1957. The Diffusion of an Innovation Among Physicians. Sociometry 20: 253–270. Coleman et al. thematisieren insbesondere den Effekt der Imitation, der den Prozess der Innovation vorantreibt.

(10) Die logistische S-Kurve ist der Graph der Funktion $y = 1/[1 + a \exp(-bx)]$. Sie folgt aus der Wachstumsgleichung $dy/dt = ky (N-y)$. Der erste Term auf der rechten Seite der Gleichung treibt die Entwicklung voran, der zweite Term bremst die Entwicklung ab, bis das Maximum von N Verkäufen von z.B. E-Autos oder installierten Solaranlagen erreicht ist. Die Parameter a und b können an empirischen Daten geschätzt werden. Die logistische Wachstumskurve und alternative mathematische Modelle sozialer Diffusion finden sich im Überblick bei Diekmann, Andreas, Modelle sozialer Diffusion. In Norman Braun, Nicole J. Saam, Hg., Handbuch Modellbildung und Simulation in den Sozialwissenschaften Springer, Berlin, 2014: 887-902. Ein Standardwerk mit zahlreichen Beispielen sozialer Diffusion ist Rogers, E. M., 2003. Diffusion of Innovations. 5. Auflage. New York: Simon & Schuster.

(11) Bauchmüller, Michael, 2023. Die Brücke für Konzerne darf nicht zu bequem sein. Süddeutsche Zeitung vom 23./24.9. 2023: 22.
(12) North, Douglas C., 1993. Economic Performance through Time. Lecture to the memory of Alfred Nobel, December 9, 1993. https://www.nobelprize.org/prizes/economic-sciences/1993/summary/
(13) Thaler, Richard H., Cass R. Sunstein, 2009. Nudge. Improving Decisions about Wealth, Health, and Happiness. London: Penguin Books.

Anmerkungen zu Kapitel V

(1) Amberg, M., aus dem Moore, N., Bekk, A., Bergmann, T., Edenhofer, O., Flachsland, C., George, J., Haywood, L., Heinemann, M., Held, A., Kalkuhl, M., Kellner, M., Koch, N., Luderer, G., Meyer, H., Nikodinoska, D., Pahle, M., Roolfs, C., Schill, W.-P. (2022): Reformoptionen für ein nachhaltiges Steuer- und Abgabensystem. - Perspektiven der Wirtschaftspolitik, 23, 3, 165-199. https://doi.org/10.1515/pwp-2021-0051

(2) Umweltbundesamt, 2020. Methodenkonvention 3.1 zur Ermittlung von Umweltkosten. 12/2020: Dessau. Zu den unterschiedlichen Schätzungen z.B. Kanazawa, Mark, 2021. Natural Resources and the Environment. Economics, Law, Politics, and Institutions. London: Routledge, 158-161. Siehe auch Fairbrother, Malcolm,2016. Externalities: why environmental sociology should bring them in. Environmental Sociology 2: 375-384. http://dx.doi.org/10.1080/23251042.2016.1196636 (31.10.2023).

(3) Zu unterscheiden sind Diskontrate und Diskontfaktor, die in gegenläufiger Beziehung zueinander stehen. Wenn die Diskontrate r = 5 % beträgt, dann ist der Diskontfaktor g = 1/(1 + r/100). Bei einer Diskontrate von 5 % ist g = 0,95. Der „Wert der Zukunft“ in n Jahren wird dann um den Faktor g^n vermindert.

(4) Rechtlich gesehen fließen Steuern in den allgemeinen Haushalt, Abgaben können dagegen zweckgebunden verwendet werden. Wir sprechen aber in Übereinstimmung mit dem allgemeinen Sprachgebrauch weiterhin von „CO_2-Steuern“. Zu Vorteilen von CO_2-Preisen siehe z.B. Schmidt, Klaus, 2023. Welche Rolle hat der CO2-Preis im Klimaschutz? In Wirtschaft verstehen, Zukunft gestalten. Beiträge zum Jubiläum des Vereins für Socialpolitik. Berlin. https://www.socialpolitik.de/sites/default/files/2023-09/3_Schmidt_Welche%20Rol-

le%20hat%20der%20CO2-Preis%20im%20Klimaschutz.pdf (19.3.2024).

(5) Herrmann, Ulrike, 2022. Das Ende des Kapitalismus. Köln: Kiepenheuer und Witsch, S. 220.

(6) Lilliestam, Johan, Anthony Patt, Germán Bersalli, 2021. The effect of carbon pricing on technological change for full energy decarbonization: A review of empirical ex-post evidence. WIREs Climate Change 12. https://doi.org/10.1002/wcc.681 (15.8.2023).

(7) Liddle, Brantley, Hillard Huntington, 2021. Prices, income and energy demand. In Axel Franzen, Sebastian Mader, Eds., Research Handbook on Environmental Sociology. Cheltenham, UK, Edward Elgar: 22-40.

(8) Huntington und Little, op. cit., Tabelle 2.1. Fünf von sechs Studien berichten Werte zwischen -0,61 und -0,86. Eine der acht Studien berichtet eine Schätzung von -0,31. Filippini, Massimo, Fabian Heimsch, 2016. The regional impact of a CO2 tax on gasoline demand: Aspatial econometric approach. Resource and Energy Economics 46: 85–100.

(9) Der Zusammenhang ist nicht-linear, so dass der 10 % Preissteigerung nicht exakt dem Zehnfachen der Elastizität entsprechen. Genau gerechnet sind es 6,5 %. Die im Beispiel angenommene Preissteigerung um 20 Cent entspricht einer CO_2-Steuer von ca. 80 € pro Tonne CO_2. Dazu weiter unten.

(10) Schweiz Evaluierung Brennstoffabgabe. Ecoplan 2 2017.

(11) Lilliestam, Johan, Anthony Patt, Germán Bersalli, 2021. The effect of carbon pricing on technological change for full energy decarbonization: A review of empirical ex-post evidence. WIREs Clim Change. https://wires.onlinelibrary.wiley.com/doi/10.1002/wcc.681 (23.7.2023).

(12) Agora Energiewende und Agora Verkehrswende, 2023. Der CO2-Preis für Gebäude und Verkehr. Ein Konzept für den Übergang vom nationalen zum EU-Emissionshandel. https://www.agora-verkehrswende.de/fileadmin/Projekte/2023/ETSII/A-EW_311_BEH_ETS_II_WEB.pdf (20.2.2024).

(13) Umweltbundesamt, 2023. Klimaschutzinstrumente-Szenario 2030 (KIS-2030) zur Erreichung der Klimaschutzziele 2030. Dessau: 70. https://www.umweltbundesamt.de/sites/default/files/medien/11850/publikationen/2023_07_04_climate_change_30_2023_klimaschutzinstrumente.pdf (8.7.2023).

(14) Da Haushalte mit hohen Einkommen in der Regel auch einen relativ hohen CO_2-Ausstoß haben, ergibt sich ein Zielkonflikt zwischen Effektivität von Maßnahmen und sozialer Verteilung. Die Förderung von E-Autos und Wärmepumpen nützt eher wohlhabenden Haushalten, kann dadurch aber auch zu hohen CO_2-Einsparungen führen. Diese direkten Förderungen von E-Autos und Wärmepumpen beschleunigen zwar die Energiewende, sind ohne Ausgleichsmaßnahmen aber keine fairen Politik-Instrumente. Siehe dazu die Modellrechnungen von Kuhn, Moritz, Lennart Schlattmann, 2024. Distributional Consequences of Climate Policies. Universitäten Mannheim und Bonn: mimeo. https://drive.google.com/file/d/1LPTxG6H6Xr59DLduD5x_NSyPdQbOcq4l/view Nach den Modellrechnungen sind direkte Förderungen effektiver als CO_2-Steuern. Anstelle von CO_2-Steuern empfehlen die Autoren direkte Förderungen in Verbindung mit einer progressiven Einkommenssteuer zur sozialen Abfederung. Hier sind aber sicher noch weitere Studien nötig, um die Wirkung auf die CO_2-Minderung und die Verteilung genauer abzuschätzen. Zudem berücksichtigen die Autoren nicht die Lenkungswirkung von CO_2-Steuern auf Konsum und Verhalten, die über die Förderobjekte (E-Autos, Wärmepumpen) hinausgehen.

(15) Baumol, William J. und Wallace E. Oates, 1988. The Theory of Environmental Policy. 2. Aufl. Cambridge: Cambridge University Press, Kapitel 12.

(16) Zur Theorie und Analyse der Wirkung von Emissionszertifikaten siehe Baumol und Oates (1988) op. cit., Jochen Weimann, Umweltökonomik, 2008. 3. Aufl. Berlin: Springer. Zur Geschichte von Umweltabgaben und Emissionszertifikaten siehe Banzhaf, H. Spencer, 2020. A History of Pricing Pollution (or why Pigouvian Taxes are not necessarily Pigouvian). Working paper 27683. Cambridge MA: National Bureau of Economic Research.

(17) Angaben und Zahlen zur Entwicklung des EU-ETS nach Umweltbundesamt, 2022. Der europäische Emissionshandel. https://www.umweltbundesamt.de/daten/klima/der-europaeische-emissionshandel#luftverkehr-im-emissionshandel- (30.6.2023).

(18) Belastet also eine zusätzliche Buchung für einen Flug innerhalb der EU das Klima? Bezüglich der Menge der CO2-Emissionen ist das nicht der Fall. (Wobei aber Emissionen in großen Höhen den Klimaschaden verstärken können und weitere umweltbelastende Emissionen hinzukommen.) Denn durch die Zertifikate sind die CO2-

Emissionen gedeckelt. Steigt die Nachfrage, steigen entsprechend die Preise. Mehr als die «zugelassenen» Flüge sind nur durch den Einsatz emissionssparender Flugzeuge möglich; die vorab festgelegte Emissionsmenge verändert sich nicht. Vorausgesetzt, die EU gibt bei größerer Knappheit keine neuen Zertifikate aus! Siehe dazu Schellnhuber, Hans Joachim, aufgezeichnet von Helke Rüder. In Der Spiegel, 20.7.2023. Kann ich guten Gewissens in den Urlaub fliegen? https://www.spiegel.de/psychologie/klimakrise-und-flugscham-kann-ich-guten-gewissens-in-den-urlaub-fliegen-a-ee95670c-4719-479f-9a6f-30d176a30250?sara_ref=re-em-em-sh (2.8.2023). Siehe dazu auch den Abschnitt über den „Wasserbetteffekt".

(19) Frauenhofer-Institut für solare Energiesysteme, 2019. 33% weniger CO2-Emissionen durch Brennstoffwechsel von Kohle auf Gas. https://www.ise.fraunhofer.de/de/presse-und-medien/news/2019/33-prozent-weniger-co2-emissionen-durch-brennstoffwechsel-von-kohle-auf-gas.html (30.6.2023).

(20) Seit einigen Monaten sind die Preise auf dem EEX Spotmarkt für CO_2-Zertifikate wieder auf ca. 60 € zurückgegangen (Stand 6.2.2024).

(21) Die Organisation heißt ForTomorrow: https://www.fortomorrow.eu/ (13.11.2023).

(22) Siehe Schmidt (2023), Anmerkung (4). Beispiele dafür, dass sich Klimaschutz lohnt, nennt Wambach, Achim, 2022. Klimaschutz lohnt sich. WiSt 51 (11):1.

(23) Siehe https://climeworks.com/roadmap/orca (2.8.2023). S.95

(24) Der IPCC, der Weltklimarat, befürwortet im 6. Sachstandsbericht (AR 6 WG III Mitigation) unter bestimmten Vorkehrungen die Option der CCS-Technologie. Siehe AR 6 WG III, summary for policy makers, 4.6., S. 28. https://www.ipcc.ch/report/ar6/wg3/downloads/report/IPCC_AR6_WGIII_FullReport.pdf (2.8.2023).

(25) International Energy Agency (IEA), 2023. World Energy Outlook Special Report. The Oil and Gas Industry in Net Zero Transitions, S. 95.
https://iea.blob.core.windows.net/assets/7a4b0c4e-d78c-4a8e-998c-6cde10a4e49b/TheOilandGasIndustryinNetZeroTransitions.pdf (25.11.2023)

(26) Lidong Mo et al., 2023. Integrated global assessment of the natural forest carbon potential, 2023. Nature https://doi.org/10.1038/s41586-023-06723-z (24.11.2023). Die Studie aus dem Thomas W. Crow-

ther-Lab der ETH-Zürich, an der mehr als hundert Autorinnen und Autoren beteiligt sind, schätzt das Potential auf 151 bis 363 Gt.

(27) Deprez et. al., 2024. Sustainability limits needed for CO2 removal. The true climate mitigation challenge is revealed by considering sustainability impacts. Science 383: 484-486. https://www.science.org/doi/10.1126/science.adj6171 (4.2.2024).

(28) Sinn, Hans-Werner, 2008. Das grüne Paradoxon: Warum man das Angebot bei der Klimapolitik nicht vergessen darf. Perspektiven der Wirtschaftspolitik 9: 109-142.

(29) Michaelowa, Axel, 2012. Is all demand-side mitigation policy doomed to fail? The Green Paradox. Climate Policy 12: 784-786. https://www.tandfonline.com/doi/full/10.1080/14693062.2012.706957?casa_token=eOWeRvFvtVoAAAAA:LEhdEPpucR09m2RC_u7sxtURBLkPwKIjtgv__3gq_UVNpohzr8C3lAqrf6YButYFPLZzpTEogmpb3J8 (25.11.2023). Siehe auch Jürgen Trittin, 2015. Der grüne Sinn – Ein Paradox? Zum Abschied eines aufrechten Neoliberalen. In Gabriel Felbermayr, Meinhard Knoche, Ludger Wößmann, Hrsg., Hans Werner Sinn und 25 Jahre deutsche Wirtschaftspolitik. Hanser: 156-157.

(30) Für 50 % der CO_2-Emissionen gibt es keinen CO_2-Preis, bei weiteren 30 % ist der Preis geringer als 15 €. Leopoldina, 2021. Klimawandel: Ursachen, Folgen und Handlungsmöglichkeiten. Version 1.1 https://www.leopoldina.org/fileadmin/redaktion/Publikationen/Infomaterial/Factsheet_Klimawandel_1.1_DE_web.pdf (8.7.2023). Die Angaben ändern sich erwartungsgemäß mit zunehmender Ausbreitung der CO_2-Bepreisung und von Emissionshandelsystemen. Ritchie und Rosado berichten, dass 2021 bei 26% der weltweiten CO_2-Emissionen ein Karbonpreis erhoben. Siehe Ritchie, Hannah und Pablo Rosado, 2022. Which countries have put a price on carbon? https://ourworldindata.org/carbon-pricing (26.2.2024).

(31) Nordhaus, William, 2020. The Climate Club. How to Fix a Failing Global Effort. Foreign Affairs 99 (3): 10-17. Nordhaus, William, 2021, Dynamic climate clubs: On the effectiveness of incentives in global climate agreements. PNAS 118. https://doi.org/10.1073/pnas.2109988118 (18.7.2023).

(32) Lessmann, Kai, Robert Marschinski, Ottmar Edenhofer, 2009. The effects of tariffs on coalition formation in a dynamic global warming game. Economic Modelling 26: 641-649.

(33) Edenhofer, O., C. Flachsland. 2018. Eckpunkte einer CO_2-Preisreform für Deutschland. MCC Working Paper. Berlin: Potsdam-Institut für Klimafolgenforschung, Mercator Research Institute.

(34) Diekmann, Andreas, Heidi Bruderer Enzler, 2019. Eine CO2-Abgabe mit Rückerstattung hilft dem Klimaschutz und ist sozial gerecht. GAIA 28/3: 271– 274.

(35) Bruderer Enzler, H., A. Diekmann. 2019. All talk and no action? An analysis of environmental concern, income and greenhouse gas emissions in Switzerland. Energy Research and Social Science 51: 12–19.

(36) Bruderer Enzler, Diekmann (2019). Die Daten sind älter; sie stammen aus dem Umweltsurvey 2007. Die typischen Verteilungsmuster dürften sich allerdings kaum geändert haben. Zu beachten ist auch, dass die Gesamtheit der Emissionen der befragten Personen geschätzt wurde. Der CO_2-Besteuerung unterliegt aber nur ein Teil der Emissionen.

(37) Zu alternativen Vorschlägen für die Rückerstattung von CO_2-Abgaben siehe Kapitel IX.

Anmerkungen zu Kapitel VI

(1) Umweltbundesamt, 2022. Ökodesign-Richtlinie https://www.umweltbundesamt.de/themen/wirtschaft-konsum/produkte/oekodesign/oekodesign-richtlinie (15.7.2023).

(2) Barkhausen, Robin, Antoine Durand, Katharina Fick. Review and Analysis of Ecodesign Directive Implementing Measures: Product Regulations Shifting from Energy Efficiency towards a Circular Economy. Sustainability 2022, 14, 10318. https://doi.org/10.3390/su141610318 (15.7.2023). Henning Wilts, 2016. Deutschland auf dem Weg in die Kreislaufwirtschaft? WiSo Diskurs. Bonn: Friedrich-Ebert-Stiftung https://library.fes.de/pdf-files/wiso/12576.pdf (15.7.2023).

(3) Herrmann, Karolin, 2014. Die Bürokratisierung der EU. DSI Kompakt 11. Deutsches Steuerzahlerinstitut des Bundes der Steuerzahler e.V. https://www.econstor.eu/bitstream/10419/97278/1/786526769.pdf (15.7.2023).

(4) Herrmann (2014)

(5) Grießhammer, Rainer, Dieter Seifried, Tobias Schleicher, 2012. Energieeffizienter Klimaschutz bei Produkten. Öko-Institut e.V.: Freiburg.

https://www.oeko.de/uploads/oeko/oekodoc/1604/2012-459-de.pdf (16.7.2023).

(6) Bohnenberger, Katharina, Leon Leuser, 2020. Freiheit zum Weniger - wie EU-Politik nachhaltiges Leben und Wirtschaften ermöglichen kann. Ifso Expertise 10. Universität Duisburg-Essen. https://www.econstor.eu/bitstream/10419/271592/1/ifso-expertise10.pdf (15.7.2023).

(7) Die Anteile für den Bereich Wohnen betragen: 73 % für Heizen, 12 % Warmwasser, 8 % Elektrogeräte und elektronische Geräte zur Information und Kommunikation, 1,4 % Beleuchtung und 5,6 % Geräte zum Kochen und Waschen. Insgesamt sind es 198,7 Mio t CO_2 von 647 Mio. t CO_2 insgesamt. Hinzu kommen andere Treibhausgase. Die CO_2-Emissionen sind im Corona-Jahr 2020 etwas niedriger ausgefallen. Angaben für Deutschland 2020 nach op. cit. Umweltbundesamt 2023. Umweltbundesamt, 2023. Kohlendioxid im Bedarfsfeld „Wohnen". https://www.umweltbundesamt.de/daten/private-haushalte-konsum/wohnen/kohlendioxid-emissionen-im-bedarfsfeld-wohnen (18.7.23).

(8) Suchy, Clara, 2023. Erfolgreiche Wärmewende. Dänemark macht den Heizhammer vor. Ntv Wirtschaft 6.4.23. https://www.n-tv.de/wirtschaft/Daenemark-macht-den-Heiz-Hammer-vor-article24038112.html (18.7.2023). Katinka Johansen, Sven Werner, 2022. Something is sustainable in the state of Denmark: A review of the Danish district heating sector. Renewable and Sustainable Energy Reviews 158. https://doi.org/10.1016/j.rser.2022.112117 (18.7.2023). Denish Energy Agency, 2017. Regulierung und Planung der Fernwärme in Dänemark. http://www.kommunale-stadtwerke.de/fileadmin/user_upload/pdfs/stuttgart/termine/2018/2018-12-13_jugendhaus/Regulierung_und_Planung_der_Fernwaerme_in_Daenemark.pdf (18.7.23).

(9) Maximalwerte der Klassen KWh pro m^2 Nutzfläche pro Jahr in Deutschland: A+ 30, A 50, B 75, C 100, D 130, E 160, F 200, G 250, H > 250. Klassen A bis G in Österreich und der Schweiz mit je spezifischer Einteilung. Die Klassen unterscheiden sich nach Ländern und sollten EU-weit von A bis G angeglichen werden, wobei G 15 % der ineffizientesten Gebäude umfasst. Bei Altbauten wären erhebliche Investitionen erforderlich, um ein Wohngebäude mit z.B. 250 KWh pro m^2 und Jahr auf das Niveau von unter 130 KWh (Effizienzklasse D) zu bringen. Die neue Regelung verpflichtet die nationalen Regierungen auf Minderungsziele bei den Emissionen von Wohngebäuden: 16 % bis 2030 (gegenüber 2020), 22 % bis 2035. Dabei sollen 55 %

der Einsparungen bei den am wenigsten effizienten Gebäuden erzielt werden. Zur Neuregelung z.B. Enercity. EU-Sanierungsrichtlinie. Wer muss jetzt dämmen? https://www.enercity.de/magazin/mein-leben/eu-sanierungspflicht (28.2.2024).

(10) Blasberg, Anita, 2022. Weniger Wagen wagen. Die Zeit. Schweizer Ausgabe. 17.11.2022: 15.

(11) Darunter sind vermutlich auch Abokunden, die womöglich das Abo nur für ein Jahr benötigen, weil sie sich z.B. nur vorübergehend im Land aufhalten oder daran denken, künftig andere Mobilitätsformen zu nutzen. 26 % ist also hier die Obergrenze „irrationaler" Käufe. Die subjektive Diskontrate r errechnet sich aus der Gleichsetzung der abgezinsten zukünftigen Zahlung von 150 Franken mit der gegenwärtigen Zahlung von 72 Franken. Also: 150 [1/(1+r)] = 72. Auflösung nach r ergibt r = 1,08 oder 108 %.

(12) Ruderman, H.; M.Levine und J.Mc Mahon (1987): Energy-Efficiency Choice in the Purchase of Residential Appliances, in: W.Kempton und M.Neiman, Hrsg., Energy Efficiency: Perspectives on Individual Behavior, Washington: American Council for an Energy-Efficient Economy, S. 41-50. Siehe auch Hausman, J.A. (1979): Individual Discount Rates and the Purchase and Utilization of Energy-Using Durables, in: Bell Journal of Economics, 10: S. 33-54. Berücksichtigen muss man, dass bei elektrischen Kleingeräten Kosten und Verbräuche relativ gering sind und sich dann leicht hohe Diskontraten errechnen, die aber für den Energieverbrauch nur geringe Konsequenzen haben.

(13) Bruderer Enzler, Heidi, Andreas Diekmann, Reto Meyer, 2014. Subjective Discount Rates in the General Population and Their Predictive Power for Energy Saving Behavior. Energy Policy 65: 524–540. Allerdings ist die Vorhersagekraft der subjektiven Diskontraten für das Umwelthandeln sehr gering. Psychologische Skalen der Zukunftsbewertung sind hier den ökonomischen Auswahlentscheidungen überlegen. Dazu: Bruderer Enzler, Heidi, Andreas Diekmann, Ulf Liebe, 2019. Environmental Concern and Future Orientation as Determinants of Household Electricity Use. Journal of Environmental Psychology 62: 22-29.

(14) Marek Miara vom Fraunhofer-Institut in Freiburg hat den Einsatz von Wärmepumpen in Altbauten getestet. Erfahrungen aus diesen Tests zufolge sind moderne Wärmepumpen auch in Altbauten sinnvoll. Sie erreichen Vorlauftemperaturen von bis zu 75 Celsius und sorgen in Verbindung mit dem Austausch alter Heizkörper durch

Niedertemperaturheizkörper auch in Altbauten für Wärme. Wichtig sind aber auch Dämmung und Fensterisolierung. Siehe Radü, Jens, 2023. Problem beim Heizungstausch. Können Wärmepumpen in alten Häusern überhaupt funktionieren? Spiegel-Interview von Marek Miara. Der Spiegel vom 6.4.2023. https://www.spiegel.de/wirtschaft/service/heizungstausch-kann-eine-waermepumpe-im-alten-haus-ueberhaupt-funktionieren-a-a6db693c-0a2f-4a6f-9948-14f661579ee1?sara_ref=re-em-em-sh (23.7.2023).

(15) Zu Südlink siehe https://www.transnetbw.de/de/netzentwicklung/projekte/suedlink (29.7.2023). Löhr, Julia, Helmut Bünder, 2022. Deutschland droht nächstes Großprojektdebakel. Frankfurter Allgemeine Zeitung. 31.1.2022.

(16) Siehe Zu den Zielen der Energiepolitik die Webseite der Bundesregierung https://www.bundesregierung.de/breg-de/schwerpunkte/klimaschutz. Zur Prognos-Studie: Kemmler, Andreas, Aurel Wünsch, Heiko Burret, 2021. Entwicklung des Bruttostromberbrauchs bis 2030, Prognos AG https://www.bmwk.de/Redaktion/DE/Downloads/E/prognos-bruttostromverbrauch-2018-2030.pdf?__blob=publicationFile&v=1. Zum Netzentwicklungsplan: Netzentwicklungsplan Strom (NEP) kompakt, 2023. https://www.netzentwicklungsplan.de/sites/default/files/2023-06/NEP%20kompakt_2037_2045_V2023_2E_1.pdf. Zu einer kritischen Einschätzung der Entwicklung und der Benennung einiger Probleme siehe Vahlenkamp et al. (Mc Kinsey), 2022. Deutschland unter Strom – die großen Herausforderungen auf dem Weg zur Elektrifizierung. Et Zeitschrift für Energiewirtschaft, Recht, Technik und Umwelt (2.3.2022). https://www.energie.de/et/news-detailansicht/nsctrl/detail/News/deutschland-unter-strom-die-grossen-herausforderungen-auf-dem-weg-zur-elektrifizierung (alle 4.11.2023 abgerufen).

(17) World Energy Outlook 2022. An updated roadmap to Net Zero Emissions by 2050. International Energy Agency (IAE): 138. https://iea.blob.core.windows.net/assets/830fe099-5530-48f2-a7c1-11f35d510983/WorldEnergyOutlook2022.pdf (27.7.2023).

(18) World Energy Outlook 2022. International Energy Agency (IAE): 119-177. https://iea.blob.core.windows.net/assets/830fe099-5530-48f2-a7c1-11f35d510983/WorldEnergyOutlook2022.pdf (27.7.2023).

(19) Globaler gewichteter Durchschnittspreis unter Einrechnung der Kosten für den Bau der Anlagen ohne Subventionen. Roser, Max, 2020. Why did renewables become so cheap so fast? Our World in Data.

https://ourworldindata.org/cheap-renewables-growth?utm_source=OWID+Newsletter&utm_campaign=fbf8f05baa-biweekly-digest-2023-05-05&utm_medium=email&utm_term=0_-eb78a3a726-%5BLIST_EMAIL_ID%5D (28.7.2023).

(20) Roser (2020)

(21) Tsanko, Ilona, 2023. Would you like to super-size your car? The effect of environmental subsidies on emissions. ZEW Discussion paper 23-033. https://ftp.zew.de/pub/zew-docs/dp/dp23033.pdf (5.9.2023).

(22) Allianz pro Schiene https://www.allianz-pro-schiene.de/ (29.7.2023).

(23) Siehe Allianz pro Schiene

(24) Nach Statista 2023. Für 2023 prognostiziert. https://de.statista.com/statistik/daten/studie/1246758/umfrage/pkw-bestand-in-europa-nach-region/ (29.7.2023).

(25) Jacobs, Jane, 1961. Tod und Leben großer amerikanischer Städte. Basel: Birkhäuser. Vogel, Hans-Jochen, 1972. Die Amtskette. Meine 12 Münchner Jahre. München: Süddeutscher Verlag.

(26) Axhausen, Kay W., Florian Fels, 2023. Massiver Rückbau für Autos. Interview mit Kay W. Axhausen. Handelszeitung 9.3.2023. McQueen, Michael, John MacArthur, Christopher Cherry, 2020. The E-Bike Potential: Estimating regional e-bike impacts on greenhouse gas emissions. Transportation Research Part D. https://doi.org/10.1016/j.trd.2020.102482

(27) Ingo Malcher, Schweizer WG, 2019. In Wie sieht die Stadt aus, in der wir leben wollen. Urbane Innovationen. Brand eins 2 (3): 32-37. Das Heft berichtet über Modellprojekte in verschieden Städten.

(28) Diekmann, A., Bruderer Enzler, H., Hartmann, J., Kurz, K., Liebe, U., Preisendörfer, P. 2023, Environmental Inequality in Four European Cities: A Study Combining Household Survey and Geo-Referenced Data, European Sociological Review 39 (1): 44–66. (online 2022, open access, https://doi.org/10.1093/esr/jcac028); Peter Preisendörfer, Heidi Bruderer Enzler, Andreas Diekmann, Jörg Hartmann, Karin Kurz and Ulf Liebe, Pathways to Environmental Inequality: How Urban Traffic Noise Annoyance Varies across Socioeconomic Subgroups. Environmental Research and Public Health 19, 14984. https://doi.org/10.3390/ijerph192214984; Preisendörfer, Peter, Ulf Liebe, Heidi Bruderer Ernzler, Andreas Diekmann, 2022. Annoyance due to residential road traffic and aircraft noise: Empirical evidence from two European cities. Environmental Research. DOI: 10.1016/j.envres.2021.112269

(29) Die Zerstörung von Natur und Biodiversität durch die traditionelle Rasenpflege zeigt sich sehr drastisch in einem Experiment der Universität Cambridge in England. Siehe Greenspan, Jesse, 2023. Biodiversity Flourishes in Historic Lawn Turned Wildflower Meadow. An experiment at the University of Cambridge highlights the environmental cost of a well-manicured lawn. Scientific American 329: 10-11. https://www.scientificamerican.com/article/biodiversity-flourishes-in-historic-lawn-turned-wildflower-meadow/ (8.9.2023).

(30) Kopenhagen ist auch hier vorbildlich. Nach einer dramatischen Überschwemmung im Juli 2011 wurden zahlreiche Maßnahmen mit dem «Skybrudsplan» (Wolkenbruchplan) eingeleitet: Parks als Rückhaltebecken, Entsiegelung von Flächen, grüne Sickerflächen u.a.m. Kopenhagen wurde zur Schwammstadt, zur «Sponge City» wie die Berliner Zeitung berichtet. Siehe Hauser, Bernd, 2023. Vorbild für Berlin: Wie Kopenhagen zur Schwammstadt wurde. Berliner Zeitung vom 6.8.2023. https://www.berliner-zeitung.de/politik-gesellschaft/klimawandel-sommer-vorbild-fuer-berlin-wie-kopenhagen-zur-schwammstadt-wurde-badeparadies-planer-jan-rasmussen-li.372474 (7.8.2023).

Anmerkungen zu Kapitel VII

(1) Durchführung und Evaluation der Kampagne wird beschrieben in Franzen, Axel, 1997. Umweltsoziologie und Rational Choice. Das Beispiel der Verkehrsmittelwahl. Umweltpsychologie 2: 40-51. Die Fallstudie erinnert auch daran, dass eine Vorher-Nachher-Messung oft nicht ausreicht, um kausale Zusammenhänge zu belegen. Es ist immer gut, eine Kontrollgruppe heranzuziehen; in diesem Fall die Zeitreihe der Verkehrsfrequenz im Vorjahr.

(2) Thaler, Richard H. und Cass R. Sunstein, 2022. Nudge: Wie man kluge Entscheidungen anstößt. Econ – Ullstein. (Originalausgabe 2008. Nudge. Improving Decisions About Health, Wealth and Happiness. London: Penguin Books.)

(3) Thaler and Sunstein (2022)

(4) «Wir haben uns den Amphiro zugelegt, da der Junior ein Verschwender beim Duschen ist/war. Mittlerweile sparen alle Wasser und es ist ein Wettstreit entstanden. Tolles Teil!» lautet eine von mehreren ähnlichen Bewertungen.

(5) Der Verbrauch von Duschwasser und Energie ist miteinander extrem hoch korreliert, wie sich in der Studie zeigte. Zur Studie siehe Tiefenbeck, Verena, Lorenz Goette, Kathrin Degen, Vojkan Tasic, Elgar Fleisch, Rafael Lalive, Thorsten Staake, 2016. Overcoming Salience Bias: How Real-Time Feedback Fosters Resource Conservation. Management Science. https://doi.org/10.1287/mnsc.2016.2646

(6) Degen K, Efferson C, Frei F, Goette L, Lalive R (2013) Smart Metering, Beratung oder sozialer Vergleich: Was beeinflusst den Elektrizitätsverbrauch? Final report to the Swiss Federal Office of Energy, Ittigen, Switzerland. http://www.bfe.admin.ch/php/modules/enet/streamfile.php?fileD000000011088.pdf&nameD000000290850.

(7) Cialdini, Robert B., Raymond R. Reno, Carl A. Kallgren, 1990. A Focus Theory of Normative Conduct: Recycling the Concept of Norms to Reduce Littering in Public Places. Journal of Personality and Social Psychology 58: 1015-1026.

(8) Cialdini et al. (1990).

(9) Keizer, Kees; Lindenberg, Siegwart; Steg, Linda, 2008. The spreading of disorder. *Science* 322: 1681-1685.

(10) Goldstein, J. Noah, Robert B. Cialdini, Vladas Griskevicus, 2008. A Room with a Viewpoint: Using Social Norms to Motivate Environmental Conservation in Hotels. Journal of Consumer Research 35: 472-482.

(11) Bohner, Gerd , Lena E. Schlüter, 2014. A Room with a Viewpoint Revisited: Descriptive Norms and Hotel Guests' Towel Reuse Behavior. PLoS One 9. https://journals.plos.org/plosone/article?id=10.1371/journal.pone.0104086 (2.1.2024).

(12) Allcott, Hunt 2011. Social norms and energy conservation. Journal of Public Economics 95: 1082–1095

(13) Schwartz, Daniel, Baruch Fischhoff, Tamar Krishnamurti, Fallaw Sowell, 2013. The Hawthorne effect and energy awareness. PNAS 110: 15242–15246. https://www.pnas.org/doi/full/10.1073/pnas.1301687110 (15.8.2023).

(14) Diekmann, Andreas, Peter Preisendörfer, 2001. Umweltsoziologie. Eine Einführung. Reinbek: Rowohlt, Kapitel IV.

(15) Diekmann, Andreas, 2020. Empirische Sozialforschung. Grundlagen, Methoden, Anwendungen, 13. überarbeitete und erweiterte Auflage. Reinbek: Rowohlt. Kap VI Messung, Skalen, Indizes.

(16) Diekmann, Preisendörfer (2001), Kapitel IV.

(17) Das Beispiel stammt von Dawes, Robyn M. und Richard H. Thaler, 1988. Anomalies: Cooperation. Journal of Economics Perspectives 2: 187-197. Siehe auch Rabin, Matthew, 1998. Psychology and Economics. Journal of Economics Literature 36: 11-46.

(18) Hines, Jody M., Harold R. Hungerford, Audrey N. Tomera (1986/87). Analysis and Synthesis of Research on Responsible Environmental Behavior: A Meta-Analysis. Journal of Environmental Education 16: 1-8. Bamberg, Sebastian, Guido Möser, 2007. Twenty years after Hines, Hungerford, and Tomera: A new meta-analysis of psychosocial determinants of pro-environmental behaviour. Journal of Environmental Psychology 27: 14–25.

(19) Diekmann, Andreas, Peter Preisendörfer, 1998. Umweltverhalten in Low- und High-Cost-Situationen. Eine empirische Überprüfung der Low-Cost-Hypothese, Zeitschrift für Soziologie 27: 438-453. https://www.degruyter.com/document/doi/10.1515/zfsoz-1998-0604/html (23.9.2023).

(20) Die Bezeichnung „intentions-orientiertes Verhalten" stammt von Stern, Paul C., 2000. Toward a coherent theory of environmentally significant behavior, Journal of Social Issues 56 (3):407–424. Siehe dazu auch Diekmann, Andreas, Ben Jann, 2000. Sind die empirischen Ergebnisse zum Umweltverhalten Artefakte? Ein Beitrag zum Problem der Messung von Umweltverhalten. Umweltpsychologie 4: 64-75. Bruderer Enzler, Heidi, Andreas Diekmann, 2019. All Talk and No Action? Environmental Impact and Pro-Environmental Behavior: Correlations to Income and Environmental Concern, Energy Research and Social Science 51: 12-19.

(21) Festinger, Leon, 1957. A Theory of Cognitive Dissonance. Stanford: Stanford University Press.

(22) Andersen, H. K., und J. Mayerl. 2022. Is the effect of environmental attitudes on behavior driven solely by unobserved heterogeneity? Kölner Zeitschrift für Soziologie und Sozialpsychologie 74:381–408.

(23) Abadie, Alberto, Sebastien Gay, 2006. The impact of presumed consent legislation on cadaveric organ donation: A cross-country study. Journal of Health Economics 25: 599–620.

(24) Egebark, Johan; Ekström, Mathias, Can indifference make the world greener? *Journal of Environmental Economics and Management* 76: 1–13.

(25) Ebeling, Felix; Lotz, Sebastian, 2015. Domestic Uptake of Green Energy Promoted by Opt-out Tariffs. Nature Climate Change 5: 868-871.

(26) Liebe, Ulf; Gewinner, Jennifer; Diekmann, Andreas, 2021. Large and persistent effects of green energy defaults in the household and business sectors. *Nature Human Behaviour* 5: 576–585. https://www.nature.com/articles/s41562-021-01070-3 (15.8.2023)

(27) In Liebe, Gewinner, Diekmann (2021) wird behauptet, dass der kausale Effekt der Default-Umstellung die Bestellung von Grünstrom um 80 % erhöht hat. Diese Zahl stellt mutmaßlich eine Überschätzung dar. Mit der Umstellung wurde auch die Preisdifferenz zwischen Grün- und Graustrom verringert, so dass ein Teil des Anstiegs auf die Änderung des relativen Preises von Grün- und Graustrom zurückgehen dürfte. Diese Informationen stehen in Liebe et al. (2021) detailliert in Tabelle 1, wurden aber vom Autorenteam im Text nicht berücksichtigt. Eine Korrektur wurde mehrfach an die Fachzeitschrift versandt, aber bis heute nicht abgedruckt. Die Korrektur unseres Autorenteams (Amendment and Correction to Ulf Liebe, Jennifer Gewinner and Andreas Diekmann 2021) findet sich in Research Gate: https://www.researchgate.net/profile/Andreas-Diekmann-2/research (15.8.2023).

(28) Steg, Linda et al., 2021. A Research Agenda to Better Understand the Human Dimensions of Energy Transitions. Frontiers in Psychology 12 https://doi.org/10.3389/fpsyg.2021.672776 (16.8.2023)

(29) Liebe, Ulf, Jennifer Gewinner, Andreas Diekmann, 2018. What is missing in research on non-monetary incentives in the household energy sector? *Energy Policy* 123: 180-183.

(30) Siehe dazu den Abschnitt über den Wasserbetteffekt in Kapitel V. Das Argument gilt allerdings nur unter den in Kapitel V aufgeführten Einschränkungen und nur für Emissionen aus Quellen wie z.B. Kohlestrom, die dem Emissionshandel unterliegen.

(31) Chater, Nick, George Loewenstein. 2022. The i-frame and the s-frame: How focusing on individual-level solutions has led behavioral public policy astray. Behavioral and Brain Sciences. https://doi.org/10.1017/S0140525X22002023 (15.8.2023, vorläufige Version).

Anmerkungen zu Kapitel VIII

(1) Mit Paneldaten zeigen dies Andersen, H. K., und J. Mayerl. 2022. Is the effect of environmental attitudes on behavior driven solely

by unobserved heterogeneity? Kölner Zeitschrift für Soziologie und Sozialpsychologie 74:381–408.

(2) Golder, Lukas, Tobias Keller, Marco Bürgi, Corina Schena, Ronja Bartlome, Alessandro Pagani, Margret Tschanz, Roland Rey, 2023. Vox-Analyse Juni 2023. Nachbefragung und Analyse zur eidgenössischen Volksabstimmung vom 18. Juni 2023. GfS.Bern. https://vox.gfsbern.ch/wp-content/uploads/2023/08/de_schlussbericht_vox_jun_2023_def_v2.pdf (3.9.2023). Das "Klima- und Innovationsgesetz" wurde mit einer Mehrheit von 59,1 % am 18.6.2023 angenommen.

(3) Andre, Peter, Teodora Boneva , Felix Chopra, Armin Falk, 2024. Globally representative evidence on the actual and perceived support for climate action. Nature Climate Change. https://doi.org/10.1038/s41558-024-01925-3 (12.2.2024). Zu weiteren Studien zum Umweltbewusstsein im internationalen Maßstab und dem Zusammenhang mit dem Wohlstand siehe Dunlap, R. E., Mertig, A. G., 1996. Weltweites Umweltbewußtsein. Eine Herausforderung für die sozialwissenschaftliche Theorie. In A. Diekmann, C. C. Jäger, Eds., Umweltsoziologie. Sonderheft Nr. 36 der Kölner Zeitschrift für Soziologie und Sozialpsychologie. Diekmann, Andreas, Axel Franzen, 1999. The Wealth of Nations and Environmental Concern. Environment and Behavior 31: 540-549. Franzen, Axel, Reto Meyer, 2009. Environmental Attitudes in Cross-National Perspective: A Multilevel Analysis of the ISSP 1993 and 2000. European Sociological Review 26: 219–234.

(4) Die Umfrage wurde 2022 in Bayern und Sachsen durchgeführt. Siehe dazu Auspurg, Katrin, Henning Best, Christiane Bozoyan, Andreas Diekmann, Claudia Schmiedeberg, 2023. Does knowledge of subsidies for low income households increase the acceptance of CO2-taxes? Results from a randomized survey experiment. Vortrag auf der Konferenz der Akademie für Soziologie, 28. – 30.8., Universität Bern.

(5) Oppold, Daniel, Ortwin Renn, Partizipative Klimapolitik: Wie die Integration von Stakeholder und Bürger*innenbeteiligung gelingen kann. dms – der moderne staat 10: 1–23 https://doi.org/10.3224/dms.vXiX.296485 (25.2.2024).

(6) Bernauer, Thomas, Robert Gampfer, 2013. Effects of civil society involvement on popular legitimacy of global environmental governance. Global Environmental Change 23: 439–449. http://dx.doi.org/10.1016/j.gloenvcha.2013.01.001

(7) Levi, S., I. Wolf, C. Flachsland, N. Koch, F. Koller, D. Edmonson, 2021. Ariadne-Analyse. Klimaschutz und Verkehr: Zielerreichung nur

mit unbequemen Maßnahmen möglich. Kopernikus-Projekt Ariadne, Potsdam-Institut für Klimafolgenforschung (PIK).

(8) Levi et al. (2021)

(9) Levi et al. (2021)

(10) Fairbrother, Malcolm, 2016. Trust and Public Support for Environmental Protection in Diverse National Contexts. Sociological Science 3: 359-382.

(11) Fairbrother, Malcolm, Ingemar Johansson Sevä, Joakim Kulin, 2019. Political trust and the relationship between climate change beliefs and support for fossil fuel taxes: Evidence from a survey of 23 European countries. Global Environmental Change 59. https://doi.org/10.1016/j.gloenvcha.2019.102003 (12.9.2023).

(12) Fairbrother et al. (2019), S. 7.

(13) Ejelöv, Emma, Andreas Nilsson (2020). Individual Factors Influencing Acceptability for Environmental Policies: A Review and Research Agenda. Sustainability 12, 2404; doi:10.3390/su12062404

(14) Beiser-McGrath, Liam F. , Thomas Bernauer, 2019. Could revenue recycling make effective carbon taxation politically feasible? Science Advances 5. https://www.science.org/doi/10.1126/sciadv.aax3323 (12.9.2023). Kein Surveyexperiment, aber eine Befragung zur Akzeptanz von CO_2-Abgaben mit und ohne Rückverteilung zeigt, dass die Zustimmung mit dem Einkommen und der Bildung wächst, bei Gruppen mit relativ geringen Einkommen aber die Zustimmung stark ansteigt, wenn die Abgaben rückverteilt werden. Siehe Frondel, Manuel , Viola Helmers, Linus Mattauch, Michael Pahle, Stephan Sommer, Christoph M. Schmidt, Ottmar Edenhofer. Akzeptanz der CO2-Bepreisung in Deutschland: Die große Bedeutung einer Rückverteilung der Einnahmen. Perspektiven der Wirtschaftspolitik 23: 49–64 https://doi.org/10.1515/pwp-2021-0050 (26.2.2024).

(15) Gagnebin, Murielle, Patrick Graichen, Thorsten Lenck, 2019. Die Gelbwesten-Proteste: Eine (Fehler-)Analyse der französischen CO2-Preispolitik. Agora Energiewende 15.3. 2019. https://www.agora-energiewende.de/veroeffentlichungen/die-gelbwesten-proteste/ (12.9.2023).

(16) «Wie viel "Fridays for Future" in der Karlsruher Entscheidung liegt? Roda Verheyen, die Anwältin, muss kurz nachdenken. "Vielleicht ein Viertel", sagt sie. Natürlich stehe auch ein Gericht nie außerhalb der Gesellschaft.» Bauchmüller, Michael, 2021. Karlsruher Urteil zum Klimaschutzgesetz: Im Freitagssturm. Süddeutsche Zeitung vom

29.4.2021. https://www.sueddeutsche.de/politik/klimaschutzgesetz-urteil-fridays-for-future-1.5280649 (12.9.2023)

(17) Wahlström, M, Sommer, M, Kocyba, P, de Vydt, M, De Moor, J, Davies, S, Wouters, R, Wennerhag, M, van Stekelenburg, J, Uba, K, Saunders, C, Rucht, D, Mickecz, D, Zamponi, L, Lorenzini, J, Kołczyńska, M, Haunss, S, Giugni, M, Gaidyte, T, Doherty, B and Buzogany, A (2019) Protest for a future: Composition, mobilization and motives of the participants in Fridays For Future climate protests on 15 March, 2019 in 13 European cities. Project Report. Protest for a Future https://www.unige.ch/sciences-societe/incite/files/9615/6283/7580/20190709_Protest_for_a_future_GCS_Descriptive_Report.pdf (23.9.2023).

(18) 18-29 Jahre 60 % Zustimmung, 70 Jahre und älter ebenfalls 60 % Zustimmung, insgesamt 59,1 % Zustimmung. Op. cit. Golder et al. (2023), Tabelle 15. Siehe auch Rucht, Dieter, 2019. Jugend auf der Straße Fridays for Future und die Generationenfrage. WZB Mitteilungen Heft 165. https://bibliothek.wzb.eu/artikel/2019/f-22359.pdf (23.9.2023).

(19) Simpson, Brent, Robb Willer, Matthew Feinberg, 2022. Radical flanks of social movements can increase support for moderate factions. PNAS Nexus 1: 1-11. https://doi.org/10.1093/pnasnexus/pgac110 (25.9.2023).

(20) Olson, Mancur, 1968. Die Logik des kollektiven Handelns. Tübingen: Mohr-Siebeck (Original «Logic of Collective Action", Cambridge, MA: Harvard University Press). Zur Theorie und Empirie von Protestbewegungen siehe Opp, Karl-Dieter, 2022. Advanced Introduction to Social Movements and Political Protests. Edward Elgar: Cheltenham. Zu Motiven der Teilnahme an FFF-Demonstrationen siehe Wallis, Hannah, Laura S. Loy, 2021. What drives pro-environmental activism of young people? A survey study on the Fridays For Future movement. Journal of Environmental Psychology 74 https://doi.org/10.1016/j.jenvp.2021.101581 (23.9.2023). Zu einem Überblick siehe Brand, Karl-Werner, 2024. Umweltbewegungen im 21. Jahrhundert. In Sonnberger, Marco, Alena Bleicher, Matthias Groß, Hg., Handbuch Umweltsoziologie, 2. Aufl., Wiesbaden: Springer VS: 915-929.

Anmerkungen zu Kapitel IX

(1) Zu diesen Schätzungen siehe Kapitel II. 1,5-Grad heißt, dass dauerhaft im Durchschnitt mehrerer Jahre die 1,5-Grad globale Erwärmung beobachtet werden kann. Siehe Jones, Nicola, 2023. When will global warming actually hit the landmark 1.5 °C limit? Nature 618:20.

(2) Climate Change 2023: Synthesis Report. Contribution of Working Groups I, II and III to the Sixth Assessment Report of the Intergovernmental Panel on Climate Change [Core Writing Team, H. Lee and J. Romero (eds.)]. IPCC, Geneva, Switzerland, pp. 35-115, doi: 10.59327/IPCC/AR6-9789291691647. Zu den Szenarien siehe S. 65.

(3) Siehe Climate Change (2023), S. 83.

(4) Zu den Zahlen über den Strombedarf und Ausbau siehe Kapitel VI. Zum Bericht des Expertenrat siehe: Expertenrat für Klimafragen, 2023. Stellungnahme zum Entwurf des Klimaschutzprogramms 2023 https://expertenrat-klima.de/content/uploads/2023/09/ERK2023_Stellungnahme-zum-Entwurf-des-Klimaschutzprogramms-2023.pdf (4.11.2023)

(5) Bruderer Enzler, H., A. Diekmann, 2019. All talk and no action? An analysis of environmental concern, income and greenhouse gas emissions in Switzerland. Energy Research and Social Science 51: 12–19.

(6) Hardadi, Gilang, Alexander Buchholz Stefan Pauliuk, 2021. Implications of the distribution of German household environmental footprints across income groups for integrating environmental and social policy design. Journal of Industrial Ecology 25: 95-113. https://onlinelibrary.wiley.com/doi/epdf/10.1111/jiec.13045

(7) Oxfam 2023. Climate Equality: a planet for the 99% Methodology Note. https://oxfambelgie.be/sites/default/files/inline-files/Methodology%20Note_Climate%20Equality_EMBARGOED%200001%20GMT%2020%20NOVEMBER%202023.pdf (24.2.2024).

(8) Dabei wurde allerdings angenommen, dass sämtliche CO_2-Emissionen besteuert werden. Wenn sich eine Abgabe z.B. nur auf Heizstoffe bezieht, kann es passieren, dass insbesondere die mittleren Einkommensgruppen stark belastet werden. Die unteren Einkommensgruppen haben relativ geringe Verbräuche, die oberen Einkommensgruppen können z.B. eher auf Wärmepumpen ausweichen. Endres (2023) kritisiert daher das Klimageld als verteilungspolitisch «wenig zielgenau» (S.12). Siehe Endres, Lukas, 2023. Verteilungswirkung der CO2-

Bepreisung in den Sektoren Verkehr und Wärme mit Pro-Kopf Klimageld. Ergebnisse einer Analyse der Einkommens- und Verbrauchsstichprobe. IMK Policy Brief Nr. 161: 1-13. https://www.imk-boeckler.de/de/faust-detail.htm?produkt=HBS-008757 (24.2.2024).

(9) Siehe zu diesem Abschnitt Kuhn, Moritz, Lennart Schlattmann, 2024. Distributional Consequences of Climate Policies. Universitäten Mannheim und Bonn: mimeo. https://drive.google.com/file/d/1LPTxG6H6Xr59DLduD5x_NSyPdQbOcq4l/view (29.2.2024). Felbermayr, Gabriel, Clemens Fuest, Jens Südekum, 2021. Ein Masterplan für die Klimapolitik. Ifo Schnelldienst digital 15, Oktober 2021. https://www.ifo.de/publikationen/2021/aufsatz-zeitschrift/ein-masterplan-fuer-die-klimapolitik (29.2.2024). Fuest, Clemens und Dominik Sachs, 2023. Das Klimageld ist nicht das richtige Instrument. Frankfurter Allgemeine Zeitung, 16.12.2023.

(10) Siehe auch die Studie von Endres (2023).

(11) Zur Kritik des Paris-Abkommens und dem Beispiel mit dem Tempolimit siehe MacKay, David J. C., Peter Cramton, Axel Ockenfels, Steven Stoft, 2015. Price carbon. I will if you will. Nature 526: 315–316. https://doi.org/10.1038/526315a Die Autoren plädieren wie viele andere für einen einheitlichen CO2-Preis. Das Argument lautet, dass sich der Preis sehr viel leichter aushandeln lässt als z.B. unterschiedliche CO2-Reduktionsziele für einzelne Staaten. Siehe auch das Plädoyer für einen Stufenplan zur Einführung globaler Karbonpreise von Hussein, Zeid Ra'ad al und Farrukh Iqbal Khan, 2023. The Case for a Global Carbon-Pricing Framework. An Agreement Is the Last, Best Hope for Averting Climate Disaster. Foreign Affairs. September 2023. https://www.foreignaffairs.com/world/case-global-carbon-pricing-framework

(12) Ockenfels, Axel und Christoph M. Schmidt, 2019. Die Mutter aller Kooperationsprobleme. Zeitschrift für Wirtschaftspolitik 68: 122–130 https://doi.org/10.1515/zfwp-2019-2017 (24.2.2024). Ottmar Edenhofer, Matthias Kalkuhl und Axel Ockenfels, 2020. Das Klimaschutzprogramm der Bundesregierung: Eine Wende der deutschen Klimapolitik? Perspektiven der Wirtschaftspolitik 21: 4-18.

(13) Our World in Data. https://ourworldindata.org/annual-co2-emissions (7.11.2023). Z.B. wird nach den Prognosen von Nijsse et al. der Umstieg auf Solarenergie in Afrika relativ spät erfolgen, obwohl gerade dort ideale Voraussetzungen für die Nutzung von Photovoltaik bestehen. Siehe Nijsse, Femke J. M. M., Jean-Francois Mercure,

Nadia Ameli, Francesca Larosa , Sumit Kothari, Jamie Rickman, Pim-Vercoulen, Hector Pollitt, 2023. The momentum of the solar energy transition. Nature Communications. https://doi.org/10.1038/s41467-023-41971-7 (11.11.2023).

(14) UN Environment programme. Underfinanced. Underprepared. Inadequate investment and planning on climate adaptation leaves world exposed. Adaptation Gap Report 2023. https://www.unep.org/resources/adaptation-gap-report-2023 (11.11.2023).

(15) Lidong Mo et al., 2023. Integrated global assessment of the natural forest carbon potential, 2023. Nature https://doi.org/10.1038/s41586-023-06723-z (24.11.2023). Zur Kritik daran: Deprez et. al., 2024. Sustainability limits needed for CO2 removal. The true climate mitigation challenge is revealed by considering sustainability impacts. Science 383: 484-486. https://www.science.org/doi/10.1126/science.adj6171 (4.2.2024). Siehe auch Kapitel V.

(16) World Energy Outlook 2023. International Energy Agency (IAE). https://iea.blob.core.windows.net/assets/66b8f989-971c-4a8d-82b0-4735834de594/WorldEnergyOutlook2023.pdf. Die prognostizierte Förderung von Gas und Öl liegt noch 2050 knapp unter der 100%-Marke des Gipfels 2030. Die Kohleförderung beträgt dann immer noch 60% des Maximums (Figure 1.1, S. 26). Zu den Investitionen von Chevron siehe Andreoni, Manuela, 2023. Clean energy's powerful momentum. New York Times, 24.10.2023. Zu Exxon siehe Gelles, David, 2023. Fossil fuels aren't going anywhere. New York Times, 12.10.2023.

(17) Nijsse et al. (2023).

(18) Langfristig ist das Ausmaß von Gewalt zurückgegangen, aber in der letzten Dekade ist wieder ein starker Anstieg zu verzeichnen. Das Osloer Peace Research Institute berichtet 55 aktive Konflikte im Jahr 2022. Neben den zahlreichen Opfern binden die militärischen Auseinandersetzungen enorme Ressourcen, die der Menschheit zur Bekämpfung der Klimakrise fehlen. Siehe Beals, Emma, Peter Salisbury, 2023. What Is Behind the Global Explosion of Violent Conflict? Foreign Affairs, Oct. 30, 2023.